# The Afterlife of Images:
Translating the Pathological Body
between China and the West

# 图像的来世

## 关于"病夫"刻板印象的中西传译

[美] 韩 瑞 著
栾志超 译

生活·讀書·新知 三联书店

Simplified Chinese Copyright © 2020 by SDX Joint Publishing Company.
All Rights Reserved.
本作品中文简体版权由生活·读书·新知三联书店所有。
未经许可，不得翻印。

THE AFTERLIFE OF IMAGES, by Ari Larissa Heinrich
© 2008 by Duke University Press
Chinese simplified translation rights © 2020 by SDX Joint Publishing Company

**图书在版编目（CIP）数据**

图像的来世：关于"病夫"刻板印象的中西传译／（美）韩瑞著；
栾志超译．—北京：生活·读书·新知三联书店，2020.8
ISBN 978-7-108-06882-8

Ⅰ.①图… Ⅱ.①韩…②栾… Ⅲ.①文化史－研究－中国－19-20世纪
Ⅳ.①K203

中国版本图书馆 CIP 数据核字（2020）第 113994 号

| | | |
|---|---|---|
| 责任编辑 | 周玖龄 | |
| 装帧设计 | 薛　宇 | |
| 责任校对 | 张　睿 | |
| 责任印制 | 徐　方 | |

出版发行　生活·讀書·新知三联书店
　　　　　（北京市东城区美术馆东街 22 号 100010）
网　　址　www.sdxjpc.com
图　　字　01-2018-7183
经　　销　新华书店
印　　刷　三河市天润建兴印务有限公司
版　　次　2020 年 8 月北京第 1 版
　　　　　2020 年 8 月北京第 1 次印刷
开　　本　635 毫米×965 毫米　1/16　印张 18.5
字　　数　317 千字　图 20 幅
印　　数　0,001-6,000 册
定　　价　56.00 元
（印装查询：01064002715；邮购查询：01084010542）

彩图1：林华，《周××，31岁，顺德花匠》(Chow Keäiseuen, Aged Thirty-one, a Florist of Shuntih)，大约作于1839年，布面油画，23in×18in。图片由哈维·库兴/约翰·海·惠特尼医学图书馆提供

彩图2：林华，《佚名患者》（*Unidentified Patient*），大约作于1837—1850年间，布面油画，24in×18in。图片由哈维·库兴／约翰·海·惠特尼医学图书馆提供。

彩图3：林华，《阿开，13岁的小姑娘》(Akae, a Little Girl Aged Thirteen)，大约作于1836年，布面油画，23in×18in。图片由哈维·库兴/约翰·海·惠特尼医学图书馆提供

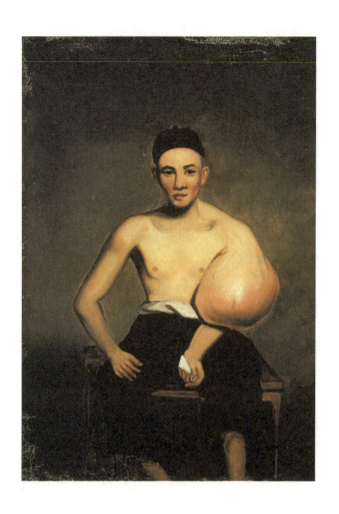

彩图 4 和 5：林华，《朴阿兴，23 岁》(*Po Ashing, Aged Twenty-three*)，手术前后对比，大约作于 1837 年，布面油画，24in × 18in。图片由哈维·库兴/约翰·海·惠特尼医学图书馆提供

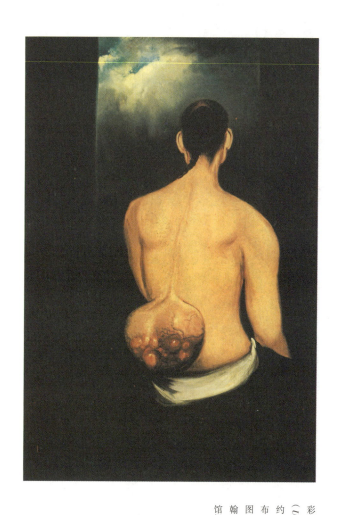

彩图6：林华，《佚名患者》(*Unidentified Patient*)，大约作于1837—1851年间，布面油画，24in×18in。图片由哈维·库兴／约翰·海·惠特尼医学图书馆提供

彩图7：林华，《罗万顺，41岁，她们村第一例有意思的患者》(*Lo Wanshun, Aged Forty-one, [an] Interesting Woman of the First Society of Her Native Village*)，大约作于1837年，布面油画，24in×18in。图片由哈维·库兴/约翰·海·惠特尼医学图书馆提供

彩图8：林华，《卢阿光，河南的一个小姑娘，7岁，病症很有意思》（Lu Akwang, an Interesting Little Girl of Honan, Seven Years of Age），大约作于1847年，布面油画，24in×18in。图片由哈维·库兴／约翰·海·惠特尼医学图书馆提供

献给我的奶奶和姥姥
——蕾贝卡和罗斯

# 目 录

中文版序 ...... 001
致　谢 ...... 003

前　言 ...... 001

第一章 | 中国何以成为"天花的摇篮"：
话语中的转换 ...... 023

第二章 | 病态的身体：
林华的医学肖像画 ...... 065

第三章 | 病态的天朝：
中国早期医学摄影 ...... 117

第四章 | "目所难见"：
　　　　从合信到鲁迅的解剖美学 ...... 177

结　语 | 见微知著 ...... 233

参考文献 ...... 249
索　引 ...... 270

# 中文版序

《图像的来世》的中译本即将出版,这令我倍感荣幸;而且,在知识的层面上,中译本的出版也令我倍感欣慰。原因在于,从根本上来说,这本书本身就与译介有关——不仅仅是语言的译介,实际上也是文化的译介,也就是刘禾所说的"跨语际实践"。这本书的写作源于我试图去理解这样一个问题,即在19世纪和20世纪早期,有关中国文化及身份的某些刻板印象(而且事实上绝对是错误的)是如何以及何以能够在美国及欧洲大行其道的。再加上其他一些种族论的偏见所导致的行为表现,以及以政治为驱动的或出于机会主义的对文化的(错误)读解——就比如认为中国人是"东亚病夫"——这些认知事实上是有其复杂历史根源的。追溯这些根源就是要讲述一个有关译介的故事,在中、英、法、日以及其他诸国语言、艺术史传统和医学实践间所发生的译介。归根结底,本书力图阐明,在早期现代性时期,将其他语言和文化"译介"至中国——远非更为简单意义上的"一对一"、单纯语言层面上的译介,尽管这样的想法仍然存在于今日的大众认知当中——实际上是复杂且多向的。由此，本书意图在这场超越历史的戏剧性事件中，将话语权重新交付给中国人。所以，这本书最终能回到它的启程之处，我发自内心地感到高兴——首先，作为一本英文著作，这本书考察了中国文化的西方式认知（以及再后来，早期现代中国对其中一些认知的再度挪用）这一文化转译所带来的影响；然后，作为一本中文著作，中文世界的读者们则可以就这本书与当下的相关性做出自己的判断。我所希望的是，这本书也能有其自身的来世，从而能为当下有建设性的相互交流做出一点微小的贡献——不仅仅是文化、医学和艺术的交流，更是在这样一个多事之秋，交流我们所共通的人性。

韩瑞

2019 年 12 月

# 致　谢

我之所以要写作本书,是试图就一个抽象的问题做出切实的回答,即中国人是"东亚病夫"这一刻板印象是如何在19世纪和20世纪的历史长河中逐渐成形的。然而,历经数年,这本书也演变为一种更为哲学的尝试,力图从对疾病、创伤、偏见及帝国主义冲击的再现中——这样一些美不大可能栖居之处——发现美。毋庸置疑,这个写作的过程不仅仅需要知识的投入,也需要个体的付出。很多人在这些方面都给了我很多支持。非常感谢刘禾、安德鲁·琼斯(Andrew Jones)和白瑞霞(Patricia Berger),他们给了我很好的指导。感谢李慈(Zwia Lipkin)、马嘉兰(Fran Martin)和蕾切尔·斯图曼(Rachel Sturman),在写作本书的过程中,他们是我的良师益友。感谢吴章(Bridie Andrews)、张嘉凤、史蒂芬·拉赫曼(Stephen Rachman)和夏互辉(Hugh Shapiro),他们在自己的著作尚未最终定稿时,就分享给了我。感谢吴一立,她读了本书第四章的初稿,并慷慨地与我分享了很多文献、材料和她自己的研究。感谢上海社会科学院的熊月之——我在上海的时候,他不仅仅提供了诸多帮助,还将个人收藏的很多资料借给了我,这些资料都是极为罕见的。感谢王道还——我在台湾"中央研究院"的那个学期里,他和医学史研究组的祝平一给了我很多学术上的帮助及有益的建议。感谢这些年里阅读了本书的文稿并提出建议的诸多学者——艾梅兰(Maram Epstein)、费德廉(Douglas Fix)、顾德曼(Bryna Goodman)、大卫·S. G. 古德曼(David S. G. Goodman)、温蒂·拉尔森(Wendy Larson)、戴梅可(Michael Nylan)、乔纳森·茨维克(Jonathan Zwicker)——以及杜克大学出版社的匿名评审人,我非常感谢他们的评论。感谢祁珊立(Lisa Claypool)、黄巧巧(Nixi Cura)、艾米·加林(Amy Garlin)、苏珊娜·加布伦斯基(Suzanne Jablonski)、何东宇(Dongyu "Jeremy" He;音译——译者注)、查林·马克里(Charlene Makley)、劳伦·涅夫(Lauren Nemroff)、史蒂夫·韦斯特(Steve West)、王平和安德烈·泽姆古利斯(Andrea Zemgulys),他们帮我找到了一些鲜为人知的文献材料,并回答了很多专业问题。感谢巫鸿、叶文心,以及安克强(Christian Henriot),是他们让我有机会在芝加哥、伯克利及东京的会议上介绍本书第二、三、四章的初稿,他们以及与会人员的意见让我受益匪浅。我还要感谢法国国家图书馆(Bibliothèque Nationale de France)东方手稿部的莫尼克·科恩(Monique Cohen)和娜塔莉·莫奈(Nathalie Monnet),法兰西学院图书馆(Bibliothèque de l'Institut de France)的蒂埃里·卡拉尔(Thierry Klaerr),哈维·库兴/约翰·海·惠特尼医学图书馆(Harvey Cushing/John Hay Whitney Medical Library)的托比·阿佩尔(Toby

Appel），他们提供了非常宝贵的帮助，让我找到了重要的18世纪和19世纪文献材料。感谢我的同事林秀姗（Hui-hsien Lin）、严守智（Isaac Shou-chih Yan），以及台北故宫博物院展览部的常云云，与他们的交流直接启发了本书的写作。感谢玛丽-乔·安（Mary-Jo Arn），她阅读了本书的大量书稿，自始至终都给出了自己宝贵的意见。感谢石永清（Clara Iwasaki）协助做了很好的研究，感谢劳拉·伊瓦萨基（Laura Iwasaki）对本书的润色，她们的帮助使得本书增色良多。感谢寇志明（Jon Kowallis），他的帮助对本书的最终写就而言非常重要。

感谢傅尔布莱特-海斯海外研究博士论文（Fulbright-Hays Doctoral Dissertation Research Abroad）项目提供的基金，蒋经国国际学术交流基金会（Chiang Ching-kuo Foundation for International Scholarly Exchange）提供的博士论文写作奖学金及RG005-P-03项目基金、澳大利亚人文学院（Australian Academy of the Humanities）和悉尼新南威尔士大学（University of New South Wales）提供的教学津贴，它们的慷慨帮助使本书的研究得以完成。本书所有的翻译（外文译为英文——编者）均由作者本人完成，如引用皆作标注。

最后，感谢张哲欣（Joseph Chang）、卡丽·洪（Kari Hong；音译——译者注）、露西·马克诺（Lucy Macnaught），以及我的家人迈克尔·海因里希（Michael Heinrich）、桑迪·莱格勒（Sandy Legler）；苏珊、斯图尔特（Susan, Stewart）和艾伦·迪恩（Aaron Dean）；肯·海因里希（Ken Heinrich）和玛丽-乔·安，以及佩科拉罗家族（Pecoraro clan）。感谢他们给我的爱和支持。

图 1：「一女，三岁，雁行痘，形三十三」，图片由法国国家图书馆提供，第 5224 份中文手稿，第 32 页

# 前　言

　　图像所经历的历史轨迹变迁和价值彻底重估表明，很大程度上，图像本身在形式上的特质或许是无关紧要的。如果一个图像在一种知识中发挥着某种特定的功能，而在另外一种知识中又发挥着截然不同的功能，那么，认为图像在形式上的特质与其所发挥的效应间存在着必然的联系,这样的想法（似乎）就有些不合时宜了。

——克里斯托弗·平尼，《摄影的他种历史》
（Christopher Pinney, *Photography's Other Histories*）

数年前，我在台北故宫博物院工作，研究中国艺术中对于病状的再现。其时，一位同事向我指出了一张我此前从未注意过的小照片。这张照片是博物院的永久馆藏之一，我或许曾上百次地与这张照片擦肩而过。这是一张很小的照片复印件，原件可能是一幅18世纪或19世纪早期的水粉画，画的是一个出天花的小孩。这张照片是博物院当时正在展出的大事记展——"华夏文化与世界文化之关系"——的展品之一，陈列在博物院入口不远处的墙上。在这个展览中，一条中国的时间线和另外一条"西方"的时间线各自展开，又相互对应，形成强烈的视觉对照，呈现了人类史上所取得的各项科学和技术进步。中国的这条时间线列举了众所周知的早期中国发明，如青铜器、活字制版、火药；而西方的这条时间线则列举了如工业技术、光学工程、麻醉术等等。显而易见，在这样一个语境当中，展览呈现这个出天花的小孩的图像是为了说明，中国所发明的种痘法是一项远超于西方的技术成就。这张小照片是展览的策划者从一本有关中国科技的台湾历史百科全书中借用过来的,但书中并未说明照片的归属。❶然而,通过照片上面的红色小章我们可以得知,这是藏于法国国家图书馆的文献资料。

　　后来我发现,这个图像的背后有着丰富且复杂的历史。在两个多世纪的时间里,它数度往返于太平洋的两岸;它的复制品出现在多个不同的语言和文化语境当中;它在一条精彩纷呈却又矛盾百出的历史长河之中,历经了各种形式的变化,最终以这张照片的形式出现在了台北故宫博物院。经法国国家图书馆的一位策展人证实,这个图像是一套水粉画中的一张。这套水粉画共计六十一张,画的都是出了天花但病状不同的小孩,于1772年由法国耶稣会士韩国英(Martial Cibot)送至图书馆——其时,尚为法国国家图书馆的前身,即皇家图书馆(Bibliothèque Royale)——一起送来的还有一篇关于中国天花病况的文章。❷尽管这些画作从未以此种方式面世过——文章曾单独出版,它的故事构成了本书第一章的内容——但其中的一些则在中间的这些年里出现在了法文的文献当中。其中一幅很可能就是台湾百科全书中复制品的前身。有一本书粗略地概述了中国前现代时期的医学实践,用这套藏品中的一幅画作对"小儿皮肤病"进行说明。❸还有一本有关"世界"医学的三卷本百科全书,这本书有大量的插图,初版于20世纪30年代。出天花的小孩的图像,连同埃及的象形文字,以及日本的医学版画,同时作为代表性的图像出现在此书"中国的医学"这一概述性的章节当中。❹更值得一提的是,在1772年收到这批画作之后,第一个看到它们的法国大臣亨利·伯丁(Henri Bertin)

图 2：天花的分布。图片来自吴谦编修的《医宗金鉴》一书的复本（台北：新文丰出版公司，1985年，原书出版于1742年）

在一封信件的草稿中这样写道："根据文中所描述的症状，以及画中形貌可怖的人物判断，我认为，中国的天花疫情要比欧洲严重得多。"❺这也就是说，当这些图像出现在法国的语境当中时，它们远非技术高超的象征，而是代表着一种落后，一种生而有病的中国人所固有的羸弱。

然而，这些画作在中国的缘起却呈现了一则截然不同的故事。事实上，这些画作是清朝时期一本重要的医学文集中的木刻版画。这本书名为《医宗金鉴》，是乾隆皇帝于1739年钦定印制的。《医宗金鉴》中的一个部分通过大量的绘图来讲解天花，既提供了诊治天花的方法，也介绍了通过种痘法及其他方法应对和控制这一疾病的手段。❻不同于这一时期的医学类著作，这本书中描绘病状的图像相对而言较多，在结构和主题上都参照了《百子图》。《百子图》是一种描绘中国孩童的经典肖像图，通常来说都象征着健康、多寿、多子、多福，甚至是皇权永续。❼总之，这张图像已脱离了其最初的内涵，从寓意健康和多子，变成了疾病与死亡的象征。它经过一番"转译"，在时空中被赋予了更多的内涵，从象征乾隆帝统治年间对天花积极主动的治疗，变成了在法国人看来，天花或各种疾病疫情在中国的肆虐。当然，最大的讽刺在于，这张图像最终找到了自己的安身立命之处：它重新回到了关于乾隆皇朝的文献档案之中，即台北故宫博物院。博物院的语境重新确立了这张图像的价值所在，即它标志着中国高超的技术造诣。尽管服务于历史民族主义的主旨，但这张图像已不再象征中国相较于世界其他各国的落后，而是截然相反：中国相较于西方世界的发达。

　　本书探索了这一曲折迂回的历程：追溯了自现代性肇始之时，将中国的身份（identity）与身体的病态联系在一起的医学话语及图像的发生和发展过程。由此，本书也勾勒了各种语境的不同样貌——这些不同的语境在19世纪及20世纪早期构建并转变了医学再现的不同意涵。因此，本书考察了在华医学传教士早期的医学话语及图像，正是这些话语和图像将罹患疾病的、恶疾缠身的中国人的形象——"东亚病夫"——带到了西方。同时，通过对不同案例的研究，本书还描绘了这样一个历程，即经由传教士的活动，又经由早期译介至中国的西方医学文本，最后再经由中国民族主义的文学书写本身，这些观念又是如何最终回流至中国的

（实际上，同时也传播到了世界各地）。正如对这张出天花的小孩图像的考察，本书的研究不仅仅旨在指出，考察文本所处的语境及其相关的图像是很重要的；本书更想说明的是，现代性的构建也借助了一些科学领域之外的手段——通过这些手段，某些顽固的刻板印象及陈词固见将中国的身份与有关疾病的错误经验认知混为一谈。

  19世纪医学传教士著作的一大特征是，反复出现对视觉材料的引用——这些著作通常将视觉材料称为"眼见为实"的证物或证据——用以给中国潜在的病患、医学生、信众或其他人灌输一个理念，即西方医学技术的优越性。另一方面，这也与自传教士来到中国之初，就一直困扰他们的跨语言、跨文化交流这一现实问题相关：和所有他们的先辈无异，传教士医生们也认为，在给疑虑重重的中国受众宣扬西方科学的强大时，绘图、模型、演示及其他类似的视觉呈现要比言辞或文绉绉的解释说明更为有效。事实上，哪些疾病是传教士医院可接收并治疗的——**外科小病**如易摘除的肿瘤，或是让盲者恢复视力的白内障手术——其一大重要的决定性因素，至少在最开始，就在于哪些手术的治愈效果是中国人可以用自己的双眼看到的，或者说手术过程是可以在众目睽睽之下进行的。❽但是，传教士对可见的执念也与其固有的观念有关，即中国人**如何**观看，在看的时候他们看到的是什么，以及在看到的时候他们又是如何理解他们所看到的内容。举例来说，在庆祝广州博济医院成立15周年时，牧师T. W. 皮尔斯（T. W. Pearce）讲道：

和其他地方比起来，在中国，当面对这里的人民时，如果要给他们心灵绝对持久且深刻的印象，我们就必须把赤裸裸的事实摆在他们眼前，让他们看着我们做事。在这里，赤裸裸的事实要比强有力的论证更行得通。中国人用图像书写和说话。这座医院是一幅他们必须时时观看的图像。这座医院提供眼见为实的证据，证实外国人所笃信之物，（也）证实着那些影响他们与中国人交流往来的动机。❾

换句话来说，一些传教士认为，中国人几乎生来就以一种象形文字的方式观看或"解读"这个世界，并处理相关的视觉信息。顺便要指出的是，这一观念与原语言学（proto-linguistic）的理论不谋而合——原语言学理论最早由耶稣会士提出，将汉语写作同象形文字及古埃及的历史、文化联系在一起，认为图像即文字，文字即图像。有理由认为，中国人采取不同于常规的阅读和书写方式，更多的是"观看"和"描绘"。❿因此，以视觉的方式进行交流，即是用中国本土的语言进行交流。那么，在与一个"用图像书写和说话"的人一起工作时，通过病理学的图像以及身体来宣扬西方的医学成就，便成了再自然不过的方式：疾病和治疗的图像代表的是一种强大的观念货币，可以换来中国观者心灵中"持久且深刻"的印象。

因此，本书的一个重要预设就是，这些图像实际留下的印象远非持久不变，非但不同于其最初的样貌，还（就像出天花的小孩那张小图）积聚了许多生发出来的重要意涵。这些意涵还拥有一个变化着的、意识形态极为复杂的后世。这一后世产生了持久的影响,影响了中国的种族、病态、文化及身份这些观念在现代性之初的形成和构造方式,也在后来的文学及视觉文化,甚至广义上的文化中传播。如何解读现代早期中国文学中对疾病的再现,对这一问题的思考是提出上述观点的基础性工作。多年前,当我还是一个研究中国现代文学的研究生时,这个问题就吸引着我,并构成了本书的部分缘起。我无法忽视这样一点,即疾病显而易见地充斥在民国时期及之后文学作品的字里行间:不计其数的人物在吐血,感到疼痛,产生幻觉,患有跛足、疯癫,无一例外地感到虚弱和忧郁。这些现代早期对疾病的文学书写形象逼真,通常都表达出并不隐晦的寓意,比喻性地揭示着动荡不安时期的中国及中国人民整体所罹患的疾病。举例来说,在著名的现代早期作家,被誉为"中国现代文学之父"的鲁迅(1881—1936)的小说中,就有许多广为人知的对疾病的描写。比如,简单来说,在《父亲的病》和《药》这两则故事中,鲁迅就讲述了在遇到严重的疾病时,中医手段是失效的,从而将强烈控诉的矛头指向了"落后"的中国文化实践。在其他杂文及小说中,鲁迅还经常使用疾病、医学及解剖学的专业术语来刻画中国已然病入膏肓的文化主体。❶与鲁迅同时代的其他重要作家如丁玲、郁达夫、茅盾和施蛰存,同样也塑造了许多重要的病态人物形象。他们言之凿凿的细节描述使得这些人物的病状跃然纸上,以至于感兴趣的读者真的可以辨识出(或者,更为准确地说,诊断出)肺结核、神经衰弱症(过度敏感、神经症),甚至是梅毒这些病症。❷这些认识,这些对极为具体的症状的描述,都是从何而来的呢?除了参照西方文学及电影中的形象——查尔斯·狄更斯(Charles Dickens)、尼古拉·果戈里(Nikolai Gogol),或是加斯东·勒鲁(Gaston Leroux)《歌剧魅影》(The Phantom of the Opera)中的人物——还有什么让他们了解了症状和病因的特性?这源于西方的医学文学,还是中国传统医学的知识,或是二者皆有?此外,这些描绘——新时代的使命使其更为流行——试图激发读者怎样的文化共鸣?

7　　为了就此类作品中对疾病的再现——或者,实际上是任何国家的文学中对疾病的再现——试图表达的意涵及读者所解读的意涵给出可靠的阐释,像已然尘封的过去所做的那样,仅仅程式化地指出这些作品对其他文学的"借用"是远远不够的,仅仅指出身体政治表征的隐喻性意涵同样也是不够的。文学研究已然变得更为复杂,也必然更为兼收并蓄。因此,我们必须不仅仅要重视疾病出现在文学当中时,其所象征的寓意,同时也要重视这一现象的起因和由来;我们必须厘清其表述及其具体的文化价值(借用来的以及本土的),也要厘清具体发生时刻所产生的相关意义——像是某种文化上的放射性碳纪年法。换句话来说,到民国早期时,各种由西方命名的疾病,如肺结核、神经衰弱症,或是梅毒,其意涵已经在此前发生了隐喻层面或文化层面上的转变。因此,这些疾病出现在中国文学当中,就不仅仅是因为作家们恰好了解这个领域,也不只是对久远的西方文献的创造性挪用。当时,是哪些广泛传播的关于疾病的大众知识使得有关疾病的写作如此具体?传统中国医学知识中有关疾病和病因的认识又产生了怎样的回响？这些疾病和症候的出现超出了（或者至少不限于）传统中国医学的范畴——换句话来说，植根于如此贫瘠的土壤之上——又是如何在中国变得言之有物的呢？

这一问题更为复杂的地方在于，我们还必须接受这样一点：疾病，以及文学和广义文化中的疾病观念是如何开始并发展起来的——要弄清这一问题，我们就必须关注身体观念的问题。毕竟，身体是疾病发生演绎的物理及观念场域，是疾病投射其寓意的所在。因此，认为这样一个"身体"——特别是在18世纪之后——作为一个概念，在其他科学或医学神话经历着剧烈根本性转变时，始终保持不变是错误的。如果我们认识到，举例来说，传统中国医学的身体宇宙发生学截然不同于19世纪中期所引进的后解剖学观念，那我们如何解释在现代文学中诞生的新的病态身体所蕴含的表征呢——这个身体并非**一般**的身体，而是（至少部分地）一个**病态的身体**。对于文献研究者来说，深入考察前现代中国（各种）文化（既包括文学的，也包括医学的）中身体再现的具体宇宙发生学意义及关系是极具挑战性的。但是，我们要如何应对这样一个变化中的身体，一个被启蒙、帝国主义、传教的需要，当然也包括科学等各种各样意识形态鄙弃的身体？和其他输入进来的意识形态建构一样，解剖学的身体以及这一身体在中国所关联的疾病及所处的境况，必然携带着其自身的一套价值和信息体系，等待被接受、拒绝、转变、误解，选择性地挪用，或是忽视——面对这样一个事实，我们又能做些什么？

显然，分析文学对疾病的再现是分析上述问题的基础性工作：

这项工作在文学分析之前就已经开始了。就中国研究而言,医学史和科学史何以是最先要入手的地方也就说得通了——它们为具体的疾病、整体的理论架构、传统及转变中的分类体系、治疗的手段和技术,以及药理学提供了最直接也最全面的信息。同时,就社会及文化层面的医学史而言,现在也有了一些很好的研究,从微观(个体的疾病及其在历史中的转化)到宏观(整个的历史变迁及卫生、健康此类宏观概念的变化)的角度分析现代早期的中国如何诊治疾病。❸疾病的传播未必就比疾病**观念**的传播更为广泛(在文学对疾病的再现中,观念的传播是其重要的构成部分)——要理解这一点,我们或许还需要参照很多后福柯学者的理论。这些学者强调,医学及科学"客观、确定"的史实存在着文化及理论层面的问题。他们也同样越来越多地得到中国学术界的极大关注。❹此外,是什么造成了"中国人"的身体相较于"西方人"的身体在面对疾病时更为脆弱,这个尖锐的问题现在也可以有各种回答。我们或许可以参照一下比较文化研究,比较文化研究在描述一种文化的物质构成时,通过比较可以彰显另外一种文化的优势所在。我们也可以参照一下考察身体所处的文化及历史境况的研究——这个身体可以是肉身,也可以是由中国历史或电影研究、性别研究、表演研究、政治科学,甚至服饰及着装历史这样的分支学科所建构的身体。❺

9  其中没有提到的,因而也是本书试图去填补的空白,即相对更新的视觉文化研究领域。视觉文化研究关注的不只是艺术家或手工艺者的技艺,还包括视觉本身所处的文化及历史境况。因而,视觉文化研究填补了疾病观念在文化间及历史中的传播这一分析领域的重要空白。举例来说，桑德·吉尔曼（Sander Gilman）就曾经指出，在医学这一大的学科历史当中，医用绘图研究就是一块显而易见的空白，并喟叹说这块研究一直都是医学领域的"继子"。❶特别是中国医学史也存在同样的空白，没有对图像和插图的专门研究。同样地，也有人指出了这一空白。❷如果我们考虑到在各种各样的文化语境中，医学书写通常都取决于医学文本（说明，用文字解释某种疾病、病期或身体的状态）与阐释文本的图像（图表、表格，或是试图对文本进行补充或举出反面例证的说明性绘图）之间的动态对话关系，那么医用绘图的研究在这两个案例当中的缺席就变得尤为显眼。文学研究面临一个同样的问题：疾病在文学中作为一种隐喻，甚至是一种现实主义的体现——尽管针对这一点已经有很多很好的讨论，但视觉文化的文献资料及视觉文化与文学间的互文性却直到最近才进入学者讨论的范畴，构成了文学学者分析中国小说的文化面向——或者这实际上是他们的本职工作。同时，无畏的文学学者们或许会转向批判理论和哲学，运用各种分析方法来破解疾病在各种各样文化语境中的层层意涵。然而，他／她可能会发现，要将这些概念再生搬硬套到艺术史这一陌生的领域并不是一件容易的事情。尽管艺术史提供了有益的分析、建构及理论方法，但要想在艺术史中找到全面且具体的原则，并运用到对医学及医学史文献的研究当中去，文学学者们或许不免会感到失望。除此之外，如果我们再考虑到19世纪晚期及20世纪早期，在医学传教士的话语当中，视觉具有重要的文化层面的具体意涵，那么，要理解中国现代早期医学相关的文学及文化现象，视觉文化研究就不仅仅是重要的，而且是**关键的**。

因此，本书的写作很大程度上源于文学研究中的智性根基。这本书不仅仅参照了文学研究，还参照了医学史、艺术史、批判理论及科学史，它运用视觉文化材料来建构叙事，阐述19世纪为现代中国自我及民族身份认知所用的医学表述、概念和意象带给后世的影响。通过考察有关疾病及中国身份的观念是如何在中西之间转译的，我以对一种方式的讨论作结。所有这些观念最终都通过这一方式融入了中国对其自身的认知，融入了其自身的话语表达之中：民国时期的文学用血淋淋的细节描写清晰刻画了一个羸弱的，而且生来就病患累累的自我形象。因此，这是一本与现代中国文学既有关，也无关的书。一方面，我试图就民国时期作家所接受的医学教育及他们所接触的文化提供重要的基础性说明，继而试图阐明这些作家如何构建了一个重要的视角，呈现了一个他们眼中的（中国）社会。但另一方面，我希冀为未来的研究——关于其他文学，或者其他医学史的研究——提供一种工作的模式，即如何结合医学绘图这个"继子"，更为全面地理解疾病观念在文化间及文化内部的传播，当然也包括医学意识形态与广义的美学之间的关系。

这本书既有一系列的案例研究，也有编年的叙事。作为一本案例研究的合集，本书详尽地讨论了疾病观念在中西之间传播的不寻常之处。这些案例参照了不同的学科和方法论，从医学史到艺术史，从图像史到身体史，无所不包。之所以要罗列这样一些不同的案例，一个目的是想要构造出不同的模式，从而将医学绘图纳入对整个中国的研究当中去。因此，我希望这些案例是相互独立的。然而，作为一种叙事，本书则沿着一条确定的历史纵轴，以讨论18、19世纪疾病观念在中西间传播的方式为开始，以讨论这种观念是如何转变成了认为病态是中国特有的，是如何进入到了中国文学现代性的表达及历史无意识当中去的为结束。因此，本书的每一章节或许都互不相同，但它们从根本上来讲都有同一个历史性的旨归：描绘传播、转译、普及、接受的不同阶段，经由这些不同的阶段，有关病态的观念从一个文化语境进入到另外一个文化语境的主流话语当中了。

我将以重访我所提出的问题来开始本书的讲述：中国是天花的发端地，这一观念是如何传播并融入有关健康及中国人易患病这一更为广泛的话语当中去的？在第一章，我并未考察天花图像在中国的传播，而是考察了文本的传播以及某些认识的强化。这些认识与中国人对待天花的态度有关，可以追溯至那篇最初和照片一起从北京寄回巴黎的文章，即神父韩国英的《论天花》（De la petite vérole）。以中国对天花更早期的记录，以及作为原始文本的中国医学文献为参照，我将对韩国英的这篇报告进行解读，探讨法国、英国、美国及中国的意识形态倾向在不同历史节点的矛盾，追溯这些倾向以何种方式影响了后来对天花故事的阐释及在叙事层面对其的挪用。这一章讲述了绘有出天花的小孩这一画作的故事，呈现了中国的一些观念——此种疾病是可控的——是如何最终变成了中国人信仰宿命论且易于患病这样的观念的。这一章强调了有关病态的观念在传播方式上表现出极度的偶然性，它不仅意在说明有关病态的刻板印象在历史中所表现出的"非科学"特征，也试图强调传播本身在塑造这些刻板印象时所发挥的作用——特别是在历史编纂学当中。

第二章通过考察著名画家林华与美国医学传教士伯驾（Peter Parker）的合作往来，探讨第一次鸦片战争期间（1839—1842）以及之后在中国建立通商口岸时，有关病态及中国身份的观念是如何传播的。林华位于广东商行的画室是中国各种外销艺术品最为著名的发源地之一，伯驾于19世纪30年代在广东建立并运营的医院是最早且最成功的传教士医院之一。在1834年左右至1850年间，林华（及其画室的成员）绘制了一百多张彩色肖像油画，呈现了伯驾在医院从医期间诊治的相较而言不同寻常或是"有意思"的严重疾病案例——这些肖像极富吸引力和洞察力，画的是患有甲状腺肿大、癌性肿瘤、先天畸形、生有坏疽的男男女女们。在摄影诞生之前的时代（或者更具体地说，在摄影尚未运用于医学领域之前），这些绘画不仅仅帮助伯驾在回国之后推动传教事业——在短暂的回国期间，伯驾将这些绘画呈给美国及欧洲很多的政要和官员观看，为自己的传教事业争取支持——更重要的是，这些绘画还让医院的病人及中国潜在的医学生和神学生认识到，西方医学技术既能进行手术治疗，又能提供精神疗愈。通过合作创作这些绘画，伯驾和林华开创了一种呈现疾病和中国身份的模式。这一模式直接地影响了后来的医学传教士，他们继承了图绘中国疾病的事业——尽管政治风向已经开始发生转变，如通商口岸的开放，对在中国进行传教活动的限制规定也开始松动，种族的话语也在此时诞生，并就此前被归于"文化特性"领域的概念进行解释。虽然他们合作的成果从本质上来说是视觉的，但事实上却构成了转译的实践——现代性诞生之初，在开创一种强有力地呈现中国病态的视觉语言的过程中所发生的转译。

相对而言，有关中国医学摄影史的书写很少。但同时，摄影和医学可以为殖民意识形态所用，这一点已得到了广泛和自觉的承认。在第三章，我考察了鲜为人知的中国医学摄影史，主要讨论了其在风格上对伯驾及林华创作的继承，并在后来发展成为一个独立且重要的门类。正如伯驾与林华的合作，早期的中国医学摄影发挥着双重的功能：一个是向西方和西方人传播有关中国疾病的知识，另一个是通过西方医学技艺来教育中国的病人和医学学生（的确，在世纪之交，毕业于医学传教士学校的中国毕业生已经开始自己拍摄医学照片）。然而，这一时期的特殊之处在于，借助于医学及摄影技术的发展，医学传教机制的完善，民族志及人类学等新兴"科学"领域的出现，中国的医学传教士能够大量地制作有关中国病状的图像，并进行广泛的交流——这是前所未有的。在世纪之交，医学照片不仅仅陈列在医院里，还是医院附属医学博物馆的文献，运用于医学课堂的教学，作为医生的私人收藏而流通，在贸易中作为明信片出售。最重要的是，新的医学传教期刊大量登载了医学照片，甚至是中国最偏远的医疗点的医生都能读到这些期刊。因此，我在第三章从1861年最早的医学照片记录说起，直到由威廉姆·汉密尔顿·杰弗瑞（William

Hamilton Jeffery)和詹姆斯·L.麦克斯韦（James L. Maxwell）于1929年在上海出版的有大量插图的医学文集《中国的疾病》（The Diseases of China, including Formosa and Korea）的第二版，从而勾勒了中国医学摄影的历史概况，以及其在风格上的发展和意识形态上的关注。因此，这一章的重点从林华时期意识形态支配下的对病态图像的**转译**，转向了重点讨论此类图像在现代初期的**传播**中，技术及社会体系所发挥的作用。

第四章是本书历史叙事的高潮部分：满载意识形态的医学传教士图像对其中国目标受众产生了怎样的影响，中国社会如何看待和运用这些图像——关于前者的推测以及后者发生的具体方式，这两方面在形式上的分离在这一章缝合了起来。换句话来说，这一章所考察的案例呈现了这些有关病态的新兴观念是如何**被吸纳**的。这一章一开始探讨了第一本翻译为中文的西式绘图本解剖教学书，即1851年出版的合信（Benjamin Hobson）的《全体新论》（A New Treatise on Anatomy）。和林华的绘画及后来的医学传教士摄影不同，合信的解剖学从一开始就不是面向西方读者的。相反，这本书是专门针对中国读者写作和设计的。因此，我考察了合信的解剖学为此通过怎样的方式重构或转译了有关身体的观念；与此同时，当身处一个由新的语言和术语词汇，以及相异的生理学和身体结构认知所构成的复杂领域，他又做了怎样的变通。不同于其他人对这本书的历史研究，我考察的重点并非这本书实际上要输出的是怎样的关于身体的意识形态——举例来说，它的神学基础，或对一些如**肌肉**或**神经**之类的新术语的叠置——而是将重点放在了这一解剖学文本通过其形式及内容所提供的观看身体、表征身体的新美学、新模式上。就形式而言,合信的解剖学源自基于解剖术的诸概念,如体内、表皮、透视、分离功能;就美学而言,则表现出与中国传统身体表征模式在理念上的根本不同。因此,尽管我们可以说合信的书是最早的,也最系统的西式解剖学中文译本,但我们同时也要记住,它也是最早、最系统地将文艺现实主义的西方实践哲学译介到中国来的读本之一:它要求中国读者接受的不只是一门新的解剖科学,更是一种新的再现方式。

那么,中国的读者以及广义的文化是如何接受并吸纳这一新的再现方式——"解剖美学"的呢?最后,我回到了一个文学当中的案例,回到了鲁迅的一组散文诗作。鲁迅身为一名作家和文化生产者的伟大之处,总是让我们忽略他所接受的西方医学训练给他造成的影响。在鲁迅成为一名作家之前,他曾是位医生。他接受了基于解剖术的新式解剖学教育,他对艺术抱有浓厚的兴趣,他描述了他所看到的传统中国身体认知及再现的缺陷所在——这些直接导致了他将精准的解剖美学运用于他的一些文学实验当中。这种解剖美学是极度病态的,也是极度视觉化的,同时也极度现代。它带有自省性,同时又有多重指涉;具有多重意涵,同时又有深刻的本土性。最重要的是,这一美学回应了,同时也从根本上改变了一整代人的期待和参照体系。

# 注 释

❶ 《人痘接种法》，第 210 页。
❷ 要说明的是，法国国家图书馆的收藏中实际上有两套彩色天花图。其中一套有中文图注，另外一套没有。这两套图似乎是一起送至法国的。法国国家图书馆东方手稿部的一位策展人在信中告诉我说："(它)的确是法国国家图书馆的馆藏。它是六十一张画作中的一张。这些画作画的都是各种天花，收在一本集子里……另外一套是绢画……这两套馆藏是 1770 年左右由法国耶稣会士（很可能是由钱德明神父〔Père Amiot〕）倡议，在中国绘制完成，于 1771 年送出，并于 1772 年抵达法国。一起送来的还有一篇由韩国英神父写的关于'天花'的长文，收录于《北京传教士回忆录：中国的历史、科学、艺术、习惯、风俗等》的第四卷中。"( appartient bien aux collections de la Bibliothèque Nationale de France. C'est l'une des soixante-et-une peintures figurant les diverses formes de la variole, regroupées en un album.... Une autre version〔est〕peinte sur soie.... Ces deux recueils ont été realisés en Chine vers 1770 a l'initiative des jésuites français〔probablement du Pere Amiot〕; envoyés en 1771, ils arrivèrent à Paris en 1772 accompagnés d'une longue notice sur la 'petite verolle' par le Père Martial Cibot, publiée dans le Tôme IV des *Mémoires concernant les Chinois*. 此为法文原文，本书中文译自本书作者的英文译文。下同。——译者注）与法国国家图书馆东方手稿部总管理员（策展人）莫尼克·科恩（Monique Cohen）的私人通信，1997 年 7 月 17 日。韩国英，《论天花》（Martial Cibot, De la petite vérole）。
❸ 就比如王吉民和伍连德所著的《中国医史：自古至今的中国医学发展编年史》（ *History of Chinese Medicine: Being a Chronicle of Medical Happenings in China from Ancient Times to the Present Period* ）。
❹ 乔治·苏利耶·德·莫昂特，《中国和日本》（Georges Soulié de Morant, Chine et Japon ）。
❺ "〔I〕l me〔sembloit〕suivant tous les symptomes décrits dans le traité et depeints dans les figures hÿdeuses qui l'accompagnent que la petite Vérole à la Chine est infiniment plus maligne qu'en Europe." 亨利·伯丁，未公开的书信，签名为"致 Ko 和 Yang,

伯丁，1772年12月13日"，亨利·伯丁书信集，第1521份手稿，第158—161页。本书第一章将会详细谈到这些信件。

❻ 吴谦编，《医宗金鉴》。

❼ 参见安·巴洛特·威克斯编，《中国艺术中的儿童》(Ann Barrott Wicks, *Children in Chinese Art*)。特别是其中由谢瑞华所写的《百子图：从嬉戏的小男孩到多福的象征》(Terese Tse Bartholomew, One Hundred Children: From Boys at Play to Icons of Good Fortune) 一文。

❽ 本书第二章将会就此详述。

❾ 引自嘉惠霖、玛丽·霍克西·琼斯，《柳叶刀尖：百年广州博济医院（1835—1935）》(William Warder Cadbury & Mary Hoxie Jones, *At the Point of a Lancet: One Hundred Years of the Canton Hospital, 1835-1935*)，第132页。

❿ 作为第二语言的现代汉语研究（contemporary Chinese as a second language study）之父针对这一神话进行了强烈的批判，参见德范克，《汉语：事实和幻想》(John DeFrancis, *The Chinese Language: Fact and Fantasy*)。特别是"表意神话"一章，第133—148页。

⓫ 参见如鲁迅的短篇小说《药》和《父亲的病》，或《病后杂谈》，收录于《鲁迅选集》(*Lu Xun: Selected Works*)。

⓬ 参见如张真的《〈夜半歌声〉中的幽灵剧院、毁容与历史》(Phantom Theater, Disfigurement, and History in *Song at Midnight*) 一文。

⓭ 参见如席文（Nathan Sivin）、满晰博（Manfred Porkert）、文树德（Paul Unschuld）的著作；本杰明·艾尔曼的《根据自身情况：科学在中国（1550—1900）》(Benjamin Elman, *On Their Own Terms: Science in China, 1550-1900*) 是很好的入门读物。关于更为具体的历史，参见吴章的《肺结核与细菌学说在中国的在地化，1895—1937》(Bridie Jane Andrews, Tuberculosis and the Assimilation of Germ Theory in China, 1895-1937) 一文，以及罗芙芸的《卫生的现代性：中国通商口岸卫生与疾病的含义》(Ruth Rogaski, *Hygienic Modernity: Meanings of Health and Disease in Treaty-Port China*) 一书。

⓮ 布鲁诺·拉图尔的《法国的巴斯德化》(Bruno Latour, *The Pasteurization of France*) 为本书，特别是第一章，提供了重要的理论依据。运用米歇尔·福柯（Michel Foucault）的理论来分析医学史的一位中国学者是杨念群，《"兰安生模式"与民国初年北京生死控制空间的转换》(The Establishment of "Urban Health Demonstration

Districts" and the Supervision of Life and Death in Early Republican Beijing）。

⑮ 参见如冯珠娣,《饕餮之欲：当代中国的食与性》(Judith Farquhar, *Appetites: Food and Sex in Postsocialist China*)；以及栗山茂久,《身体的语言：古希腊医学和中医之比较》(*The Expressiveness of the Body and the Divergence of Greek and Chinese Medicine*)。有关各个学科对中国肉身的讨论,参见马嘉兰和韩瑞编,《现代性的象征：身体、表征与中国文化》(Fran Martin, Larissa Heinrich, *Embodied Modernities: Corporeality, Representation, and Chinese Cultures*)。

⑯ 吉尔曼写道："我想要谈的问题……（有关）医学史写作中……各种各样的图像、画面及视觉表征……当然,似乎存在足够多有关医学的'图绘历史'来说明图像在医学史写作中的重要性。然而,图像作为医学史中的一种材料,这一点始终都未得到足够的重视。如何解释医学史家运用视觉图像时的焦虑？"桑德·吉尔曼,《医学史家在书写图像的历史时如何及何以会使用或忽视图像？》(Sander Gilman, How and Why Do Historians of Medicine Use or Ignore Images in Writing Their Histories?)。

⑰ 在《中国医学观念史》(*Medicine in China: A History of Ideas*)一书的序言中,文树德谈到了医学绘图研究的缺失,与吉尔曼的不满遥相呼应。《中国医学观念史》仍然是唯一一本专门研究中国医学绘图的著作,尽管基本上是一本汇编目录。然而,2005年9月由维康研究所（Wellcome Institute）和中国中医研究院在北京合作举行的国际会议产生了一项成果,即出版了两卷关于中国医学绘图的著作——由王淑民和罗维前（Vivienne Lo）编著的《中医历史图像史》(北京：人民卫生出版社,2007)；另外,罗维前和王淑民著有《中国医学全球化的视觉历史》(*Globalising Chinese Medicine: A Visual History*),即将由Brill Press出版。通过http://tinyurl.com/9jmwr也可以在线看到一系列精选的中国前现代医学图像,这些图像是专为"中国医学项目：维康研究所医学图像线上收藏"(Project Chinese Medicine: A Visual History for Wellcome Institute's online medical iconographic collection) 而"购买、编目和转译"的。

图像的来世

第一章

# 中国何以成为"天花的摇篮":
# 话语中的转换

> 我们经常区分从前的知识与当今的知识……我们可以说古代谬误与现代真理之间的关系就像同一个螺旋上的两条运行轨迹。要明确的是,前者和后者比起来较小。但是,二者都依赖于社会。
>
> ——布鲁诺·拉图尔,《法国的巴斯德化》
> ( Bruno Latour, *The Pasteurization of France* )

世界卫生大会在 1980 年宣称，天花已彻底根除。从 21 世纪的角度来看，这显得有些天真——甚至是无可救药的天真。这一宣言不仅仅遭遇了生物恐怖主义的威胁，其安身立命的人本主义自以为是的叙事（人类战胜自然的浪漫幻想，对明确出路的渴望）也已大为动摇。它暴露了植根于起草者内心深处想要消灭这一可怕疾病的欲望，同时也掩饰了其内心的冲动，即意欲在全球范围内终结叙事，让天花成为一个有结局的故事（或一个有故事的结局，视情况而定）。至少，生物恐怖主义威胁给人带来了某种不安感，不仅仅是因为存在疾病再次爆发这样的可见危险——这种疾病重现人间引发了实质上更为令人忧虑的问题，即终结的叙事在象征层面或意识形态层面的缺失。

在书写关于天花的历史叙事时存在这样一种对终结的焦虑感，从史学研究的角度来看，有趣的地方在于，它极为偶然地暴露了意识形态与疾病之间残留的关联。我们或许可以宣称，天花已经是遥远的过去了，并且为这一宣言著书立说。然而，仅仅是害怕天花重现人间这一点——这种无疾病的焦虑感——就揭示出，这种疾病与象征层面和意识形态层面的关联有如抗体一般，仍然存在于历史无意识当中。正如布鲁诺·拉图尔所指出的，"很少有疾病会屈服于那个不可逆的洪流，屈服于那美好的规制，最终让自己成为'过去'"。❶

然而，当我们比照有关前现代中国的认知，以及前现代中国在全球互通的语境下与疾病的历史性关联时，这些关于焦虑和终结的叙事就承载了更多意识形态的内容。因此，我们可以说，疾病的叙事与民族身份的叙事共处于同轴的关系当中。在这一时期塑造了中西关系的殖民主义需求，以及涌现出的那些对中西关系做出描述和界定的高度情境化的小说，都使得这一同轴关系更为复杂。举例来说，正是在19世纪，中国不再仅仅是西方大众想象中的"东亚病夫"，而是更为具体地被称作"瘟疫之乡"，还被看作欧洲霍乱（也被称作"东方瘟疫"）的源头，也绝非偶然地被一些人称作"天花的摇篮"。❷同期，伴随着麻醉剂、消毒法、细菌理论，以及后来的卫生观念在中国的传播，同时发展起来的还有关于种族及民族特性的医学-殖民意识形态——19世纪早期最早由医学传教士引介到中国来的意识形态。如此一来，将中国和各种疾病捆绑在一起的观念就又和现代性的叙事及某种科学的新民族主义在象征的层面上融合在了一起。❸班凯乐（Carol Benedict）在谈及瘟疫的形象时这样说道，"在19世纪许多欧美人眼中，鼠疫给中国打上了卫生'落后'国家的标记，这个国家在现代仍潜伏着中世纪的疾病。对他们而言，鼠疫是所谓'东亚病夫'之衰弱的又一个表征"。❹因而,健康与卫生在形成时期的概念化就严丝合缝地与现代性的概念化交叠在了一起,反之亦然。如此一来,疾病在中国的出现——霍乱、瘟疫、天花——就被看作现代性**缺失**的后果和佐证。在今天很多有关"非典"及其源起的叙事中,我们仍然可以找到与这样的话语一脉相承的地方。

　　有关天花及中国身份的观念是如何在中西之间传播的?追溯这一问题为解决另一更加宏大的问题奠定了基础——当有关疾病和身份的观念与意识形态的需求相遇,会发生些什么?在18世纪和19世纪,有关文化的观念,更加具体地说,将中国文化与疾病联系在一起的观念,如何在中国与欧洲间传播?原初的材料后来是如何被使用或挪用的?为什么?以及,挪用所导致的结果是什么——这又给今天带来了怎样的影响?18世纪晚期,对后世有极大影响的韩国英的《论天花》一文为我们打开了一扇窗,让我们得以一窥中法两国在其时对待种痘法的态度。我采用一种谱系学的方式,以考察这篇文章写作的历史背景,审视两国其时对待种痘法的态度来开始本章的论述。然后,我对韩国英一些更为关键的论点进行文本细读,讨论作者得出这些论点所参照的原中文文本(或者说作者声称自己参考了这些文献),探查这篇文章在法国最开始的接受情况。最后,我沿着韩国英论述的思路,从二手资料追溯到一手资料,探寻19世纪和20世纪欧洲及美国各种各样的话语所秉持的一个观念——中国是"天花的摇篮"——是如何形成的,探寻拉图尔所说的(与"现代真理"一同),将从前的知识与当今的知识连接起来的,"同一个螺旋上的两条运行轨迹"之中的一个。

## "故意杀人":法国的种痘法论争
## 及《论天花》一文的源起

> 我偶然发现了……一封德·拉·科斯特先生(de la Coste)的信。在信里,他谈到了取天花痘苗或种天花痘苗的事宜。我想起来还曾经在一本中文书中读到过类似的内容,并将那段文字抄了下来……这个方法与从君士坦丁堡传入英国的方法极为相似,在中国已经沿用了上百年。
>
> ——神父殷弘绪(François Xavier D'Entrecolles)的书信,1726年

很多19世纪和20世纪早期关于中国天花的医学及史学讨论,都完全不曾将中国列为最早实行种痘法的国家,反而认为中国是这种疾病本身的源头所在。詹姆斯·卡里克·穆尔(James Carrick Moore)在1815年时曾这样写道,"据(耶稣会)权威人士所说,医学的建立和天花的出现在中国似乎古已有之……一些传教士(还)告诉我们,中国人敬奉一位女神,并笃信这位女神对天花有绝对的掌控权。这强有力地证明了,此种疾病在中国由来已久,有学之士认为,其在中国已肆虐三千余年"。❺

同样地,1838年的时候,查尔斯·杜哥德·唐宁(Charles Toogood Downing)也在书中明确提出了一个观点,即"天花的历史以一种奇特的方式呈现出各国之间彼此互惠互利的关系",并对

天花追根溯源，认为天花发端于中国。他写道，"据说，最早先是中国人患上了这种可怕的疾病；后来又缓慢地向西传播，西亚部族也逐渐染病；再后来则蔓延至欧洲，疫情不亚于中国。随后，这种疾病极其可怕地四处传播，超越了人类的才智和能力。有它的地方就遍布着不安和恐慌，世间诸般美好的万物皆黯然失色"。在谈到种痘法时，唐宁补充说，"似乎为了在某种程度上补偿西方的国家，弥补因赠予他们这样一份可怕的礼物而造成的后果，中国人在10世纪临近尾声时，发现了可以预防天花的种痘法。这种方法——人们徒然地寄希望于它能够彻底将天花从其发源地根除——也沿着同样的路线传播，不久之后，大西洋的彼岸便随处可见了"。❻

在唐宁的叙事中，中国是天花之乡这一观念更进一层，也就是说他认为中国还是一种失败了的治疗手段的故乡。唐宁并未将种痘法看作一种成功的预防手段，而是一次"根除"天花的失败尝试——为了补偿西方的国家，弥补因（中国人）赠予他们这样一份可怕的礼物而造成的后果。更重要的是，随着天花疫苗的发明以及在中国进行推广的尝试，认为天花在中国根深蒂固，且中国的种痘法是失败的——这样的批判就越来越多地和中国拒绝采用天花疫苗的叙事联系在了一起。亨利·查尔斯·瑟尔（Henry Charles Sirr）在1849年时就妄下断语："天花是极大的惩罚，惩罚那些对天花疫苗抱有极大偏见的民族。"❼

本着史学研究的目的，我们发现了一个特别有意思的地方。无视天花的普遍性，认为其发端于中国的观点——至少，种痘法是失败的这一推论——其立论的权威性基本上就源于一份文件：

19　神父韩国英所撰写的文章《论天花》。我在本书的前言部分简单地谈到了这篇文章。❽这篇文章于18世纪60年代末期写于北京（配有彩色插图，画的是出天花的儿童），于1772年左右传至巴黎。七年之后，这篇文章的文字内容被收录于一本名为《北京传教士回忆录：中国的历史、科学、艺术、习惯、风俗等》（以下简称为《回忆录》，*Mémoires concernant l'histoire, les sciences, les arts, les moeurs, les usages, etc. des Chinois, par les missionnaires de Pékin*）的前汉学文集当中。在文章的开篇，韩国英就宣称，天花早在三千年前就在中国出现了。也正是因为这句话，这篇文章才闻名于后世。正如严谨缜密的医学文献学者王吉民（K. Chimin Wong）和伍连德（Wu Lien-teh）在20世纪30年代所指出的，人们"时常重提"这一论调，而且，"一些相当现代的文集也会引用"这一说法，以至于"中国甚至被认为是天花的摇篮"。❾《论天花》一文甚至是唐纳德·霍普金斯（Donald Hopkins）2002年出版的《可怕杀手：天花的历史》（*The Greatest Killer: Smallpox in History*）一书的参考文献——以二度分隔的方式现身其中。❿

　　韩国英的文章何以会产生如此持久的影响？特别是当我们对照阅读神父殷弘绪（1664—1741）1726年以中立的态度讨论中国种痘法的文章时——这篇文章后来被收录于《启发与探究：外务省耶稣会传教士书信集》（*Lettres édifiantes et curieuses écrits des missions étrangères par quelques missionnaires de la Compagnie de Jésus*）一书中——神父韩国英虽晚了近半个世纪但却更为著名的文章就显得极为主观臆断了。《论天花》这篇文章不仅仅把批判的矛头毫不含糊地对准了整个中国医学，特别是种痘法，它还付诸极为丰富的语言表达。举例来说，殷弘绪说自己只是从一本有关种痘法的书里"将那段文字抄了下来"，而韩国英却宣称自己是在阅读了"大量关于天花起源及诱因的极有见地且极为枯燥的文章"之后，才撰写了《论天花》一文。而且，他在文中多次谈及中国医学的"可悲与愚蠢"，"疯狂与矛盾"，以及他的观点——中国医学的历史就是一部"充斥着愚行"的历史。⓫殷弘绪的文章基于这样一个前提，即学习外国的种痘法也可以帮助欧洲预防天花；而韩国英却对这一方法持最坚定的批判态度。他在文章的某处举例说：他督导的一位中国见习修士不愿意为病人种痘接种，"哪怕给他五十两或一百两银子都行不通"。⓬更让人感到震惊的是，殷弘绪的报告基于这样一个前提，即他认为文化间是可通约的——毕竟，种痘法"与从君士坦丁堡传入英国的方法极为相似"；而韩国英则不断强调这种方法成功传播或"转译"的**不可能性**："中医使用的很多草药都是中国特有而欧洲罕有的。此外，在考察这些草药的功效及特性时，中医所依据的思路也源于其自身的体系和理论，因而就表现为一种与欧洲医学截然不同的方式。既然如此，我们应该如何去理解中国医学？中国医学中最受推崇的药方和治疗手段如何可以为欧洲人所用？"⓭抑或是，像韩国英在另外一篇文章中所说的，"如果非要说的话，中国医学建基其上的整个体系或许都是无稽之谈；然而，其医学的普遍理论和特殊理论（这二者）又都深嵌于这一体系之中，以至于如果没入门的话，根本就无法理解其逻辑思路。因此，（要说）有人愿意蹚浑水，想在其他国家推广这套体系的话,只怕是整个学一遍,也终将面临一无所获的风险"。❶历史学家韩琦这样总结了殷弘绪和韩国英二人文章之间的不同之处:"从殷弘绪和韩国英对人痘接种术的介绍,可以明显看出他们对中医看法的差别,殷弘绪想从中找出可资欧洲借鉴的东西,并从客观的角度介绍种痘术从中国向欧洲传播的可能性。而韩国英明显对中医抱有偏见,认为欧洲医学更为可靠。"因此,某种程度上,他们二人文章在态度上的截然不同可以归因于这两篇文章不同写作时间下法国所发生的政治及社会气候变化。或者,如韩琦概括的,"之所以出现这种观点的差别,和时代很有关系"。❶

这是一个非常值得探讨的问题。这两篇文章前后相隔将近五十年,此间有关种痘法的论争——政府是否应当支持;干预这样一个似乎是神的旨意的疾病是否道德——事实上已经构成了法国启蒙运动话语展开的重要舞台。❶论争的双方在立场上的不同与他们在启蒙运动中的观念分歧是一致的。因此,尽管法国皇室和基督教会的创办者们以干预疾病违背了上帝的旨意为由而抵制种痘法,但启蒙运动的思想家们则是种痘法的积极拥护者——对他们来说,种痘法能够在法国引起极具象征性的反响。这个国家不但对疾病及公共卫生的反应越来越迟钝,在隐喻的层面上,它还表现出越来越多的疾病和恶症。❶在种痘法的反对者们看来,天花就像约伯身上长的疥。因而,他们认为这种疾病"是上帝的惩罚……是不可干预的"。❶反对者们还提出,医生实施种痘法就是在冒**故意杀人**(Un Homicide de Volonté)的风险。不同于**事实上的凶杀**(或过失杀人),种痘法使得身染天花成为一种事实。然而,如果没有医生的干预,或许就只是存在这一可能。甚至,还有反对者认为,种痘法源自他国,因此存在道德上的疑点,是不可信的。相比之下,支持种痘法的言论不仅仅强调这一方法或可预防疾病的益处所在,还彰显了启蒙运动对个体选择与国家或宗教干预之间矛盾的关注。以伏尔泰(Voltaire)为例,他就指出,是否接受种痘法,这是个体选择的问题,国家或宗教无权管辖。❶如果说提倡个体有接受种痘法的自由,这一举动蕴含着启蒙运动的自由意志观念,那么,在启蒙主义的思想者们看来,法国政府对种痘法的抵制就是向黑暗时期的倒退,是一种自我毁灭的冲动,会在事实和象征的双重层面上加重法国的"疾病"。

1763年,也就是韩国英撰写《论天花》一文大约五年前,这场论争趋于白热化。其时,法国议会颁布了一条法令,在其所有管辖范围内完全禁止实行种痘法。议会声称,这项法令的颁布是为了让医学院和神学院的教师有时间来定夺——如历史学家阿诺德·罗博瑟姆(Arnold Rowbotham)所说的——种痘法"对人类来说是有害还是有益,是否违背宗教教义,是应该被允许,还是禁止,或是接受"。阿诺德还指出,这项法令"在法国掀起了一场舆论的热潮。大家对这件事情的讨论不只是停留在种痘法具有何种社会效用的层面上。它牵涉到启蒙运动中一个至关重要的问题,即以巴黎新教神学院(Faculté de Théologie)为代表的教会是否有权为一项几乎完全隶属于科学领域的事务立法。启蒙运动自始至终都与这个问题相关"。❷针对种痘法的禁令让启蒙运动的思想家们感到震惊,他们回应说,欧洲的其他国家已经开始引进这种方法。法国拒绝效仿他国的举动一方面表明,法国无法妥善地处理公共健康的问题,另一方面也暴露出"法国本身在追求社会进步方面的落后面貌"。㉑反种痘法的拥护者们强调种痘法给其他国家带来的负面影响,而启蒙运动的思想家们则恰恰认为,法国迫切地需要外部提供的模式。伏尔泰曾跟一个朋友抱怨道,"在催吐剂禁令之后还没再碰上过这样的事情"。他还说,"你无法想象欧洲其他国家是怎么嘲笑我们法国的"。㉒

正是在这样一个矛盾日益突出的大背景下,神父韩国英在1758年离开法国去了中国,于1760年抵达北京,开始与"促成《回忆录》一书出版"的大臣亨利·伯丁通信,交流诸多法国人感兴趣的问题。根据荣振华（Joseph Dehergne）的著作,这些问题大体上包括了"在启蒙运动的末期和欧洲汉学的萌芽期,知识界激烈讨论的三大问题:东方（埃及和中国）的起源;中国式编年（在华的耶稣会会士沮丧地认识到,要在中国推广《圣经》,就得采用《七十士译本》〔Septante〕……）;如何理解汉字并找到相应的理论解释汉字"。㉓但同时,这些问题也得到了非常具体的讨论。举例来说,1765年的时候,伯丁和著名的经济学家安－罗伯特－雅克·杜尔哥（Anne-Robert-Jacques Turgot,据说杜尔哥有关财富分配的研究启发了亚当·斯密的著作）二人就分别准备了一系列的问题。这些问题交给了高类思（Alois Gao）和杨德望（Étienne Yang）这两名在法国接受教育的年轻中国耶稣会牧师,他们二人乘坐舒瓦瑟尔（Le Choiseul）号轮船将这些问题送至在华传教士的手中。㉔杜尔哥列出了五十二个详尽的问题,涉及的话题包括财富与土地的分配、纸张制造、印刷、纺织、自然史及中国犹太史等等。与此同时，伯丁则要求这些年轻人要更加深入，不遗漏任何一个细节。他写道："我们恳请大家毫无保留，不要拘泥于一时……或一事……你们知道我们期待各位以怎样的态度回答问题，提供信息。"㉕的确，在1771年至1772年间，在《论天花》这篇文章送回法国之前，韩国英已然丝毫不负伯丁的期待，写下了多篇文章，涉及的内容从宗教活动和功夫到地质学、养蚕业、朱砂、玻璃画技艺，无所不包。

然而，在向法国汇报中国的天花疫情和种痘法时，韩国英应该面临着一个严峻的意识形态困境。无论如何，他代表着教会，并在法国有关种痘法的论争日趋激烈的时候来到了中国。既然教会以道德为由反对种痘法，那韩国英的态度和启蒙运动的诉求就绝不会是一致的。然而，他又深知伯丁、杜尔哥和其他人"期待他以怎样的态度详细汇报"——教会表现出浓厚的兴趣和极度的紧张，再加上种痘法事实上已成为政治和宗教讨论的导火索——韩国英的文章还能怎么写呢？他能像殷弘绪那样客观地汇报中国的种痘法吗？或者，他能换种方式谈谈种痘法，比如试着轻描淡写地说说种痘法在中国的实行带来了哪些好处？

更为复杂的问题还在于这样一个事实：不论是在实践的层面还是机制的层面，当时的北京对于天花及其预防措施的认知与法国都是截然不同的。举例来说，最早从1622年开始，满族旗人就确立了天花上报制度。根据这项制度，各旗如有身染天花之人，首领都必须上报朝廷。此人及其族人都会被送出城外，以防传染给他人。同样地，清朝统治者也非常慎重地处理边境人员的往来，谨慎地接待来自拉萨、北方及其他地方前来朝觐的非汉族和蒙古族首领，以防入朝的使臣及满族官员感染了天花，再传染给他人。因此，清朝建立了天花防范制度，以此来保障部族的进贡，官员的朝觐，军队的招募（比如，招募已经患过天花且痊愈的士兵，并派遣到天花肆虐的地区打仗），丧礼的举办，等等。满族人还设立了守卫森严的"避痘所"（天花防范中心）。"避痘所"是天花隔离中心，皇帝可以在天花极为肆虐的时期住进这里。紫禁城内及其附近的风水宝地都建有供奉痘疹娘娘的庙宇。❷

更为重要的是，朝廷上下也以行动做出表态，支持种痘法。朝廷不仅招来痘师给康熙皇帝和乾隆皇帝接种，还给皇室的随从人员接种。这些痘师"或被尊为太医院的御医，或被赐封官号"。雍正时期（1723—1735），他们甚至"在太医院任职"。同时，"皇帝还从中国南方招募新成员加入"。❷ 1739年，乾隆帝甚至给予种痘法更多的朝廷支持——出资编撰名为《医宗金鉴》的皇家医学文集。天花的诊断和预防是这本书重要的组成部分，也是韩国英后来的论述所参照的关键文本。《医宗金鉴》由吴谦编撰，书中不仅有大量的木刻插图帮助人们了解不同症状的具体诊治方式，还很好地收录了当时有关天花的著述，其中就包括殷弘绪提到的那一篇。《医宗金鉴》详尽地描述了如何为种痘准备痘苗，说明了进行种痘所需的最理想的身体状态和环境状况，描绘了种痘后的正常和异常反应，提供了后期护理的建议。满族旗人实施的隔离制度，清朝皇室接受种痘且为《医宗金鉴》拨放钱款，这无不体现出种痘法在中国得到了朝廷至关重要的支持——与法国皇室坚决抵制个人接受种痘,且在巴黎全面禁止种痘形成了鲜明对比。

贯穿《论天花》一文的各种论述和参考,以及韩国英以《医宗金鉴》作为他文章的重要参考文献这一事实,都毋庸置疑地表明,关于中国朝廷支持种痘法这一点,这位神父其实是心知肚明的。不管怎么说,他的文章都明白无误地提到了这本书,翻译了书名,还说明了这本书的由来。❷因此,当伯丁要求韩国英客观地介绍有关中国种痘法的情况时,我们不难想象,这位神父当时面临一个重要的抉择:要么像殷弘绪那样客观地说明中国种痘法的情况,冒险和法国启蒙运动思想家们站在同一个战壕,为他们提供反对教会的有力证据;要么他可以提供伯丁要求了解的情况,同时表明无论如何效仿中国的种痘法都是不可取的——尽管这个方法在中国得到了统治者的大力支持。殷弘绪和韩国英二人文章在态度上的明显不同,以及韩国英根据中文原文本自行发挥(或者如李约瑟在《中国和免疫学的起源》〔China and the Origins of Immunology〕一文中所说的"摘要式")的解读——我将在下文中谈到——都毋庸置疑地表明,韩国英的选择显然是把中国的种痘法说成是不值得取鉴之物。

## "不会是其他意思":韩国英如何得出三千年这个数字

法国有关种痘法的论争,以及中国统治阶层对种痘法显而易见的支持,或许都导致了韩国英在他的报告中对这一方法的否定。

然而，韩国英何以会断言天花早在三千年前就出现在了中国，这仍然是个疑点。韩国英正是以这样一个强有力的断言作为他关于中国天花的文章的开端。而且，如前文所述，正是这句话让他的这篇文章流传至今。这篇文章开篇第一段的前半部分这样写道：

> 天花是中国的一种传染病，自被中国医学界发现，迄今已有三千多年的历史。中医认为，这种疾病在远古时期并不危险，也很少致命。他们从不觉得天花是一种疾病，因为喝一些草药，进行一段时间的清淡饮食就完全可以康复。他们指出，仅仅是在腐化堕落的前朝遗弃了所有的道德标准、生活方式，以及公共管理制度之后，天花才表现出极为严重的症状，成为一股在数日之内导致家破人亡，数周之间导致一方百姓生灵涂炭的死亡力量。它迅猛的破坏力让皇帝为之错愕，使民众为之恐慌，无不把希望寄托在医学上。㉙

在这段文字中，韩国英用几个简短的句子精妙地概括了天花在中国的历史以及治疗天花的医学史。韩国英给了天花一个遥远的过去，声称这一疾病起初是无害的，"仅仅是在腐化堕落的前朝遗弃了所有"之后，才演变出了今天的致命性。

然而，翻开《医宗金鉴》，我们看到的却是一则略微不同的故事。举例来说，《医宗金鉴》在关于天花的第一卷的开篇处——这一卷名为"幼科痘疹心法要诀"，第一小节名为"痘原"——把中国的天花史简短总结如下："上古无痘性淳朴，中古有痘情欲恣，痘禀胎元出不再,毒之深浅重轻识。"❸这几句话非常精练,不但大致勾勒了天花在中国的历史样貌,还将这种疾病和道德联系在了一起:上古时期没有天花,其时"(人们)性淳朴"。然而,后来随着"情欲恣",天花便出现了。这种天花起源论与整个中国医学的某些核心要旨是一致的,即疾病的严重程度和症状表现与道德礼仪及生活方式是相互关联的。❸此外,这一小段文字也使用了常见于医学文本和哲学文本的修辞方式。这样一种修辞表达把当下的问题归咎于想象中的遥远过去在道德上的腐化和日趋严重的堕落。❸因此,《医宗金鉴》中的这一小段文字蕴含着极为复杂的内容:不仅仅表现出以过去为未来之鉴的修辞表达传统——不只是天花,也包括其他疾病——还呈现了中国对天花及其他疾病的理解方式,即它们都与道德行为在世代传衍中的败坏紧密相关。

然而,天花的严重性与道德风气在中文原文本中的简单挂钩,在韩国英的阐释中却被转换成了一段演绎过的论述:韩国英讨论了天花形成和传播的过程,强调整个的历史时间线;或者说,呈现了天花的各个发展阶段,以及民众在各阶段的反应。韩国英把《医宗金鉴》中梗概性的信息转换成了某种概述版的"创世神话",有其发生、发展和结局。"上古无痘"在韩国英这里变成了天花在"远古时期"既已存在,但"并不危险";"中古"改头换面成了"三千年"这个数字。在后文中,韩国英这样写道:"关于天花的起源和诱因,中医所言甚少。但值得注意的是,他们坚称天花在远古时期并不存在,直至中古时期才在中国出现——也就是说,在始于公元前1122年的周朝(原文如此——编者)之后,中国才有了天花。"❸

韩国英坚持就中国天花历史年表上较为模糊的节点给出明确的数字，这在某种程度上与耶稣会在意识形态上的倾向有关。其时，在中国的耶稣会传教士希冀建立一套对应于欧洲的比较编年史。因此，他们时常在中国的历史中寻找可以佐证《圣经》的故事。在当时的中国存在着一种类似于瘟疫的疾病，这可以帮助他们用《旧约》中的历史故事来讲述中国的历史。举例来说，叶利世夫（Danielle Elisseeff-Poisle）就这样写道：

> 18世纪上半期，在华的大多数（法国）耶稣会士都始终站在欧洲的立场，只是在中国的历史中寻找《圣经》的佐证。比如，尼古拉斯·弗雷莱（Nicolas Fréret）就执着于此，终其一生寻找《圣经》与中国历史的对应之处。天文学家们——如他的朋友约瑟夫-尼古拉斯·德利尔（Joseph-Nicolas Delisle）——还帮助他通过中国史料中有关彗星、地震和洪水的详细记载来考证《圣经》中提到过的人类灾难，试图找到时间上的吻合——因为如果中国人的历史比犹太人还要早的话，那将会引起极大的不安。❸

耶稣会士中的保守少数派，即索隐派——韩国英据说也是其中一员❸——更加强调对中西历史编年的比较。和其他耶稣会士不同，索隐派所致力于的不仅仅是寻找时间上的吻合，还包括在中国文化中寻找符合《圣经》历史人物或故事的线索，或原型"人物"——构建一座巴别塔，或是勾勒人类祖先的流散样貌。❸就像朗宓榭

（Michael Lackner）所说的，"依据这样一种玄奥的学说，犹太人和异教徒都拥有通往真理的知识，然而这种知识只存在于**形象**当中，存在于象征性、隐喻性、原型性的形态当中"。㊲而且，一些索隐派教徒还坚信，"中国古代的某一时期并不只是中国人的历史，而是全部早期人类的历史"。因此，中西的两条历史时间轴必须重新汇合在一起。不管是索隐派还是其他耶稣会士，他们都致力于把中国和基督教的编年重新汇合在一起。这最终使得一项特殊的教皇制度成为现实，即"允许为了传教的目的采用长达1500年的《旧约》编年"。这项制度意图为"厘清"两种历史编年提供更大的便利。㊳

韩国英《论天花》一文的阐释方式自始至终都贯穿着他身为一名索隐派教徒的明显特征。举例来说，韩国英在文中的一处将天花比作另外一种人尽皆知的上帝的惩罚——瘟疫，并讲述了种痘法的早期尝试如何在一开始看似见效，最终却无法抗衡这种传染病的"决定性特质"——天花的"罪恶之处"在"某些方面和瘟疫极为相似"。㊴在开篇第一段的后半部分，韩国英更为直截了当地指出，朝廷百官和黎民百姓最终"求助"的中国医学——

> 已被战乱毁掉了几乎所有的古籍；（只能）借助于那些在"大洪水"中幸免于难的古书，以及日渐积累起来的新观念。**不出所料**，最早的文本成功引导他们走向了（中国医学古籍的作者们）赖以解释万物的那个既复杂难懂，又语焉不详的体系。要用这个体系来解释日常现实这样的小问题打消了他

们的热情，而他们曾经满腔热情地颂扬和拥护着这一体系。他们无暇去细加斟酌，直觉逐渐使得他们认定，天花源于生活本身，源于一种与生俱来的"先天因素"，对其造成的后果有必要进行研究。❹⓪

韩国英此处所翻译的"先天因素"（un levain inné）对应的原中文概念是"胎毒"。这是一种热毒，可以由父母任意一方带给尚未出生的胎儿，也可以在出生之后经由母乳喂养而引发，还会受到"情感、欲望、日常生活习惯、父母孕前饮食习惯的影响"。❹①《医宗金鉴》的定义是这样的："夫痘，胎毒也。伏于有形之胎，因感而发，为生人所不能免。"❹②

特别是因为其与道德经济之间的关联，**胎毒**这一中文概念就潜藏着与原罪这一概念诱人的相似性。韩国英成功地注意到了它们之间的相似："这些文本最让我震惊的一点在于，在讨论天花的起源时……我们看到的是……一段贯穿着原罪的历史。一些专门讨论'头胎'或'带病母乳'的文字，只能是在说原罪，不会是其他意思了。但我们此时先不要得出这样的结论。我们再来看看这本书。"❹③韩国英提出了"不会是其他意思"的原罪，这表明他对《医宗金鉴》的阐释（及其阐释的哲学）不负索隐派的真传——因为他的阐释在一个完全不一样的中文语境中误用了基督教的符号象征，是在文化层面进行的错误同源类比。

因此，选择三千年这个数字，证实了韩国英在书写一段刻意延长了的基督编年史，并服务于索隐派在古代中国寻找基督教线索的旨归。他把三千年这一具体数字附加在汉语的**中古**一词上，表明了他致力于要将中国的天花史和基督教的天花史合二为一。这样的话，公元前的一千一百二十二年再加上公元后的一千七百六十八年，就是二千八百九十年了，或者说总共大约三千年。因为选择了三千这个数字，韩国英实际上提出了一个被篡改过的编年史，即天花不只是在中国已有三千年的历史，而是从概念上来讲，自创世起就已在中国存在。同时，韩国英在他的转译中还强调中国人的一种观念，即天花的日益严重与"腐化堕落的前朝遗弃了所有的道德标准、生活方式"有关。这个事实则又纯粹地加强了中国与基督教的历史间已被预设好的联系。原因在于，韩国英将天花恰好置于道德与堕落的交汇处——不管是对全人类的历史而言还是对《圣经》中的历史而言——巧合的是，这也是法国的宗教派系所热衷的议题，他们致力于将天花定义为上帝对人类之罪的惩罚。

## 《论天花》一文的接受状况

然而，当韩国英的手稿于1772年送到巴黎，到达伯丁的手中时，政治气候已经开始变化。很多促使韩国英写作这篇文章的意识形态议题已经趋于无关紧要。或许，最重大的变化在于，路易十六目睹了路易十五因天花而英年早逝的可怖场景，并最终选择在1774年接受种痘，这给法国有关种痘法的论争明确无误地画上了句号。宗教派系在这场论争中落败，种痘法正式成为主流基调。

伯丁只是草草地读了一下韩国英的手稿,做了些笔记总结了自己的结论。后来,他把这些笔记整理成了一封写给北京传教士的正式信函。在信中,他这样写道:

> 我只能草草地浏览一遍这篇文章,但令我大感惊讶的是:(1)中国早在公元10世纪就有了种痘法,但却只持续了五十来年;(2)这种疾病在中国的情况似乎要比在欧洲更为严重。根据回忆录中的描述,种痘法的废弃部分地要归因于某种宿命论,排斥任何治疗手段或预防措施,(由此)使得人们相信死亡是必然的,延长生命的预防措施(成了)多余的……根据文中所描述的症状,以及画中形貌可怖的人物判断,我认为,中国的天花疫情要比欧洲严重得多。❹

伯丁并未在韩国英文章的字里行间搜寻中国种痘法的来龙去脉——再早那么几年,他或许会这样做——而只是"草草地浏览"了一下,就得出了两个结论:首先,由于中国人的某种宿命论,他们很快就终止了种痘法;其次,和欧洲的天花疫情比起来,中国要严重得多。与韩国英原本的意愿相违,伯丁在快速地通读了韩国英的文章之后,从未思考过种痘法本身的有效性。相反,他把插图和文章都送交至巴黎皇家图书馆(现在的法国国家图书馆)。直至七年之后,这篇文章才被收录进《回忆录》新一辑的第二卷。

如果我们把中文原文本和韩国英在《论天花》一文中所传递的信息再做一次对比,就不难弄清楚伯丁是如何得出这些结论的。

举例来说，在前文中我们谈到，《医宗金鉴》概括地将天花定义为一种毒，"伏于有形之胎，因感而发，为生人所不能免"。紧接着，这段内容简述了峨眉山的一位神人在北宋时期发现种痘法的故事，同时也记录了种痘法逐渐失传的历史。随后，《医宗金鉴》将何以要将种痘法编撰进来做出如下论述：

> 然种痘一科，多口传心授，方书（李约瑟将"方书"一词译为"大师之作"）未载，恐后人视为虚诞之辞，相沿日久，无所考稽，使至理良法，竟置无用之地，神功湮没，岂不大可惜哉！今将种痘一法，细加研究，审度精详，纂辑成书，永垂千古，庶为种痘之津梁，咸登赤子于寿域也。❹❺

在前文引用的例证中，中文文本说明了这样一个事实，即天花"为生人所不能免"。但第二段引文则通过一则短小的神话故事解释了种痘法在世代相传中逐渐失传的原因。由于《医宗金鉴》的全面性和开创性，其典型的修辞表达又增强了这一原因。❹❻

在韩国英的笔下，中文原文被转换成了极为直接的表达，只取其字面意思，稍作调整后把种痘法说成是无效的无稽之谈。在前文，我们讨论了韩国英如何表述了在"已被战乱毁掉了几乎所有的古籍"的情况下，中国医学界对天花的历史回应。然而，在另外一段文字中，并非由于古籍的缺失，而是药物治疗（种痘法）的无效导致了问题的出现。韩国英这样写道：

人注定会得天花，要么是小的时候，要么是长大一些的时候。这使得医生幻想着去"抢占先机"，也就是通过种痘法提前做好准备，以此来战胜这种疾病。这种独特的尝试最开始所取得的一些成功震惊了医学界，也让民众为之兴奋。到了公元10世纪末，人们相信，种痘法……将会给天花画上永恒的句号。消息不胫而走，传遍大江南北，小巷内外。所有人都声称凡是种过痘的人就永远不会染上天花……尽管给全天下的父母带来了极大的宽慰，但这种观念仅仅延续了半个世纪。天花疫情的泛滥和不容置疑的事实让所有的主张和体系都土崩瓦解。最终，人们只好放弃了种痘法。❹

中文所认为的天花"为生人所不能免"，在韩国英的这段文字里变成了"人注定会得天花"。公元10世纪自峨眉山传下来的关于种痘法的传说，在韩国英这里变成了一种信念，即"种痘法……将会给天花画上永恒的句号"。在韩国英的文章里，"嘴"是呈指数级增长的，以至于最初由于口传心授（无文本记录）导致种痘法失传的中文表述，在此变成了一则故事——有关种痘法的秘闻"不胫而走，传遍大江南北，小巷内外"。同时，中文文本中的"至理良法"在韩国英这里变成了一种简单的"观念"，只是"给全天下的父母带来了极大的宽慰"。最重要的是，韩国英书写了另外一则神话，以此来说明种痘法何以失传：种痘法最终失传，**并非**如中文原文所说的那样——因为没有文字记录，而是因为中国医学"所有的主张和体系"都无法抗衡"天花疫情"那"不容置疑的事实"。

由此，中国人才不得不"放弃"种痘法。并非种痘法失传了，而是种痘法失败了。

让我们回到伯丁的论述，以及他的结论——伯丁把种痘法的失败归罪于中国特有的"宿命论"。我们可以追溯宿命论这一概念从中文原文到韩国英的法文译文，再到伯丁论述的演变过程。由于受不同意识形态权力的驱使，《医宗金鉴》中的观念，即天花"为生人所不能免"，在韩国英的文章中被转译成了"人注定会得天花"。韩国英的理解，再加上他声称的种痘法因到头来无法抗衡天花疫情而被废止，最终在伯丁那里变成了"种痘法的废弃部分地要归因于某种宿命论，排斥任何治疗手段"。讽刺的是，中国一开始的观念，即**天花**是不可免的，最终变成了天花所导致的**死亡**是不可免，然后又被引申为对中国人来说，"延长生命的预防措施（成了）多余的"。

## 身份错认的案例：中国是如何成为"天花的摇篮"的

考察这样一个复杂的文献参照历史，我们会发现，在全球有关天花的话语讨论中，韩国英的文章所做出的贡献极为有趣：人们经常引用他的文章，却很少有人会去读他的文章。一方面，在过去的两个世纪，韩国英的文章被频繁地引用，并因此成为"中国是天花的摇篮"这一观念的重要源头。但另一方面，很多著作在参考文献中却对这篇文章只字不提。唐纳德·霍普金斯的《国王与农民》(*Princes and Peasants*，后来名为《可怕杀手》) 就是这样的情形。在讨论中国已知最早的天花案例时，霍普金斯这样写道："北京的耶稣会传教士参照了一本中文专著。这本专著是由太医院根据中国医生很早以前撰写的古籍编撰而成的。"他并未提及《医宗金鉴》，韩国英，或是这则信息的来源。㊾然而，如果详加考察就会发现，这则信息源于1936年的一本书。这本书是由王吉民和伍连德合著的《中国医史》（History of Chinese Medicine），书中提及了韩国英，但也只是说韩国英的文章源于"北京太医院的一本医学古籍"。㊾尽管王吉民和伍连德并未谈到韩国英的文章与《医宗金鉴》之间的关联，但他们却在接下来的另外一个截然不同的章节中讨了这本著作。同样地，德贞（John Dudgeon）也未曾提及韩国英所参照的中文原文本，他的问题完全就是他在批评韩国英文章时所指出的问题：

> 我们知道，人们在写书时有时会借古立威。这不仅仅需要一个相较而言生于后世的作者来声明其古已有之，更好的做法是再提及一些与此有些相关的朝代名、皇帝名或是历史名人的名字。自此之后，人们就会引述并坚信书中的说法了。天花古已有之这整件事情都是非常可疑的。文字模棱两可，也完全适用于其他皮肤病。㊿

在所有这些案例中，作者们均以韩国英的文章为据，认为天花古已有之——即便德贞在他的书中贬抑了这样的做法——但都从未质疑过文章的内容本身。

正是《论天花》在有关其自身的话语讨论中的缺席——包括其所谓清晰易懂的翻译——才让我们震惊于这篇文章居然对“天花的摇篮”这样一种成见的形成产生了如此深远的影响。这篇文章原本的样貌（包括其写作的历史背景，参照的中文文献，作者的政治关怀，等等）是如何遭到遮蔽并传承多年的？这篇文章的声名与其所参照的原文献是如何渐行渐远的？人们的关注点从中国的种痘法转向了中国的天花古已有之，这该作何解释？泛泛作答的话，这肯定与欧洲东方主义内部所萌发的矛盾有关——《论天花》一文撰写时处于一个关键的转折期。(51)欧洲的关注点即将发
生转变，从视中国为启蒙思考的典范（比如，中国不仅仅是启蒙专 34
制主义的典范，还是自然界知识的发源地，如瓷器生产的地质学，或治疗天花、梅毒等疾病的医学）到视中国为堕落与野蛮的起源。(52)举例来说，1780 年的时候，百科全书派的狄德罗非但没有赞扬伯丁为了法国求索中国知识的做法，事实上，他还撰文批评了这位大臣，认为他试图“通过将中国精神移植给法国人……以此来彻底改造法国的民族精神”。(53)

但是，就整个医学史，特别是天花的历史这一狭义的领域而言，琴纳牛痘接种术在 1798 年的发明才是关键的意识形态事件，标志着《论天花》所参照的中文原文献的消失（而与此同时却保留了《论天花》一文认为天花在中国古已有之的观点）。琴纳牛痘接种术的思路借鉴了种痘法，要求给病人接种牛痘苗而非人痘苗。牛痘对人类来说并不致命，却可以提供相同的免疫效果。因此，接种牛痘，或者说“天花疫苗”就保证了病人的身体一方面产生了免疫

力,同时又无须遭受生命威胁,从而就免除了医生**故意杀人**的风险。此外,天花疫苗不需要干预天花疾病本身,避开了各宗教派别反对种痘法的一大关键理由——他们认为天花是上帝对人类的惩罚。但更为重要的是,天花疫苗的发明使得在观念和象征的层面重新修订历史成为可能。在这个重新修订的历史当中,天花的威胁有到头之日,人类发明的新手段会给这段故事一个终结。正如托马斯·杰弗逊(Thomas Jefferson)在1809年给爱德华·琴纳(Edward Jenner)的信中所说的,"你消除了人类历史上最大的苦难之一……后代子孙只会**从历史中**得知可怕的天花曾经存在过"。㉝

然而,中国的情况有其特殊之处。天花疫苗在中国还表现出其他优于种痘法的地方。首先,天花疫苗似乎提供了一个绝佳的机会,把西方的医学事业(毫不意外,也包括基督教信仰)介绍到此前一直都明确抵制的中国。比如,王吉民和伍连德就认为,由于"中国人对预防天花的可行性并不陌生",天花疫苗因此就能够"帮助西方的医学实践在中国从此立稳脚跟"——一个外来的医学实践还从未真正踏足过的国家。㉟但更为重要的是,在经历了乾隆帝于1793年以"无更需尔国制办物件"为由,拒绝了乔治三世的通商请求,让马戛尔尼(Macartney)使团丢尽脸面的著名事件之后,天花疫苗还很快因为其象征性的价值而被看作一种商品。㊱比如,曾任马戛尔尼使团外科医生的约翰·巴罗(John Barrow)就在1806年写给琴纳的一封信中断言,天花疫苗的发明完全意味着"英国人以及其他欧洲人**最终获得了(尽管是最终但也是最重要的)中国人的感激**"。㊲对于巴罗来说,天花疫苗技术象征着欧洲人一直以来在等待的那个至关重要的商品——那个"物件",它能够打入那个最为密不透风的象征性市场,即中国。按照这个思路,这样一个似乎可以说是全球商品/善行(good)的发明——不管是哪种意味——都标志着在一个此前无法进入的市场中打通了一条完美的通道。在这样一种观念经济的推动下,认为中国人有可能拒绝这种新技术,选择本土的种痘法,总体而言听起来就有些匪夷所思、莫名其妙了。

因此,当欧洲人开始在中国发现和印度一样的抵制天花疫苗的情况时,他们是有些惊讶的。这最终导致他们开始觉得中国本土的种痘法是一道障碍,这道障碍使得约翰·巴罗在1803年所希冀的"感激"无法实现。尽管天花疫苗承袭了种痘法,但西方医生开始认为,这种"老式接种法"的继续推行直接威胁到了天花疫苗在中国的顺利普及。举例来说,1850年的时候有一篇报道就这样写道:"尽管有的人接种了天花疫苗,但更多的人还是选择老式种痘法。"❺❽同样地,1871年的时候,一位名叫R. A. 贾米森(R. A. Jamieson)的人认为,天花疫苗的推行之所以会失败,是因为种痘法的地位已经巩固了下来。他指出:"中国人并未表现出对天花疫苗的强烈反对。但是,他们已经习惯于种痘法。根据我的观察,融合性天花极难通过常规手段来治愈,那中国人也就没有改变现有机制的强烈需求。换句话来说,他们可以早早给孩子注射天花疫苗,也可以不注射,他们对此并不是特别上心。"❺❾很多西方的医生还表达了内心的失望,因为"人们不信任或是瞧不起国外的科学",抑或是人们"警惕天花疫苗,觉得它是奸诈外国人的慢性毒药"。⓾在这些医生看来,中国人抵制外国医学的行为——在其时是抵制天花疫苗——所体现出的问题是不容置疑的,是和这个疾病本身同样严重的问题。中国人需要接受教育,以了解天花疫苗的好处。这意味着要找到一条路径,穿过纵横交织着"迷信无知的观念"和民间信仰的迷丛。这迷丛支配着中国的种痘法,甚至还禁锢了最终被引介至中国的天花疫苗之有效性的发挥。⓾唐纳德·霍普金斯沿袭了这条思路,将中国对天花疫苗的抵制简单地归因于"这个国家在地理位置上的孤立,其根深蒂固的官僚制,以及对所有外来之物固有的警惕"。⓾

悖谬的事情于是就发生了。天花疫苗的倡导者们很快就认识到,尽管天花疫苗和种痘法在思路的出发点上是一致的,但为了让天花疫苗在中国得到普及,就仍然有必要大力地压制种痘法。举例来说,在雒魏林(William Lockhart)1844年把天花疫苗引介至上海时,他就表示自己"希望……这一现代方法(能够)尽快替代大多数中国儿童还在接受的老式种痘法"。为此,"小斯当东(George Staunton)翻译的皮尔森的小册子会(再次)再版,稍作改动,并在整个租界区发放"。⓾大家致力于说服中国的朝廷官员,让他们相信有必要全面取缔传统的种痘法,还游说当地的慈善人士出钱出力,教育人们了解种痘法的"罪恶之处"。举例来说,1870年的时候,"外国领事给(上海)县令施压,要求他发布……一条声明,禁止在外国租界区实行老式种痘法"(尽管这条声明后来如贾米森所说是"一纸空文")。⓾根据王吉民和伍连德书中的记载,直至1916年,才在浙江出现了一位"对老式种痘法所导致的不幸感到不满"的"积极开化的道府"❺,努力通过朝廷律令的颁布推进天花疫苗取代种痘法的进程。

因此,种痘法在19世纪就成了"老式的"文化实践,或是陈腐且迷信的中国"文化特性"。在西方所定义的现代中,种痘法,以及整个的中国(和印度)医学,都成了某种无可救药之物,禁锢在极其体系化的民族机制之中,间或冒出一个有用的观念或是一种有效的技术疗法,但之后再看似乎也不过如此。在这样一个机制之下,种痘法的破灭和天花本身——前者过时了,后者不久就被灭绝了,都需要西方的治疗——转而使得天花疫苗一跃成为"现代"医学在中国的开路先锋之一,最终也为欧洲的医学殖民事业创造了理论层面的正当性。天花的故事被重述了,其中纳入了种痘法的失败,或者如拉图尔就欧洲的情况所做出的评论:"天花消失了,现在,接种也消失了。"❻

如此一来,当我们在西方的史学研究中发现了这一盲点,即韩国英讨论天花的权威文章所参照的中文原始文献的缺失时,我们在一定程度上也见证着一种书写层面或述行层面的缺席,一种针对中国种痘法话语的压制——如果不这样做的话,天花疫苗实践的根基就会动摇,而以此为基础因利乘便地构建起来的,正是殖民医疗体系所携带的现代观念。因此,身份错认的问题不仅仅关涉意识形态主导下的预设,即中国"特性"的某些因素使得中国人极易患病,还关涉在天花的现代叙事构建中,《论天花》一文一直以来被错认的身份。换句话来说,19世纪和20世纪研究中国天花的历史学家都忘了讨论在疾病和传播等概念的构建中,叙事的意识形态力量所起的作用,从而才造成了今天的复杂局面,形成了有关中国的一系列刻板印象和误解。我们无须再犯同样的错误。

**注 释**

❶ 布鲁诺·拉图尔,《法国的巴斯德化》,第112页。
❷ 有关霍乱的图像,参见弗朗西斯·狄拉波特,《疾病与文明:1832年的巴黎霍乱》(François Delaporte, *Disease and Civilization: The Cholera in Paris, 1832*);有关中国被称作"瘟疫之乡",参见班凯乐,《19世纪中国的鼠疫》(Carol Benedict, *Bubonic Plague in Nineteenth-Century China*)。
❸ 参见罗杰·哈特,《翻译不可译的:从系词到不可通约的世界》(Roger Hart, *Translating the Untranslatable: From Copula to Incommensurable Worlds*)一文对中西科学话语间关系的概括;另见郭适,《传统医学在现代中国:科学、民族主义和文化变革的张力》(Ralph C. Croizie, *Traditional Medicine in Modern China: Science, Nationalism, and the Tensions of Cultural Change*)。
❹ 班凯乐,《19世纪中国的鼠疫》,第166页。
❺ 詹姆斯·卡里克·穆尔,《天花的历史》(James Carrick Moore, *The History of the Small Pox*),第8页。
❻ 查尔斯·杜哥德·唐宁,《番鬼在中国(1836—1837)》(Charles Toogood Downing, *The Fan-qui in China, in 1836-1837*),第2卷,第172—173页。
❼ 亨利·查尔斯·瑟尔,《中国和中国人:宗教、特性、习俗和产品;鸦片贸易之恶;一窥我们与中国的宗教、道德、政治及贸易往来》(Henry Charles Sirr, *China and the Chinese: Their Religion, Character, Customs, and Manufactures; The Evils Arising from the Opium Trade; With a Glance at Our Religious, Moral, Political, and Commercial Intercourse with the Country*),第81页。

⑧ 韩国英,《论天花》,第 4 章,第 392—420 页。
⑨ 王吉民、伍连德,《中国医史:自古至今的中国医学发展编年史》,第 276 页。
⑩ 唐纳德·霍普金斯,《国王与农民:天花的历史》(Donald Hopkins, Princes and Peasants: Smallpox in History)。同见于《可怕杀手:天花的历史》(The Greatest Killer: Smallpox in History)。1983 年出版的《国王与农民:天花的历史》一书后来以《可怕杀手:天花的历史》为新的书名重印,霍普金斯为其撰写了新的短序。
⑪ 韩国英,《论天花》,第 4 章,第 397 页。更多例证参见第 4 章,第 394—396 页。
⑫ 同上,第 4 章,第 413 页。
⑬ 同上,第 4 章,第 395 页。
⑭ 同上,第 4 章,第 394 页。
⑮ 韩琦,《中国科学技术的西传及其影响》,第 117 页。
⑯ 阿诺德·H. 罗博瑟姆,《18 世纪法国的"启蒙运动者"与天花疫苗的政治宣传》(Arnold H. Rowbotham, The "Philosophes" and the Propaganda for Inoculation of Smallpox in Eighteenth-Century France),第 268—271 页。
⑰ 参见凯瑟琳·吉恩·库德里克在《巴黎革命后霍乱的文化史》(Catherine Jean Kudlick, Cholera in Post-revolutionary Paris: A Cultural History)一书中对"巴黎病"的描述。
⑱ 参见罗博瑟姆《18 世纪法国的"启蒙运动者"与天花疫苗的政治宣传》一文中的叙述,第 268—287 页。
⑲ 伏尔泰指出:"终有一天,种痘会进入对儿童的教育当中。我们会给儿童种痘,正如我们会把他们的乳牙拔掉,这样才能让剩下的(牙齿)更好地自由生长。"(Un temps viendra ou l'inoculation entrera dans l'éducation des enfants et qu'on leur donnera la petite vérole comme on leur ôte leurs dents de lait pour laisser aux autres la liberté de mieux croître.)摘自罗博瑟姆《18 世纪法国的"启蒙运动者"与天花疫苗的政治宣传》一文中的引用,第 275—277 页。
⑳ 同上,第 268—271 页。
㉑ 同上。
㉒ 伏尔泰,《伏尔泰全集》(Voltaire, Œuvre complètes),第 24 卷,第 467 页。"催吐剂"指的是一种通过引发呕吐进行治疗的药剂。
㉓ 荣振华,《大航海时期巴黎的中国游客及中国对 18 世纪法国文学的影响》(Joseph Dehergne, Voyageurs chinois venus à Paris au temps de la marine à voiles et l'influence

de la Chine sur la littérature française du XVIIIe siècle ).

㉔ 有关高类思（Alois Gao）和杨德望（Étienne Yang）二人，参见米歇尔·伯德莱，《18世纪在华的耶稣会士画家》（Michel Beurdeley, Peintres jésuites en Chine au XVIIIe siècle）；荣振华，《大航海时期巴黎的中国游客及中国对18世纪法国文学的影响》；亨利·科蒂埃，《杜尔哥的中国人》（Henri Cordier, Les Chinois de Turgot；蒋有仁（Michel Benoist）的书信，收于亨利·科蒂埃，《与18世纪的外交大臣亨利·伯丁的通信》（Les correspondants de Bertin: Secrétaire d'état au XVIII siècle）；卫周安，《北京的六分仪：中国历史中的世界潮流》（Joanna Waley-Cohen, The Sextants of Beijing: Global Currents in Chinese History），第123—124页。

㉕ 亨利·科蒂埃，《杜尔哥的中国人》。

㉖ 参见张嘉凤，《清康熙皇帝采用人痘法的时间与原因试探》；《清代的查痘与避痘制度》；《清朝皇室早期应对天花的策略（1633—1799）》，第199—205页。另见于张嘉凤出色的博士论文《天花面面观及其在中国历史中的重要性》（Aspects of Smallpox and Its Significance in Chinese History），特别是第172页和182页。另见于罗友枝，《最后的皇帝：清代宫廷社会史》（Evelyn Sakakida Rawski, The Last Emperors: A Social History of Qing Imperial Institutions）。张嘉凤把"避痘所"译为"isolation centers"（隔离中心）；罗友枝译为"Smallpox Avoidance Centers"（天花防范中心）。要注意的是，张嘉凤所讨论的并非"推广至全国"的天花防治措施。事实上，她全面地讨论了反对种痘法的抵触性医学话语。对当时的法国人而言，这些话语反对种痘法的理由听来或许并不陌生。然而，这些内容并未被编入《医宗金鉴》。而除了《医宗金鉴》之外，韩国英的文章也没有提到任何参考书目的名字。要想全面地了解天花和种痘法在中国的历史，参见李约瑟，《中国科学技术史》（Joseph Needham, Science and Civilisation in China），第6卷，详见"中国和免疫学的起源"（The Origins of Immunology）这一章，第114—174页。

㉗ 张嘉凤，《天花面面观及其在中国历史中的重要性》，第154页。

㉘ 韩国英，《论天花》，第392页。皮埃尔·瓦尔（Pierre Huard）和黄光明（Ming Wong）推测，收录于《启发与探究：外务省耶稣会传教士书信集》中的神父殷弘绪的文章是他在看了《医宗金鉴》之后写的。参见皮埃尔·瓦尔、黄光明，《法国调查：18世纪的中国科学和技术》（Les enquêtes françaises sur la science et la technologie chinoises au XVIIIe siècle）。但是，这似乎不太可能，因为殷弘绪给杜赫德（Jean Baptiste Duhalde）的信写于1726年，其时《医宗金鉴》尚未出版。韩国

英自己这样写道:"《痘疹心法》一书收录于朝廷编撰的一部大部头丛书当中。这本书从卷五十六开始,内容有四卷之多。"(Le Livre *Teou-tchin-sin-fa, ou Traité du coeur sur la petite Vérole*, &c. fait partie d'une grande Collection imprimée au Palais. Il ne commence qu'au cinquante-sixième volume & en occupe quatre.) 参见韩国英,《论天花》,第 397 页。

㉙ "La petite Vérole est une maladie epidémique en Chine, & connue par la Médecine il y a plus de trois mille ans. On raconte qu'elle n'etoit pas dangereuse dans la haute antiquité, & qu'il etoit très rare qu'elle fût mortelle. A peine la regardoit-on comme une maladie, parce que quelques tisanes & un peu de régime suffisoient pour la guérir. Ce n'est, dit-on, qu'après la décadence de l'ancien gouvernement, qui renversa tout dans les moeurs & dans la maniere de vivre, comme dans l'administration publique, que cette maladie eut un venin & une force qui s'annoncèrent par les symptômes les plus funestes, eteignirent en peu de jours les espérances des familles, & dépeuplerent des Provinces entières en peu de semaines. Ces ravages si rapides allarmerent les Empereurs, consternerent les peuples, & les firent tomber aux genoux de la Médecine." 韩国英,《论天花》,第 392 页。

㉚ 吴谦,《医宗金鉴》,卷六十,第一百二十七条。(应为吴谦,《医宗金鉴》,卷五十六,第一条。——译者注)

㉛ "在中国的明清之际,腐化堕落的观念并非罕有之事,还被运用于对很多其他问题的解释。中国人倾向于认为,三朝时期(夏商周)的圣贤古人为生活的方方面面都确立了完善的机制,但后人并未很好地承袭下来。天花就是由此带来的后果之一。这些观念表明,他们认为人类与疾病之间有着非常强的道德关联,关系到父辈和子辈;同时也意味着,自我的修身养性似乎是一条避免身染天花的可能途径。"张嘉凤,《天花面面观及其在中国历史中的重要性》,第 66—67 页。

㉜ 张嘉凤写道:"《黄帝内经》指出,要想颐养天年,很重要的一点就是要食饮有节,起居有常。任何毫无节制的放纵,如嗜酒、纵欲或过劳,都于身体无益。(《医宗金鉴》及其他此类书籍)参考了《黄帝内经》,提到有一位聪慧的古人知道如何保持平衡,因而能够避免身染天花。然而,后人并未遵循古人贤明的训诫,因此越来越多的人都染上了天花……此类与古人的对比被视作提供了强有力的证据,证明了生活方式在抵御天花方面的有效性。"同上。

㉝ 韩国英,《论天花》,第 397 页。韩国英还提到了"清淡饮食",这进一步表明,除了《医

宗金鉴》之外，他还参考了其他文本，才获取了这样的信息。举例来说，张嘉凤就提到，除了建议改善生活方式以抵御天花之外，"很多医生还指出，清淡饮食能够缓解天花的症状"。同上，第67页。

㉞ 叶利世夫，《16世纪至18世纪中国对法国的影响》（Danielle Elisseeff-Poisle, Chinese Influence in France, Sixteenth to Eighteenth Centuries），第151—165页。另见于龙伯格，《中国史书及诸子百家作品译文集》（Knud Lundbaek, Translations of Chinese Historical and Philosophical Works）；龙伯格这样评价《回忆录》："大多数文章洋洋洒洒地讨论了仍然萦绕在欧洲人心头的问题，如**按照《圣经》编年的中华文明历时多少年**，中国人是不是一千年前东徙的埃及侵略者的后裔，等等。"（第35页，着重为本书所加）

㉟ 荣振华，《大航海时期巴黎的中国游客及中国对18世纪法国文学的影响》，第273页。"然而，这些看法会导致韩国英这样一位索隐派的成员把一些危险，甚至是荒谬的观点放到文章当中去。"（Or ces observations vont permettre à Cibot, partisan du figurisme, de glisser dans l'*Essai* des opinions hasardeuses et meme outrancières.）

㊱ 正如索隐派的白晋（Joachim Bouvet）在写到暹罗时所说的，对他来说，"在这个国家丰富多彩的宗教故事中看到我们宗教的一些影子，是一种隐秘的快感……怎么能不觉得他们的神有可能就是耶稣呢？（或许）由于这些人的无知，耶稣的故事也随着时间的流逝而被逐渐遗忘了呢？"。引自朗宓榭，《耶稣索隐派会士》（Michael Lackner, Jesuit Figurism），第133页。

㊲ 同上，第130页。

㊳ 同上，第135—136页。

㊴ 韩国英，《论天花》，第393页。

㊵ "Avoit perdu presque tous ses anciens livres dans les guerres civiles; elle travailla sur ceux qui avoient echappé au naufrage général, & sur les observations nouvelles qui se multiploient de jour en jour. Ses premiers travaux la conduisirent, comme de raison, à des systêmes compliqués, obscurs, par lesquels on expliquoit tout. Le petit embarras de les concilier avec les faits de tous les jours, refroidit l'enthousiasme avec lequel on les avoit loués & défendus; & le bon sens qu'on n'avoit pas eu le loisir d'écouter, persuada peu-à-peu que la petite Vérole tenoit aux premieres sources de la vie, & dérivoit d'un levain inné qu'il falloit etudier dans ses effets." 同上，第392页。

㊶ 张嘉凤，《天花面面观及其在中国历史中的重要性》，第56—58页。"人们认为，

行为不检点的父亲要为'胎毒'的产生负责。举例来说,如果父亲嗜酒、好斗,或是食用催情药物……这都会影响他的'精'……(同样地,)母亲的情绪也对'胎毒'的产生有特别的影响。举例来说,如果她急躁、好妒……她的体内自然就会积聚大量的热毒,并带给自己的胎儿……医生还指出,在一对夫妇生小孩的过程中,他们的性欲被认为含有大量的'阴火'或'火毒',这都会产生胎毒,自然而然会带到胎儿身上去。此外,如果父母在孕期太过纵欲,这也被认为是违背了古代圣贤的教诲,结果将导致原本会带给胎儿的'胎毒'变得更加严重。这些观念不仅仅说明,人们认为每个人在出生之前就已经有了'胎毒',还表明,有关天花起源的理论与道德观念紧密相关。"张嘉凤还指出重要的一点,"认为孩童时期的疾病是出生之前从父母那里带来的,这一观念并(不仅仅局限于)天花,还(适用于)很多其他的儿童病症……天花被认为是由'胎毒'引起的最为严重的病症。在很多儿科的文献资料中,都有'胎病'的部分专门讨论婴幼儿的病症,包括那些被认为是由'胎毒'所引起的病症。"

㊷ 吴谦,《医宗金鉴》,卷五十六,第一条。(应为吴谦,《医宗金鉴》,卷六十,第一条。——译者注)

㊸ 韩国英,《论天花》,第 398 页。"Ce qui nous a le plus frappé dans toutes ces dissertations, c'est qu'en parlant de l'origine de la petite Vérole, nous avons trouvé bien des choses qui sont dites & enoncées de maniere qu'on y voit une tradition confuse du péché originel & des textes en particulier sur le *Tou-tai ou venin du sein maternel*, qui ne peuvent guère s'entendre autrement. Mais ce n'est pas ici le lieu d'appuyer sur cette observation; revenons à notre livre."

㊹ "Je n'ay pu que le parcourir et j'ay vu avec beaucoup d'Etonnement (1) Que l'inoculation etoit deja connüe à la Chine dans le Ioeme siècle, mais qu'elle n'y a duré qu'environ 50 ans–(2) Que cette maladie y paroit bien plus cruelle encore qu'elle ne l'est en Europe. L'abandon de l'inoculation a été causé en partie suivant l'énoncé du memoire, par une espece de fatalisme, qui neglige tout Remède, toute précaution quand il a pû se persuader que la mort etant inévitable, les précautions pour conserver la vie sont superflües...il me [sembloit] suivant tous les symptomes décrits dans le traité et depeints dans les figures hÿdeuses qui l'accompagnent que la petite Vérole à la Chine est infiniment plus maligne qu'en Europe."伯丁,未公开的书信,署名为"致 Ko 和 Yang,伯丁,1772 年 12 月 13 日",亨利·伯丁的书信,第 1521 份手稿,第

158—161 页。另见于荣振华,《大航海时期巴黎的中国游客及中国对 18 世纪法国文学的影响》, 第 267—298 页; 皮埃尔・瓦尔、黄光明,《法国调查: 18 世纪的中国科学和技术》, 第 137—213 页; 有关东方疾病的有害论 (特别是印度), 参阅阿诺德・罗博瑟姆,《殖民身体: 19 世纪印度的国家医疗体系及传染病》(*Colonizing the Body: State Medicine and Epidemic Disease in Nineteenth-Century India*)。

㊺ 吴谦,《医宗金鉴》, 卷五十六, 第一节。(应为吴谦,《医宗金鉴》, 卷六十, 第一节。——译者注)

㊻ 张嘉凤指出, 这个传说是"和种痘法相关的最广为人知的一个传说"。她详述道, 这则传说"与北宋时期的王氏一族有关。丞相王旦 (957—1017) 邀请四川峨眉山上一位九十岁的医士来到都城, 给他的儿子王素 (1007—1073) 种痘——王素在 11 世纪的头十年也任丞相 (原文如此, 疑误。——编者)。在种痘之后, 王素出了天花, 后来痊愈了。很多研究者倾向于相信这个故事是真实的 (张嘉凤特别提到了李约瑟), 因而推测中国人在 11 世纪就发现了种痘法并开始种痘实践"。她还谈到了《医宗金鉴》天花部分的编撰者何以会对这个传说"持怀疑态度"。张嘉凤,《天花面面观及其在中国历史中的重要性》, 第 125—127 页。

㊼ "La fatale nécessité d'avoir la petite Vérole ou dans l'enfance ou dans un âge plus avancé, fit imaginer à un Médecin d'aller au-devant de ses coups, pour ainsi dire, par l'inoculation, afin de vaincre sa malignité, en s'y préparant. Le premier succès de cette tentative singuliere etonna la Médecine & enthousiasma le public. On crut ici sur la fin du dixieme siecle que l'inoculation...alloit fermer pour jamais tous les tombeaux que la petite Vérole faisoit ouvrir. Le secret s'en répandit rapidement dans toutes les Provinces de l'Empire, & pénétra jusques dans les villages. Tout le monde prétendoit que qui avoit eté inoculé ne pouvoit plus avoir la petite Vérole, & tout le monde faisoit semblant de le croire. Mais cette opinion, si consolante pour les peres & les meres, n'a pas pu se soutenir au-delà d'un demi-siecle." 韩国英,《论天花》, 第 393 页。

㊽ 唐纳德・霍普金斯,《可怕杀手: 天花的历史》, 第 18 页。

㊾ 王吉民、伍连德,《中国医史: 自古至今的中国医学发展编年史》, 第 269—274 页。

㊿ 摘自王吉民和伍连德《中国医史: 自古至今的中国医学发展编年史》中的引文,"海关年中医学报告 (Customs Medial Report for Half-year ending), 1871 年 3 月 31 日, 第 7 页及后页", 第 7 页。

(51) 史景迁,《追寻现代中国》(Jonathan Spence, *The Search for Modern China*), 第

132—136 页。

㊱ 参见马克林,《中国在西方的形象》(Colin Mackerras, *Western Images of China*)。

㊳ 弗里德里希·梅里基奥·格里姆(Friedrich Melchior Grimm)写道,伯丁希望"通过将中国精神移植给法国人……以此来彻底改造法国的民族精神"(refondre entièrement l'esprit de la nation... en... innoculant aux Français l'esprit chinois.)。《格里姆与狄德罗的通信:文学、哲学与批评(1753—1790)》(Correspondance littéraire, philosophique et critique de Grimm et de Diderot, 1753-1790),Ⅻ(1780年),第491页。荣振华在他未出版的博士论文中也指出,"移植"一词在18世纪80年代早期"开始流行"(le mot venait d'être mis à la mode)。参见荣振华,《两个中国人与伯丁:1764年工业调查及法中技术合作的发端》(Les deux Chinois et Bertin: L'enquête industrielle de 1764 et les débuts de la collaboration technique franco-chinoise)。伯丁给韩国英写信说,"你不了解欧洲的病已经严重到了何种程度,而且并不是由于缺乏催吐剂导致的。欧洲(主要是法国)的病已经要失控了,而且失控主要是由治疗手段造成的"(Vous ne connaissez pas à quel point l'Europe est malade, et ce n'est pas l'émétique qu'il lui faut. Son état〔surtout en France〕va jusqu'à une espèce de délire et son délire l'irrite surtout contre les remèdes.)。伯丁,未公开且日期不详的书信,《伯丁书信集》(Letters of BERTIN),第1522份手稿,fo.129。

㊴ 摘自唐纳德·霍普金斯《可怕杀手:天花的历史》一书中的引文,第Ⅺ页。着重为本书所加。

㊵ 王吉民、伍连德,《中国医史:自古至今的中国医学发展编年史》,第27页。后来,因为其神奇的效果,如"使盲者复明"之类的,白内障手术和肿瘤摘除术被当作在中国传播福音的工具。参见此卷第2章。

㊶ 特别是参见刘禾,《鲁滨逊的陶罐》(Robinson Crusoe's Earthenware Pot)。乾隆帝拒绝英国通商请求的著名信件是这样写的:"然从不贵奇巧,并无更需尔国制办物件。是尔国王所请派人留京一事,于天朝体制既属不合,而于尔国亦殊觉无益。"参见乔治·马戛尔尼,《马戛尔尼回忆录》(George Macartney, *An Embassy to China*),第340页。另参见何伟亚,《怀柔远人:马戛尔尼使华的中英礼仪冲突》(James L. Hevia, *Cherishing Men from Afar: Qing Guest Ritual and the Macartney Embassy of 1793*)。

㊷ 写于1806年6月9日。着重为本书所加。巴罗随信还附上了一份天花疫苗宣传

手册。这份手册是由东印度公司一位名为亚历山大·皮尔森（Alexander Pearson）的外科医生撰写的，把这份手册翻译成中文的正是小斯当东（Sir George Thomas Staunton，他是马戛尔尼使团著名历史学家老斯当东的儿子，当时随团出使的他还只是个小男孩）。关于小斯当东的译本，参见王吉民、伍连德，《中国医史：自古至今的中国医学发展编年史》，第 277—283 页。另参见皮埃尔·瓦尔、黄光明，《法国调查：18 世纪的中国科学和技术》，第 170 页。瓦尔照着法国国家图书馆的一份存本抄了下来，这份存本是某位“兰利氏”（Langley）赠送给图书馆的。1811 年，在获得中国海关总督的官方认可之后，小斯当东的译本（或者部分）出现在中国的各种医学小册子当中。然后直到 1844 年，这本小册子又被上海的医药传道会稍作改动，再次派上了用场。关于小斯当东的其他著名译文（刑法典），参见玛丽·格特鲁德·马森，《西方的中国及中国人观念，1840—1876》（Mary Gertrude Mason, *Western Concepts of China and the Chinese, 1840–1876*），第 67 页。另参见其他书目。

(58) 同上，第 289 页。

(59) 同上，第 290 页，见“海关医学报告，第 15 份，1877—1878 年，第 6 页”。

(60) 同上，第 299 页和 295 页。但是，关于对天花疫苗的抵制，张嘉凤提供了不同的阐释：“当那些官员、当地绅士和从医者热情地支持天花疫苗时，他们同时还面临与痘师、药师及西方观念方法强烈反对者的竞争……在很多地方，天花疫苗已经通过免费接种、免费教学及免费介绍册等方式确立了下来。这些方式显然影响了痘师，痘师通常都是将种痘的技艺秘密地传授给弟子，并以此为生；这些方式也影响了治疗天花的医师，他们给自己感染上了天花的病人提供治疗；这些方式还影响了药师，他们给自己感染上了天花或因种痘而患上天花的病人开药。”张嘉凤，《天花面面观及其在中国历史中的重要性》，第 163 页。另见于阿诺德·罗博瑟姆，《殖民身体：19 世纪印度的国家医疗体系及传染病》，第 136 页。殖民地的医生认为，天花疫苗在印度遭到抵制是由于宿命论：“天花疫苗能被完全欣然接受的期待很快就破灭了……在引介天花疫苗的十年里，医疗工作人员从未停止过抱怨‘当地人的偏见和怠慢’，以及‘宿命论’，给人们灌输了面对天花的摧残要认命的想法。”

(61) 德贞，《中国的疾病：与欧洲不同的病因、病状及疫情》（John Dudgeon, *Diseases of China: Their Causes, Conditions, and Prevalence, Contrasted with Those of Europe*），第 43 页。“（天花）在寒冬传播得最为迅速。不幸的是，我们恰巧赶上了这样的时刻——听信于迷信无知的观念，中国人拒绝接受天花疫苗。”

(62) 唐纳德·霍普金斯，《国王与农民：天花的历史》，第 127 页。

㉓ 摘自王吉民和伍连德《中国医史：自古至今的中国医学发展编年史》一书中的引文，第289页。

㉔ 同上，第290页。

㉕ "这位道府对老式种痘法所导致的罪恶感到不满，挑选了15位天花疫苗接种员。鉴于他们跟随传教士医生马根济（J. K. Mackenzie），并接受了良好的教导，道府同意给他们颁发许可。此后，只有获得这种许可的人才可以进行接种。"同上，第301页。

㉖ 布鲁诺·拉图尔，《法国的巴斯德化》，第113页。

第二章

# 病态的身体：
# 林华的医学肖像画

在中国的民族风俗和生活习惯中有充分证据表明，中国人的伦理体系是失效的。不只是中国人的心灵，也包括他们的身体，都由于违背天性的习俗惯例而扭曲变形；造物主为万物生存繁衍而制定的自然法则和道德律例也被颠倒歪曲，如果可能的话，则是被废止弃用。

——《中国丛报》3（1834—1835年）
第一篇文章的简介

上一章讨论了有关疾病和文化身份的观念如何经由医学话语而得到传播和强化，并在不同的接受和转译语境中被赋予截然不同的意涵。就有关天花和中国的观念而言，传播是通过两条路径发生的：首先，将病态与中国身份联系在一起的观念，经由天花的图像而传播；其次，特别是有关天花的观念，经由文本的传播而传播——正如韩国英《论天花》一文各种各样的传播轨迹所呈现的。18世纪和19世纪的早期，北京的欧洲耶稣会士、中国的医生，以及来中国的游客与欧洲之间所进行的文字和图像交流，都造成了中国身份的病态化。但是，这些交流彼此之间基本互不相关，我们因此就有充分的理由认为，这些交流后来的殊途同归（当的的确确发生时）是天时，甚或是历史的巧合。

然而，当第一次鸦片战争（1839—1842）爆发之时，促成这些交流的宏大历史背景再次发生了改变。一个全新的历史情境取而代之，并反过来在中西的话语讨论中促成了一种刻板印象的形成与传播，那就是把中国身份与疾病捆绑在一起。比如，当时就发生了这样一个关键事件：清政府规定，自1757年起，所有外商来华贸易只能在广州口岸进行。❶自那之后，所有外商都只能通过特许经营的中国洋行来进行贸易往来。这些洋行位于"十三行"这样一片弹丸之地，外商在贸易期间也被安排居住在这里。这些限制的目的在于，"保证（清）政府……对西方商人的控制，以及对国际贸易利益的垄断"。❷这些限制政策在那些年里产生了巨大的影响，并导致了鸦片战争的最终爆发。其中最为重要的影响就是，很多洋行主破产了，外商越来越觉得失望，为自己在贸易中所遭受的各种无理限定感到气愤不已。但是，这些朝廷的规定同样也意味着，在接下来的八十年里，这样一个由仓库和店铺构成的小区域实际上构成了西方人了解中国文化实践，并形成相关刻板印象的唯一窗口。❸至于在这样一个"科学"发现与日俱增的时代，外国人可以了解到些什么，他们通过在洋行生活能收集到的信息实际上是极其有限的——不管是就信息的种类而言，还是就信息的内容而言。正如范发迪（Fa-ti Fan）在谈到英国博物学家当时的研究时所说的："19世纪以前，传到欧洲的那些外来动植物……不是欧洲博物学家在蛮荒险峻之地，置生死于不顾搜觅而来的。"相反，"对于旅华英国博物学研究者来说，当地市场就是田野工作的场所。他们后来运回国的大量标本好多都得自广州商行附近几条街上的摊贩、店铺和上游不远处的花棣苗圃"。❹与此相似，英国和美国的新教传教士在他们最早于洋行区设立的医院中所遇到的怪病和大量（人体）样本，大多也源于珠江三角洲这一有限的区域。此外，这些传教士（不同于耶稣会士）有意通过医学的手段来传播福音,这事实上也缩小了他们的目标人群:他们积极投身治疗的主要都是些疗效清晰可见的疾病,从而让心存疑虑且大多目不识丁的中国患者确信西方医学(及精神)的先进性。因此,教会医院治疗的很大一部分疾病都是眼疾和体外肿瘤——特别是最开始的时候。相应地,随着诊所逐渐得到越来越多的资金支持,西方医生也因为能有效治疗体外的疾病,或者说其治疗外科疾病的高明医术而逐渐获得当地人越来越高的赞誉。因此,在一定程度上,我们必须认识到这样一点:广州的医院在早期所接收的"大量样本",一方面经过了自主的筛选,一方面也源于有限的基数。❺

然而,重要的问题还在于,自韩国英所处的时代起,这些医学传教士与他们母国的机构、民族、金主之间的根本关系就已经发生了改变。与耶稣会士不同,新教传教士需要四处奔走,自己争取赞助和支持——如私人出资的慈善机构和宗教机构的支持,传教士和医生国际联盟组织的支持——令人惊讶(也基本不为人所知)的是,其中还包括当地中国慈善家的慷慨解囊。中国的慈善家们会低价出租或者免费出租洋行区的房子,提供给有家庭资助的医学生和志愿者。后来,他们还为各种传教士的医学出版物提供资金。更重要的是,法国和意大利的耶稣会士基本上采取一种先融入当地文化,再推广宗教事业的立场,就中国和西方医学实践的相关信息进行收集和交流。然而,美国和英国的新教传教士则认为,中国需要向西方学习先进的医学和科学实践,以及宗教信仰;西方反过来没有什么需要向中国学习的。因此,和韩国英不同——对他来说,在给一个渴求中国医学及科学知识的国家机构汇报信息时，宗教信仰是与之相矛盾的——伯驾这样的新教传教士面临着双重的压力：一方面要证明西方医学的优越性，在中国赢取支持；同时又要让祖国的医学和宗教权威人士认识到他们所进行的这项伟大事业的价值所在，从而觉得给予他们资金上的支持是值得的。❻

在迎接这个双重挑战的过程中，对医学绘图和说明文字的使用发挥了重要的作用——不仅给欧洲和美国的基督教徒直观地呈现了中国潜在发生的变化，即很多人因其慷慨解囊而"能得到拯救"，还给中国患者留下了西方手术治疗手段有奇效的印象。本章将会讲述一系列医学绘图的制作背景和其所描绘的内容。不同于半个多世纪以前的天花图像，这一系列非同寻常的医学绘图毫不含糊地致力于建立起病态与中国身份这两个观念之间的连接：现存的114张油画描绘了医学传教士伯驾的大约88位患者，由广州商业画师林华在1836年至1855年间绘制而成。该系列画作在这段时间内还现身于各处——如在西方巡回的募款筹资活动中，在西方的医学博物馆和文献中，在伯驾治疗生理疾病和心理疾病的广州博济医院大厅中。❼通过考察这些画作创作的背景、技巧及内容，我首先说明了在19世纪早期，有关病态和中国身份的认知是如何经由文本和视觉文化而传播并发生相应改变的。但接下来谈到的内容同样重要：我勾勒了自19世纪早期至中期，视觉文化与中国式病态这一观念的传播相互关联的根源所在。这个根源为后来的再现奠定了持久的基础——尽管随着鸦片战争的爆发，通商口岸的开放，摄影和医学技术的进步，以及基于进化论的种族观念的形成，文化景观再次发生了转变。

## 为何要谈这些画作？

有很多著述介绍了伯驾（1804—1888）本人及其出身和教育的背景，以及他作为一名传教士、一位医治者、一个政治家的诸多成就与失败。❽但相较而言，关于伯驾与画家林华（即关乔昌，大约 1801—1860）之间持续的合作却着墨不多——尽管他们之间的合作长达十五年之久，而且他们合作产出的画作无论是谁看到都能感受到强烈的吸引力。❾从很多个角度而言，这丝毫不令人感到惊讶。近期的学术研究开始处理一项艰巨的挑战：将一段"被遗忘的历史"——西方传教士与其中国帮手之间的合作——同对这一时期中国的研究结合在一起。但是，这项工作所牵引出的问题——特别是追寻那些未曾在西方话语中出现过的中文材料——是多种多样的，而且中国的声音始终都是极其难以重建的。举例来说，历史学家熊月之就通过全面研究西方技术在中国的传播，力图描绘这样一些个体历史的细节样貌——特别是早期的合作翻译。他还意识到有必要考察类似的一些合作，包括一些经由日本的中介而发生的合作。熊月之的著作直接启发了吴章（Bridie Andrews）、祝平一、罗杰·哈特（Roger Hart）、刘禾、罗芙芸（Ruth Rogaski）、王道还、吴一立等人的研究。❿范发迪对在华英国博物学家的研究更加强调视觉文化元素在此类合作中的重要性。这表现在他提出，"即使其他方法不适用的时候，博物学的视觉表现传统也使在中国和欧洲的英国博物学家仍然可以进行科学的交流"。他还补充说,"把这个过程变为可能的却是中国的画匠"。⓫从这个意义上来说,我们可以把林华为伯驾创作的画作看作一种未经中介,或者说未经过太多中介转译过来的文本:它们是跨文化交流的直接产物,因此代表着一种合作性的尝试,以图发明一种新的混合性视觉语言。因此,作为对这一创造性过程之产物的考察,对这些画作的分析或许可以看作寻回某种"被遗忘"的历史的尝试。

但是,分析林华画作对中国身份和病态的再现,还有两大缘由:首先,在传到国外之后,林华的画作和伯驾详细记录的病例都被直接用来向好奇的西方人呈现病态本身和中国的"国民性"(Chinese "character")。截止到1851年,伯驾在广州的医院已经为超过四万名病患提供了医疗帮助。但是,在他于1838年至1848年间为《中国丛报》撰写的报告,以及1836年至1852年间发表的其他医学报告中,伯驾所描述的病例不可避免地只能是所有病患中的一小部分。而且,在这些病例中,林华现存的医学绘画所呈现的就是其中更小的一部分了。为说明如何选择在报告中要描述的病例,伯驾在1839年时这样写道:"我对一些病例投以了特别的关注。总的来说,选择这些病例并非出于医学角度的兴趣,而是患者的情状呈现了中国的国民性、风俗、思维习惯和行为习惯。"1848年的时候,也就是差不多十年之后,伯驾特别谈到了林华的画作。他指出,一些绘画对象的选择是"出于外科医学的兴趣,其他则是因为其呈现了中国国民性的不同面向"。⓬因此,有关这些画作的分析以及发表在期刊上的一些描述这些画作的论文,就提供了一扇独特的窗口,让我们得以一窥,或者说更为深入地了解:在一个种族与文化理论尚未完全成形的时代,西方人将中国的国民性与病态联系在一起的观念是如何孕育起来的。❸

然而更为重要的是——而且或许与这些画作对中国国民性的描绘直接相关——林华的画作不仅仅计划面向、最终也的确收获了极为多样化且大多极有影响力的观众。举例来说,在伯驾于1840年至1841年间游历美国和欧洲,为新成立的中华医药传道会(China Medical Missionary Society)筹款募资期间,他紧张的行程让他风尘仆仆、马不停蹄地奔走于各种活动。他去了很多地方,如华盛顿哥伦比亚特区、普林斯顿、巴尔的摩、伦敦、爱丁堡、格拉斯哥、巴黎等等。在这些地方,他给一众不那么容易信服他人的大人物宣讲自己的事业。除了在国会两院做陈述,他还见了约翰·昆西·亚当斯(John Quincy Adams)、亨利·克莱(Henry Clay)、丹尼尔·韦伯斯特(Daniel Webster),其时的两任美国总统威廉·亨利·哈里森(William Henry Harrison)和马丁·范布伦(Martin Van Buren),苏塞克斯和惠灵顿的公爵、坎特伯雷的大主教,以及法国的国王和女王。此行,他一路上在波士顿、纽黑文、纽约、费城、塞勒姆(他大概在巡回路上的其他城市也做了展示,只不过没有留下具体的记载)展示了林华的画作,并在各地留下了不同的画作,还将总共23张画作捐赠给了伦敦的居伊医院(Guy's Hospital)。❹

除了林华画作的观众是一批既有影响力又有财力的西方人之外,同时还有另外一个因素也使得林华的画作独具启示性。那就是,这些画作还被策略性地展示给中国的观众。但是，不同于西方的情况，这些画作计划面向的中国受众似乎是一个截然不同的群体：大多数都是找广州博济医院寻医问药，且穷困潦倒、目不识丁的人。尽管并无记录表明究竟展示给中国观众的是哪些画作，但有一些早期亲历者的讲述都明确无误地提到，广州博济医院的大厅里就陈列着画作。19世纪30年代晚期的一位外科医生就描绘了医院一层候诊厅的"墙面上"如何"挂着油画肖像画，还有水彩画画的是医院接诊的最不同寻常的病人，呈现了他们手术前后的不同样貌"；这位作者还讽刺地说道："这是否要归功于那些画匠们的高超技术——是他们画了这些画，这些'画好看脸蛋的画家们'把自己的画像挂在自己店铺的门脸上——我并不打算提出一个定论；但的确，哪怕有大量的肿瘤和难看的伤疤尚未移除，画面中的男男女女的确在术前和在术后一样好看。"⓯医学传教士雒魏林在他1861年的回忆录中回忆了以何种方式，一位

名为林华的中国画家，为了向他的国人表达自己对广州博济医院可贵之处的赞赏，为伯驾医生很多极为不同寻常的病人绘制了肖像画。他先是将这些病人的病状画下来，然后再把医好之后的样貌画下来。这些画作组成了一个很有意思的系列，呈现了各种典型的疾病。当伯驾医生在英国的时候，他曾在居伊医院博物馆呈现了其中一部分，令学生和来访观众大开眼界。⓰

而且，直至1848年，也就是在清政府废除禁止在华传教令后没几年，伯驾本人就记载说：如今，医院候诊厅里陈列的根据病例所绘的画作，被中国"首位……新教皈依者"梁发用于给中国信众的布道活动当中。"（梁发）讲述着救世主为人类造福的一生和榜样事迹，指着悬挂在医院大厅里关于治病疗伤的绘画和图解，对跟随他的教众们说，这些病人的恢复都是因为有上帝的保佑，治病疗伤也与上帝的教义和榜样一致。同时，梁发还宣讲了基督教的伟大真理，即只有上帝才可以拯救人类的灵魂疾病，这给他的教众带来了更大的触动。"❼因此，除了在西方作为展示说明的工具，呈现"中国国民性的不同面向"，并向有影响力的西方观众讲述手术的好处等相关事宜，以获取他们的资金支持之外，林华的医学肖像画无疑还被用来向中国的病人传递一个信息，即外国的医院可以奇迹般的治好他们的身体和精神疾病。❽

尽管我们无法用具体的数字来说明这些绘画在西方取得了怎样的成功，但如果用更加宽泛、更加常见的说法来描述的话，那就是这些绘画所取得的成功是无可置疑的：伯驾不仅仅为中华医药传道会争取到了资金，保障了对中国医学生的教育能得到支持，他的西方筹款之行还引发了对此类画作更大的需求，以满足支持者。❾举例来说，在承诺为伯驾新成立的医药传道会提供财政资助的一封信里，刚起步不久的费城中华医药传道会十分肯定地表态会"为年会……提供帮助，如果议程需要我们做公开发言的话。我们也会给（伯驾的）医药传道会的医院（提供）资金上的支持，包括教育中国的年轻人才，教授医术，增设期刊，及时让（伯驾的）

医药传道会了解医学和外科医疗技术的进步，告知其器械和外科医疗设备的发展，等等"；但是，"**作为回馈，我们希望**（伯驾的）**医药传道会能为药学做出这样的贡献**，如绘制画作呈现不同寻常的疾病，提供病体解剖的样本——这些应该都是（伯驾的）医药传道会能够做到的"。❷随着鸦片战争的爆发和内地城市的开放，医学传教活动在中国也兴盛了起来。因此，我们或许也可以通过后来的医学绘图对林华画作创新性视觉语言的运用，来衡量他的画作在后世所产生的影响——不计其数呈现肿瘤及手术治疗前后对比的画作不仅仅开始占据新建医学博物馆的墙面，也遍布各种传播广泛的医学期刊和海关报告——本书的第三章将会详加论述。因此，林华的画作构成了一个极为重要的信息源，不仅仅为西方绘制出了中国身份的样貌，还为成千上万的中国患者描绘了健康和神性的图景，并提供了传播的图像学和模式方法，在世纪之交对医学传教活动产生了重大的影响。

## "未见则不画"：林华和他的画室

　　林华是同时代人中最知名也最成功的广州商业画师之一。或者，用艺术史学家卡尔·克罗斯曼（Carl Crossman）的话来说，林华是"广州最著名的英式中国画家"。❹尽管他人口中所描述的林华是"一个中等个头，身材壮实的人，看起来颇有些才气和儒雅风范"❷，但他显然也不乏幽默。有一次，一个人告诉林华说，有一张英国人画的画错误地把中国的刽子手画成穿着滑稽的"丝质长袍，缎面靴子，戴着……绣花帽,帽子上还挂着孔雀毛"。据说,林华听完之后说:"可能**音国人**(英国人,Englis)不知道洋泾浜语为什么都这么说话。我**任为**(认为,tink)他很**迂蠢**(愚蠢,foolo)。中国人没这么迂蠢(愚蠢,foolo),亲见方画,未见则不画。"(或许这个英国人〔听到用洋泾浜英语讲的故事〕,不太理解其中的原委;但是我觉得他是个笨人:中国人没这么笨,亲眼看过了才去画,没见过就不画。此为作者用正规英文进行的翻译——编者)。❷如果这则逸闻属实,林华能以其栩栩如生、惟妙惟肖刻画人物形象的功力而在外销画师中独树一帜,也就不足为奇了。或者,正如另外一位作者语含讽刺的评价所说的:"就画像而言,(林华)的画作无人匹敌。但是,你要是长得丑的话,那(原文如此)就倒霉了,因为林华可不会为了讨好你而把你画好看了。"❷正因为林华在画像方面的高超技巧,观看者就时常拿他和西方的绘画大师如威廉·霍加斯(William Hogarth)和托马斯·苏利(Thomas Sully)做比较。的确,林华也是最早在西方场馆展出作品的中国画家之一。这些场馆包括法国的杜尔哥学院(École Turgot)、伦敦皇家艺术学院(Royal Academy)、纽约阿波罗剧院(Apollo Club)、宾夕法尼亚艺术学院(Pennsylvania Academy of Fine Arts)、波士顿图书馆(Boston Athenaeum)——正如克罗斯曼所说的:"对一个学着用外国画法来画画的中国人来说,这绝非易事。"❷

儒雅幽默的林华掌管着一家大画室——商馆区的画室多达三十家——在这里,他与成千上万的中外顾客有着频繁的生意往来,在象牙、玻璃、宣纸(通草纸)或是布面上创作肖像画、风景画、袖珍画像、临摹画,或是现有作品的放大版。"当冬贸季结束,西方人返回澳门或是家乡的时候",㉖他还给中国客户画玉皇大帝或观音娘娘的画像。尽管画室属于林华所有,但其氛围却是(用范发迪的话来说)"作坊文化"式的。类似于行会,画师们有时会像瓷器彩绘师们那样,采用一种生产线式的工作方式,"(一件)作品可能要经过数人之手才能最终完成。一位工匠勾勒轮廓,另一位填涂人物,第三位绘制背景色,等等"。因此,正如范发迪所概括的,"洋画画师会采用任何他们需要的技法:临摹、勾拓,或采用现成的树木、房屋、船舶或动物图形,把它们用不同的方式组合在一起,形成不同的画面"。㉗林华的画室总共有三层:一层作为店面,放的都是裱好的画作和古董;二层是工作间,十多个年轻人在里面描边和涂彩;三层是一间"小一点的,带天窗的"房间。在这个房间里,林华自己一个人对着画架创作,绘制模特的画像,旁边通常还围着一圈人在看他画画。㉘这些模特不仅包括"西方的商人和帕西人",还包括皇室宗亲如耆英(《南京条约》的签订者)、钦差大臣林则徐(他可能导致了第一次鸦片战争的爆发)、璞鼎查爵士(Sir Henry Pottinger,香港第一任总督),以及伯驾本人。

就林华的西式绘画在风格上所受到的启发而言,人们经常提及的是移居国外的著名英国画家乔治·钱纳利(George Chinnery,1774—1852)。从钱纳利那里,林华似乎继承了其对"轻盈流畅的笔触以及……光线运用"的熟练驾驭。㉙正如帕特里克·康纳尔(Patrick Conner)所描述的:

直至1825年,中国外销肖像画的典型特征都是讲求某种直观和明确。据推测,这是从18世纪晚期的美国肖像画,或是18世纪50年代至60年代的英国袖珍画像那里学来的。但是,钱纳利的到来带来了转折性的变化。这是有史以来第一次,一位专业的西方画家(更重要的是,这位画家是闻名于世的英属印度最为重要的艺术家)居住并活跃于中国的沿海城市。他带来的是高超的肖像画技术,广州的画家此前只能通过版画得以一见——钱纳利在18世纪最后的那些年里,又反过来从托马斯·劳伦斯爵士(Sir Thomas Lawrence)及其他人那里学习了版画的创作方法。钱纳利的肖像画画法表现为强烈的明暗对比、刻意设计的姿势(胳膊通常都随意地搭在椅背上)、突出服装的纹理和质感,以及一套固定的背景——比如红色的大窗帘、巨大的柱子、隐约可见的远景或海景,以及天边的一抹乌云。㉚

林华是否师从钱纳利,关于这一点存在很多争论。但无论如何,钱纳利的作品都显然直接影响了林华的创作。正如康纳尔所说的,这是一个确定的事实,在钱纳利来华之前和之后,青年林华的创作在风格上表现出了极大的转变。然而,还有一点非常重要,那就是我们同时也要知道,像林华这样一个天资聪颖,又具"双语"风格的艺术家也可以接触到很多其他的资源,从别处获得启发。范发迪书中写到了为英国博物学家19世纪早期的著作绘制插图的广州艺术家。在谈到他们在风格上所受到的启发时,范发迪提醒

49 我们说，在18世纪晚期瓷器生产的大背景下，各种各样的西方图像就已经是中国外销艺术品借鉴的对象了。"这些工作坊通常是从西方主顾那里接受订单，绘制特别设计的图案，如肖像、风景或者纹章……这种传统甚至可以追溯到17世纪在华的荷兰商人那里。广州出产的瓷器绘画制品题材相当广泛，就连《独立宣言》、乔治·华盛顿（George Washington）的肖像、英国讽刺画家威廉·霍加斯的画作以及基督教宗教画都是其中的一部分。"㉛因此，我们必须考虑到这样一点，即为了创作精确的画像，满足委托人各种不同的需求，林华除了受到更为高雅的风格的影响（中西皆有），也参照了很多他在百花齐放、风格各异的老广州口岸可以接触到的其他风格——庸俗的、古怪的、色情的等等。

## "身上留有永恒的伤疤"

林华可能是经过他的外甥关亚杜，也就是伯驾的第一个中国医学生的介绍，认识了伯驾。尽管没有记载能让我们确切地知道这二人是为了什么事情而去联系彼此，但毋庸置疑的是，在见过伯驾之后，林华同意把"医院接诊的更有意思的病例"画下来。而且这项工作——至少在一开始——是完全免费的。正如伯驾在评价林华早期的一件作品时所说的——这件作品画的是病人刘阿金（Lew Akins）——"我要感谢林华，他为这个小女孩画了一幅很好的画像，也很好地图绘了她身上的肿瘤。其他医院接诊的更有意思的病例，他也同样好地画了下来。大家一致认为，他的这

些画作无须再做'雕琢',他天生就是画画的"。㉜

在他所有的作品中,这个系列的画作最终是保存下来数量最多的。关于林华做这件事情的真正动机,存在很多推测。举例来说,有人认为这种做法很合理,是林华感谢伯驾的一种方式,感谢伯驾对青年关亚杜的培养——关亚杜最终成长为一名医术高超的外科医生,并在伯驾退休之后仍然留在广州博济医院坐诊行医。㉝同样地,也有人认为,这是林华对伯驾"为治疗病痛中的中国人……而辛苦付出"表示感谢的一种方式——正如我们从有关伯驾的逸事中能读到的。一位作家在1889年所写的一则关于关亚杜的回忆中推测说:"他被自己的舅舅安插进医院的学习班里学习。他的舅

图3:林华,《刘阿金》(Lew Akins),大约作于1837年,布面油画,24in×18in(英寸,1英寸为2.54厘米——编者),图片由哈维·库兴/约翰·海·惠特尼医学图书馆提供(Harvey Cushing / John Hay Whitney Medical Library)

舅就是后来的艺术家林华,著名艺术家钱纳利的弟子。伯驾为治疗病痛中的中国人而辛苦付出,这深深地打动了林华。因此,林华无偿将略为不同寻常的病例绘制成画作。他先是把病人患病时的样子画下来,再把治愈后的样子画下来。"❸而且,伯驾自己也曾经提到,"(林华)非常热爱医学行业,表达过因自己年纪太大而无法从医的遗憾"。❸尽管动机听起来很浪漫,但我们也必须把林华此举放到当时的背景下进行考察——当时,广州十三行的其他人经常以各种方式为医院所行的慈善之举提供支持,如租金免费或补贴租金(举例来说,年长的洋行商人伍秉鉴就提供了这样的支持,他还在1837年为行政开支捐助了300美元;后来以传道会理事会成员的身份活动);补贴学费(比如当时除了关亚杜之外,另有一位"极富天资的年轻人","靠父亲的全力支持"成了伯驾的医学生);志愿者(有原来的病人康复后成了医院护工或员工这样的有趣事例);以及中华医药传道会的会员费及订阅费。毕竟,广州博济医院提供的所有治疗都是完全免费的——至少在初建的那些年里。❸因此,我们与其把林华以无偿绘画作为礼物的举动看作他个人表达感谢的方式,不如看作一种积极的参与,参与到给予与回报这样一种小圈子的慈善文化当中去。这或许也部分地解释了伯驾的备忘录何以在1851年的时候会有支付林华"肿瘤画作"25美元的记录——其时,医院有了其他的收入来源。❸此外,尽管19世纪30年代晚期最开始在医院当学徒的时候,关亚杜每年只能拿到60美元的薪水,但是到了1847年的时候,他已经"操刀大多数小型手术和很多大型手术了"。而且到1861年的时候,他的薪水翻了一倍多，涨到了128美元。㊵很多新来的患者都对年轻的关医生青睐有加，这帮助他从一个住院实习医生成长为活跃的医院员工，不再只是消耗医院资源的人。

同时，对伯驾来说，他出于很多目的委托林华给他"更有意思的"患者绘制肖像。首先当然是，在法国要想证明自己争取资金的合法性，他就需要东西作为自己"医疗记录和专业水平的证明"。㊴此外，就采用绘图和样本作为记录而言，广州十三行早就有人这么做了，伯驾不可能不知道。英国的博物学家如约翰·里夫斯（John Reeves）、约翰·布莱克（John Black）和威廉姆·克尔（William Kerr）就常年定期指导并雇用广州的外销画画家为植物标本和真实的医学样本绘图，如"在广州的河上漂浮着的女尸"的一只断脚，长着奇怪肿瘤的男性。这些绘图在相似的情境下，已经跨越艰难险阻，从中国传到了西方。㊵事实证明，和植物学的样本一样，要大量运送实体医学样本也是不切实际的。因此，伯驾就需要绘图这一载体来进行"真实"且服务于科学的再现，再现费城的医药传道会后来所说的"中国本土疾病的特性"。为此，我们就有必要在这里提到伯驾记录的手术日志了。这些日志和画作一脉相承，极度关注细节——忠实地记录了肿瘤或病灶部位的形状、颜色、纹理和重量；手术所需的准确时间；发病情况的信息以及恢复所需的时间（如果需要的话）；收治病人的基本信息。我们应当把这些几乎程式化的描述——哪怕有的时候难以确定哪些记录对应的是哪幅画作——看作画作本身的一部分，或是对画作的隐性补充。

但是，还有一件事促成了这些呈现病态的图像的产生，那就是伯驾内心的一个愿望：他想让中国的医学生和普通信徒了解西方医学治愈疾病的可能性。自最早的写作起，这一时期医学传教士的文字就满篇提到需要**眼见为实的证据**来证明传教士的善举和独特的医术，并以此作为可以观看的教学材料。早期一位作者的文章这样写道："中国人需要从远方来到他们国度的这些人用**可见的演示**来证明自己的智慧、实际动手的能力，以及内心的善意。"㊶对伯驾来说，提供这种"可见的演示"有一个很实际的方法，那就是在病人的身体上做一些其国人肉眼完全可见且效果持久的手术。举例来说，1839年的时候，在有关中华医药传道会首届年会发言的一份记录中，伯驾就讲道：

> 根据实际经验我们发现，（中国人）并不会轻易地忘记我们的善言和善举。但是，即便有任何明显的迹象表明他们在遗忘，也可以通过让盲者复明、移除吞噬患者生命的肿瘤等等这样的手术来恢复他们的记忆——**因为他身上留有永恒的伤疤，有生之年都是一个见证**——这样一个泱泱大国，却无法培养出一个在医术和人文关怀上与我们相匹敌的人才。㊷

除了让盲者复明，以及留下手术的"见证"——"身上留有永恒的伤疤"，伯驾显然还认为，通过观看呈现了同样"见证"的绘图，中国人或许也能够了解西方医学实践奇迹般的治疗效果。在同届年会上，医药传道会的创立者们起草了一个章程，概述了医药传道会的宗旨——不仅仅要鼓励更多中国学生接受西方医学技术的教育，还要在中国建立"一座解剖学博物馆，陈列正常身体或病态身体的解剖样本，以及怪病的画作……由医药传道会负责管理"。后来证明，此举对西方的医学传教士和中国的医学生来说都非常受用。㊸尽管伯驾有生之年未能见证这座医学博物馆的建成，但是他的观点以及医药传道会所制定的宗旨都与医学传教士后来的目标遥相呼应，并为其奠定了基础。

## 医学肖像画

尽管林华高超的画技意味着他无须像早期的植物学绘图者们那样接受指导，学习西方图绘的传统方法，但是需要他来绘制的医学画作仍然给这位艺术家提出了实践和现象学双重层面的严峻挑战。㊹一方面，和为了谋生而外销和内售的画作不同，林华的医学肖像画所画的这些人来自不同的社会背景，而且有男有女。鉴于林华画作中的人物通常都是西方的商人、传教士、政要，以及广州十三行的商人，或是类似"广州知府的随从"这样的中国人，因此我们要感谢伯驾的日志让我们了解到，林华的这个不同寻常的绘画系列所画的中国人物在社会地位上基本是一致的，即都是非精英阶层的社会出身。举例来说，虽说伯驾的患者有"广州著名茶商的儿子"这样的人物，但也包括"手工花制作者""仆人……被母亲卖给了别人""碎石工""花匠……被控是走私犯""番禺的制鞋匠""东莞的劳力"等等。而且，要特别指出的是，尽管女人和女孩在林华其他的作品中并不多见，但他的医学肖像画中的很多人物形象都是女性。因此,医学肖像画就和林华典型的商业人物画截然不同,囊括了一个其他画作几乎未曾表现过的群体,这个群体中的人大多都很贫困,他们身上唯一的共同点就是病态(参见彩图1)。

医学肖像画也给林华带来了一些基本程式上的挑战,这些挑战是他和他的画室成员在创作典型的商业肖像画,画"好看脸蛋"时未曾遇到过的。这些画作所画的人物都有奇怪的体形、需求和状况,更不要提他既要画这些人物,还要画出这些人物的病态了。这就意味着,商业肖像画的那种典型创作模式——努力以最快的速度、最经济的方式,依照现有的创作程式为人物安上最"好看"的一张脸——是无效的,或者说不再适用。相反,林华需要开创其

图4:林华,《王克金,广州著名茶商的儿子》(*Wang Ke-king, the Son of a Respectable Tea Broker Resident in Canton*)大约作于1837年,布面油画,23in×18in,图片由哈维·库兴/约翰·海·惠特尼医学图书馆提供

他的方式来解决如何呈现人物的问题。这就需要他把一些问题也考虑进来,比如要画的这个人可以为一张画像坐多长时间,或者这个人可以采取怎样的坐姿。伯驾医疗日志中的记录表明,很多病人因为自身的状况而无法以常见的方式坐下来接受画像。举例来说,伯驾的日志中就写到一位叫作王克金(Wang Ke-king)的病人。这位病人"在坐下来的时候,身上的肿瘤就成了一个圆垫子,堆在屁股下面,一下子在椅子上垫高了6英寸多"(图4)。㊺关于杨氏(Yang She)的肿瘤,伯驾这样写道:"肿瘤已经扩散到了肚脐以下,但还没到大腿的位置。因此,肿瘤就全靠布带勒着,病人坐着的时候只能一直抱着肿瘤,否则肿瘤太重,脑袋会支撑不住。病人原本的样貌都变形了,脸颊因为肿瘤太重被拉得紧绷绷的。"(图5)㊻

图5:林华,《杨氏,20岁,来自花县》(*Yang She, Aged Twenty, of Hwayuen*),大约作于1838年,布面油画,23in×18in,图片由哈维·库兴/约翰·海·惠特尼医学图书馆提供

因此，通常的客户或许在林华的画室里一坐就是好几个小时，其面部特征会被画到一个早就提前画好的躯干上去。然而，画这些病人的时候则需要动脑子，慎重地安排光线、姿势、着装，以及整体的构图。和传统的人物画像不同，王克金的画像画的是一个站着的背影，观众可以清晰地看到肿瘤；刘阿金的袍子则被专门撩起来一些，以把病态部位显露出来——这个部位（甚至比她的面孔更为重要）显然是主要的着光点（图3）；杨氏耸起的肩膀，以及生硬的几何线条所勾勒出的"带子"的轮廓，都清楚地表明，她需要在"坐着的时候一直抱着肿瘤"，哪怕是在画像的时候也不例外。

在一些案例中，林华借用情色绘画的表现方式来描绘他所画人物的奇特身体——或许甚至有好几张都是这样画的——这似乎是显而易见的。就拿其中一张画来说，通过人物的姿势、着装及眼神，我们或许可以看出，他反讽式地重构了18世纪晚期和19世纪早期的某些欧洲裸体画（图3）。这张画最显而易见的或许就是借鉴了让-奥古斯特-多米尼克·安格尔（Jean-Auguste-Dominique Ingres）声誉不佳的《大宫女》（*La Grande Odalisque*）——《大宫女》夸张大胆地描绘了一位女性美艳绝伦的背部。康纳尔为我们提供了一个有效信息：事实上，林华照着安格尔这件著名作品的版画为一位商业上的客户临摹了一张。由于版画没有任何颜色，林华就自己为临摹的这张画发明了一整套配色。因此，林华对他所学习的这位榜样毋庸置疑是熟悉的。❹另外一张医学肖像表现出类似的情形。这张画或许算不上很好，画中有一位女人斜躺在中国传统的炕上，四周围着帘子，被子被有意地拉开了一些，把患了癌症的胸脯露了出来（彩图2）。㊽这张画与爱德华·马奈（Éduard Manet）创作的《奥林匹亚》（*Olympia*）有一脉相承、异曲同工之处。画面的构图，甚至是画面本身都呈现出与《奥林匹亚》相似的姿势：一位风尘女子正在客户面前摆弄姿势（据 J. J. 格兰维尔〔J. J. Grandville〕或是马奈回忆说，这位女子是小仲马〔Alexandre Dumas〕小说中的茶花女，在林华的画中，姿势被转换成了一种病态的象征）。㊾说到这里，应当再次说明的是，除了从引介到中国的欧洲裸体女子画及风尘女子画中学习一二之外，这些画作与广州混杂多样的商业艺术及中国的青楼女子画也有些风格上的相似——有时候，逛青楼的人并不看真人，而是通过玻璃上的油画肖像来选姑娘。㊿

　　英国"庄重的风格"，即"强烈的明暗对比、刻意设计的姿势……以及一套固定的背景"，更进一步地表现出与林华眼下要完成的任务惊人的恰适性：正如桑德·吉尔曼所说的，身份经由风格被外化到肖像所身处的周遭环境之中，继而导致了中国身份随着病态而崩塌——后文将会详述这一问题。㊼同时，在追溯林华医学图像的源头所在时，我们当然也必须考虑到可能存在非西方的对病态的呈现。尽管令我们沮丧的是无法找到直接的证据，但也并非全无收获。举例来说，我们或许可以回过头来再看看于18世纪广泛传播的皇家医学典籍《医宗金鉴》。在中国的医学读物中，《医宗金鉴》独树一帜，对体外的病态进行了视觉上的呈现和诊断上的论述（而不仅仅是概述）。这本书中不仅有大量的插图呈现了出天

图6：女性胸口的乳痈。《医宗金鉴》，1742年。图片来自文树德，《中国医学观念史》，第127页

花的小孩——韩国英的手稿附带的绘图就是从这些插图来的——还有大量的插图画的是常见于成年人的外科疾病，如乳、皮肤、胳膊、腿等部位的痈症（图6）。尽管天花的绘图可以追溯至这"上百张儿童的插图"，但是，林华这组独特的绘图是从何而来的，仍然是个未知之谜。㊾尽管如此，考虑到皇家给予《医宗金鉴》的支持，以及还存在另一事实——出于向他国输送的目的，绘有天花的图片早些年还重印过——再加上林华对医学的兴趣以及他熟稔于中国的视觉文化，这些图片或许启发了林华的医学肖像画创作，这样的可能性是无法剔除的。

## 国民性及治疗

或许，林华所面临的最大挑战在于，伯驾要求这些画作不仅仅要呈现出那些能服务于医学科学的元素，还要捕捉到那种他所说的中国人物的"国民性"。正如吉尔曼所说，原因在于，在这样的画作中，"患者承载着双重的耻辱——一方面是病态的象征，另一方面是原始的象征，这是他/她的中国身份"。㉝在表征这种双重耻辱时，林华如何处理其中的细微差别？首先，我们必须注意区分19世纪早期模棱两可的"国民性"概念和"种族"概念。在伯驾所处的时代，"国民性"与同样具有误导性的身体性概念并无联系，但身体性的概念却与后来的"种族"概念紧密相关。相反，"国民性"蕴含的是更加难以表述的特质，比如在西方人的眼中，奇特的中国人"不守时、不精确、善于误解和迂回……思想混乱、神经麻木、轻视外国人、无公共精神……不在乎舒适和方便、身体富有活力"，不胜枚举。㉞如果说出现在种族时代之前的国民性概念具有某种崇高性，不仅仅关乎身体，更关乎某些难以言表的文化实践观念的话，那林华在他的画作中要如何对其进行表现呢？本章接下来将会论述，林华如何以至少三种不同的方式来应对这一挑战：通过对人物面部表情的处理，通过在不同画作中对风景的描绘，通过对作为中国文化符号的饰品的描绘及使用……当我们比照伯驾报告中的文字来观看林华的画作时，这种创作方式就更为明显了。

**表情**

林华医学肖像画中的很多人物都有一个鲜明的特征，那就是他们脸上的表情极具悖谬感。他们都流露出冷静、漠然，甚至是和蔼的表情，就好像他们对自身所患的疾病满不在乎，或是毫不知情。但在观者看来，他们的病情已经极为严重了。正如彼得·乔瑟夫（Peter Josyph）所说的，"他们一脸的安详，看不出丝毫痛苦、羞耻或不适"。他还指出，如果说这些肖像画彰显了脆弱这一人类的共性的话，那也是因为"患者没有表现出任何情绪，完全看不出他们是疾病缠身的人"。❺

表情之所以会表现出这种模棱两可性，是因为庄重风格在表现人物的情绪状态时，倾向于不通过表情或姿势，而是把标志个体身份的元素投射到外部，如人物所处的环境、所穿的服装，甚至是动物——面孔在此不是用来表达情绪的，任何对面孔的强调都会从根本上，甚至是从病理学的层面，改变画作的意涵与功能。因此，就风格而言，或许是这些画作所采用的绘画方式，也就是同样深刻影响了林华商业画作的绘画方式造成了画中人物整体的不可捉摸感。此外，吉尔曼还指出，在同时期的西方也诞生了一种医学插图的门类，此种医学插图中的人物也对自己的疾病表现出很是奇怪的满不在乎。这些插图或许也影响了林华的医学肖像画。正如吉尔曼所说的："在欧洲的医学绘图中，出现了身份可考的病人的画像，他们身患某种特定的疾病。这种画像是**理论家**所研究的医学哲学的产物。理论家们认为，我们仅可以就个体的案例进行有效的查证，这也是整个医学病理分类的基础。"吉尔曼还单独讨论了让-路易斯·阿利波特（Jean-Louis Alibert，1766—1837）的作品。阿利波特在19世纪早期编写的皮肤病手册有里程碑式的意义。这本手册"通过拟象图（mimetic）而非示意图

（schematic），开启了……绘图医学研究的传统"。㊱和林华医学肖像画中的人物一样，这本手册的绘图所描绘的人物看起来对画面中的自己所患的骇人病状毫不在意。或者如芭芭拉·斯塔夫（Barbara Stafford）所说的，阿利波特的绘图既"冷静地呈现了侵蚀身体的疾病，也动人地刻画了个体坚韧的勇气，实现了被肿瘤吞噬的身体的升华"。这样一来，"完好与病态的交织传递出一则令人不安也矛盾悖谬的信息，即没有谁是安全的"。㊲因此，英式的庄重风格以及西方医学绘图的发明或许为林华开创一种新的中国式坚韧提供了启发。

但是，林华画中人物在情绪上的内敛同时也表明，他试图满足伯驾所提出的要求，即这些肖像画要向西方观众传达某些中国国民性的面向。伯驾日志中的记录证实了这一点。举例而言，在伯驾看来，对疼痛的无意识（"神经麻木"）恰恰是中国英雄浪漫主义（他自己的，以及中国人的）的重要表现之一。而他岌岌可危的身份——一名在华医学传教士，正是建立在这一观念之上。如果我们了解了一个情况，即医院的大多数手术是在乙醚麻醉剂（由伯驾）于1847年引进中国之前所做的，我们也就能理解伯驾何以会在他的日志中一遍又一遍地强调或慨叹中国人忍受极致疼痛的独特能力了。㊳举例来说，在谈到身患乳腺癌的吴氏（Woo She）时，伯驾这样写道："她是我有生以来见过的最坚强的人。在摘除的过程中，**她几乎一声不吭**。在下手术台之前，她攥紧了拳头，**露出自然的微笑**，连声感谢在手术中帮忙的男子……在她住院期间，**她天生的平易近人和欢喜**……吸引了很多来医院探视的人。当然了，中国人本就是**天生与人为善的脾性**。"㊾在日志中有关毛氏（Mo She）的记录中——她和她的朋友吴氏一样患有乳腺癌——伯驾把她对疼痛的忍耐与对外国医学的接受直接联系在了一起："这是从中国女性身上摘除乳房的第一例手术。她们并未表现出太多**对外国手术的信任**，但最终还是**莫大的欢喜**战胜了一切。"㉖在另外一则记录中，伯驾这样写道："第2214号病例。11月21日。肉瘤。罗万顺（Lo Wanshun），41岁。这（女）人很有意思，她是她们村的第一例，左脸上长了一个大肉瘤……她坚强地撑过了手术，表现出了中国人的国民性。她出血量很大，也吐了，但是并没有昏过去。"㉗

伯驾在他的日志中一遍又一遍地重复讲述着对疼痛毫无知觉的神话，大肆渲染患者的感激之情及向朋友推荐国外手术新技术的热情。伯驾认为这是中国身份令人极为震惊和独特的一面，构成了伯驾眼中难以言清的中国"脾性"。㉘为了利用接诊的病例进一步为医学传教事业申请资金，伯驾以这种乐于接纳的性情为证据，认为西方医学能够成功地将中国人转化成基督徒——对疼痛"天生的"毫无知觉所带来的是中国不信教人群"对外国手术的信心"与日俱增。

## 风景

林华还是一位风景画大师。有学者就指出，他的商业画作中也表现出很多庄重风格的典型画法，比如，"巨大的柱子、隐约可见的远景或海景"，以及"天边的一抹乌云"。这并非浪漫主义层面的风景——在我看来，这些画作并非要建立起"人"与"自然"宏观的二元对立，而是把自然当作内在生命的外在投射。因此，外在世界的混乱就预示着主体内在生命的动荡，但同时又不会导致内在的崩塌。同样的道理，当风景出现在林华的医学肖像画中时，就在人类主体与人类所栖居的风景间构建起了某种隐而不显的象征性关系。环境感应式地映现出或呼应着人类的疾病与健康，营造出一个围绕病态展开来的生态。在这个生态的内部，传教士医生看不见的双手治疗着疾病，先是去除疾病的外在病症，再反过来让全世界的自然世界都复原如初，并如我们可以预想到的，对全世界的精神进行重塑。

此类画作中有一张画的是阿开（Akae），一个13岁的女孩（彩图3）。这张画呈现了三重主体，或者说有三重焦点：这个女孩，她面部的肿瘤，以及她在画面中身处的有叙事的风景。阿开站在画面中心稍微偏左的位置，手里提着一个像是空布袋一样的东西。她穿着素朴，光着脚，戴着耳环，由此可以辨认出来是个女孩。画面的前景几乎空无一物。与此形成鲜明对比的是，女孩的身后是巨大的锥形岩石，把背景斜分成两半。在画面的左上角，一棵树从岩石后面生长出来，树枝恰好遮在女孩头部的上方。沿着岩石的底部，港口的风景绵延开去。一位男性从一艘小船边上经过，乌云从地平线上升腾而起。阿开面部的肿瘤——观众的视线顺着岩石的棱角、树枝延展的方向，以及地平线移动——似乎只是被不经意地加入到了画面的整体构图当中。伯驾的日志是这样记录的：

> 第446号病例。(1836年)12月27日……阿开,小女孩,13岁。正当我今天的会诊要结束的时候,我看到一个中国人带着他的女儿小心翼翼地走进了医院。这女孩乍看上去像是长了两个脑袋。她的右太阳穴上长了一颗肉瘤,顺着脸颊垂下来,到了嘴唇那里。这让她看起来很丑,太可惜了。这个肉瘤垂在右眼的前方,压在右眼上,遮住了右眼的视线……小女孩诉说着自己时刻感受到的眩晕,她还习惯性地把脑袋偏向左边……看一眼就知道,这个肉瘤是可摘除的。❸

接下来,伯驾医生又以他典型的文字风格讲述了病人如何坚强地战胜疼痛,并在后来完全康复的故事:

> 1月19日,我们接受了上帝的旨意,做了手术。在连日的阴雨之后,天空放晴;几位操刀医生都到场并提供了帮助,小女孩以坚忍的意志挺过了手术——所有这些无不让我对上帝的恩赐和怜悯心怀最深的感激……病人欢喜地情愿把自己的眼睛蒙上,四肢绑起来。肿瘤用了8分钟就被切除了……14天之后,伤口就只剩下6厘米左右便可痊愈了。❹

除了画中的人物是一位下层社会的女孩,以及这个女孩"乍看上去像是长了两个脑袋",林华为阿开所绘制的这幅肖像画与他自己或当时的其他商业画师所画的典型肖像画或风景画并无二致。甚至,这张画的色调都和林华的商业风景画一致。❺

但是，如果详加审视的话，我们会发现这张画呈现的是一个更为整体的氛围，一套彼此互相作用的架构，而非只是一个由偶然的或程式化的内容构成的组合。举例来说，地上的岩石并非空穴来风，而是对应，或者说呼应着女孩面部隆起的肉块。同时，如果我们把风景的主要构成看作一个整体的话，就会发现这些风景似乎对应了伯驾所说的患者"习惯性地把脑袋偏向左边"——如同肿瘤偏向构图的一边那样，风景也集中在画面的一边。岩石以45度角向上倾斜；树枝从上面垂下来，形成美学的呼应；层叠的乌云向上升腾，透出几点亮光，暗示着肿瘤的肥大。树木、岩石、乌云和肿瘤共同彰显着肥大、滚圆、垂悬、坚硬，或者伯驾可能会用"赘余"一词来描绘的内容。女孩的身体是这样一个自然环境的缩影，是一片待揭示的风景，画面中直立的身体渲染着情绪（浮于岩石之上，从身体散发出去飘荡于树枝之间，随着乌云升腾向上，向远方飘去）。总之，在林华的画作当中，自我与自然发生着共鸣，人体的病态也见于自然当中。画作似乎试图说明，不只小女孩，还有整个的风景都对伯驾的医术心怀感恩。

林华有意始终将这样一种风景运用于医学肖像画的创作当中，这在为一位名叫朴阿兴（Po Ashing）的病人特制的"前后对比"画中表现得最为明显（彩图4和彩图5）。和阿开的画像一样，朴阿兴自身的人类风景（human landscape）在这两张画中也感应式地投射于自然风景之上。风景的状态也能给我们提供一些线索，了解患者的内在（也包括精神）状态。就比如仅存于耶鲁大学的，使用了前后对比画法（更恰当地说,现存的画作都是"手术前"了）

的林华的画作,就为我们提供了非常宝贵的信息,让我们了解了前文所谈到的情况中——当这些画作被陈列于医院的候诊厅供中国的病人观看时,或是供梁发布道之用时——这些画作需要发挥怎样的作用。

关于这两张画所画之人,伯驾说:"据我所知,是有史以来第一位自愿将一个上肢截肢的中国人。"在手术前的画作中,朴阿兴坐在一间昏暗房间里的椅子上,身后打着光。㊹他的身体占据了大部分画面,健全的那只胳膊撑在一个膝盖上,另外一只胳膊则搭在另外一个膝盖上。他上身没有穿衣服,只是戴了顶帽子,穿着过膝长的裤子。他的双眼直视前方。然而,手术后的画作则呈现了朴阿兴的侧影。正对前方的不是他的双眼,而是完整呈现出来的截肢部位。在这张画里,他的上身披着一件外套,朝一边敞着。因为一边没了胳膊,他顺着肩头垂下来的辫子隐约可见。他还是戴着原先的那顶帽子,面部露出温和、漠然的表情。画面中除了他,还有背景中明亮、清爽的风景。左下角是顺势绵延的山脉和风平浪静的海面,右下角是一丛灌木及散落的几块石头。

和阿开的那张画比起来,朴阿兴手术后画作中的风景更为开阔。阿开庞大的身型,耸立着的大岩石,以及港口的风景,在朴阿兴的这张画里变成了望不到边的天际和透着光亮的云彩。或许,阿开手术后的画像也会是这样的画面。同时,就画面本身而言,清晰明亮的空间(天空与大海)与昏暗坚实的人、物(朴阿兴、灌木丛)形成的对比,呼应了患者自身在失去一只手臂的情况下,面部仍然流露出令人惊讶的镇定自若:周遭宁静的风景似乎映射着他温和的面部表情。因为我们也可以看到作为对比的手术前画像，我们就知道，林华不只是改变了画面中的大海和天空，而且改变了整个的自然环境，以表现朴阿兴摆脱了疾病，重获了自由和解放。从术前画像中幽闭昏暗的空间与人物完全直视的目光，到光亮与宁静的术后画像，这一转变呈现了从疾病状态朝向全球健康的进步。

  因此，阿开画像与朴阿兴术后画像中的风景就映射出人类主体的身体状况，并在隐喻的层面增强了有关进步的叙事感——自我与环境从萎靡消沉、背负重重走向了宽敞、明亮和平静。因而，我们或许也可以这样认为，其他风景肖像画中各式各样或万里无云或风起云涌的天空是一种象征——象征着患者在接受伯驾的治疗之后，等待他/她的会是什么；抑或一种需要治疗的疾病在外部的投射。就拿或许是最为打动人的一张肖像画来说，这张画像中有一位男性背朝着观众，他的背部光滑洁净，但靠近臀部的地方却长了一个组织开放型脊柱瘤（彩图6）。我们并不会看向他的脸，因为他的脸是背向观众的。相反，我们和他一起从昏暗的房间里望向窗外，在密布的云间，我们可以看到一抹蓝色的天空——如果他接受了伯驾的治疗，迎接他的就是这样的未来。在另外一张画中，罗万顺的小脚看起来和她面部的肿瘤一样病态。她面无表情地坐在一个昏暗的房间里，眼睛直视前方（彩图7）。画面的右侧，正对她病患处的是蓝天白云，预示着她的救赎以及她与自然环境的合而为一。或者如伯驾所说的，"（罗万顺的）面孔（经过10天的手术治疗）已经几乎恢复了其自然的样貌"。❻❼

在文化"特性"既不允许截肢，又禁止尸体解剖的大背景下，这些风景提供了一种对中国身份的全新重构。基于此，哪怕是一个截肢者也不再会面对被社会排斥与孤立、无法融入环境的情况，而是可以回归正常的生活。举例来说，在谈到朴阿兴时，伯驾就这样写道："这位患者痊愈了。大约一年之后，他结婚了。单臂的他以卖水果维持生计。"关于罗万顺，伯驾这样说："她满心感激和欢喜，回到了丈夫和家人的身边。"㉓林华的画作把身患肿瘤的人与象征他们治愈的画面并置，形成对比。这无疑揭示了那些没有风景的画作所暗含的意味：手术可以使得重建社会生活与精神生活成为可能，手术可以修复病人因疾病而要面临的不可见的孤立，并最终使他们融入到社会当中。因此，这些画作提供了一种特殊的视角，让我们得以一窥中国身份在这一时期的讽刺性重构：手术成为一种使人变得完好的方式。

**批判与抵抗："好的"中国人与"不好的"中国人**

通过风景绘画，我们看到治疗如何成为全球化的和乌托邦式的。画面的构图似乎意图说明，不只是患者自身的身体，还包括整个的环境（自然作为社会，甚至是精神的隐喻），或许都可以在伯驾的手中恢复如初。同样地，就比如通过罗万顺的画像，我们还可以从中看到，缠足这样的中国文化实践是如何在林华的画作中作为病态被再现的——在画面中，缠足与疾病本身形成了对应（如彩图 8 所示）。同样地，林华的一些画作还特意（通过装饰性的内容）将中国身份构建为一种内在的障碍，以某种方式阻碍着理想化的手术治疗的推行。这一方面显露出传教士因中国人抵制传教而产生的沮丧之情,一方面也表达了对中国文化的批判。举例来说,医疗日志通过另外一种话语将中国人不愿意接受基督教表达为一种对手术刀的抗拒:伯驾的记录不断地讲述他在努力试图为固执的中国患者进行治疗的过程中所遭遇的失败。伯驾觉得,和让患者备受折磨的肿瘤、甲状腺肿、骨折比起来,排斥西方手术治疗的文化禁忌给患者带来的桎梏更为严重。在伯驾的时代,无法接受西方的医学治疗实际上就是无法将自己交给基督上帝——因为医学是传播福音的工具。但是,哪怕是后来传教组织对建立医院而言已无太大影响,认为中国人因受制于文化的阻碍而无法为自身谋求利益的观念仍然存在。❽

认为对手术的固执抵抗是一种文化基因——在林华的一些肖像画中,我们也可以发现这一观念的影子。就拿"广州著名茶商的儿子"王克金的肖像画来说,他站在画面的正中间,背朝着观众,头微微转向一边,以让观众看到他的侧脸,以及他开心到几乎忘乎所以的表情(图4)。他穿着一件白色长袍,没有什么装饰。他用左手将袍子提起来,这样观众就可以看到一个巨大的肿瘤垂在那里,看起来甚至比患者的身体还要大、还要宽(伯驾记录说,这个肿瘤"几乎相当于一个人三分之一的体重")。❼王克金的双腿立在肿瘤的下方,裤子堆在脚踝上。王克金的辫子和他的身长一样长,一直垂到画面的底部。伯驾在给观众讲解的时候,肯定会提到肿瘤上贴的那两块白色药膏是一种中医治疗手段。就此,威廉姆·亨利·卡明(William Henry Cumming)认为,"在这个凸起的两个喷火口上贴上中国膏药以阻止火山的喷发，其效用或许就跟在维苏威火山顶上围一圈铁丝网，以防止火山灰四泻差不多"。㉑这张画的背景是简单的室内空间，和朴阿兴术前画像一样呈亮褐色。

通过伯驾的日志我们可以了解到，这张画和林华所画的其他大多数医学系列画作不同，没有任何对术后状况的暗示——没有乌托邦，也没有治愈一切。这位患者不但没有活下来，没能过上"正常的"生活，他甚至根本就没有接受或许能带来一线生机、让他"痊愈"的治疗。伯驾在记录中这样写道："在进行（活检）开刀之前，手术面临的最大阻力是……患者妻妾们的不情愿；如此一来，患者本人就更觉得摘除肿瘤是一件很恐怖的事情。是否要尝试去做这次手术，取决于他是否能够做出决定……（这位年轻人）情绪焦躁，心情阴晴不定，而且特别敏感，轻轻碰他一下都不行。"㉒后来，伯驾又写下了一段长长的记录，非常值得在这里全文呈现：

> 1838年3月26日，王克金突发严重高烧，三天之后亡故。直到看到他的讣告，我才得知他已去世的消息。我即刻赶往他去世前的住处，有人带我来到了他的房间。他的两个年轻寡妇和一个年少的女儿披着麻布，跪在尸体旁边的地板上，面前焚着香火和蜡烛。在从房间里出来之后，我向他的父亲及兄弟们解释说，非常有必要对王克金的肿瘤进行检查，这是为了活着的人好，把尸体和肿瘤都装进棺材里也不太好。他们口头上表示没问题，但说必须先问问亡者的妻妾和母亲。父亲一会儿就又回来了，说尽管自己同意做这项检查，但是失去孩子的母亲

和没了丈夫的妻妾们不同意。"她们怕血,担心这个手术会给已故之人带来痛苦。"在回家之后,一个朋友善意地提醒我给这家人50美元作为酬谢,这样他们或许会同意进行尸体解剖。我派了一个通晓中文的人去和他们交涉,但无功而返。可能就算是500美元都无法打破他们的迷信吧。❼❸

王克金与朴阿兴或是阿开不同。在伯驾的记录中,朴阿兴与阿开的自发自愿、毫不抱怨,甚至是心甘情愿接受手术让他俩显得与众不同。对照之下,王克金则被描绘成了一个有些绝望无助的无名之辈,"焦躁"且"敏感",囚禁在中国的习俗与迷信所织就的一张密不透风的网中,无法得到治疗。这些习俗和迷信封闭了所有入口,使得西方科学的"必要"措施无法介入其中。就比如说,朴阿兴愿意做"第一位自愿将一个上肢截肢的中国人",然而王克金的妻妾们却拒绝接受在活检之后的手术。尸体解剖这种文化禁忌——在王克金去世之后,直到1913年才合法化——关于尸体后世的说法及如何妥善处理尸体的习见,都被同一张迷信之网层层包裹,使得王克金的尸体无法接受全面检查。❼❹ 作为文化的缩影,归根到底还是家人,特别是女性,阻碍着西方"为了活着的人好"的事业:哪怕是塞给他们50美元都不足以"打破他们的迷信"(极有可能发生的是,此举或许还会招来骂声)。最终,日志和画作共同刻画了一个既是上层阶级家族落后文化实践牺牲品的王克金,也是一个成为肿瘤牺牲品的王克金。

因此,在林华为王克金所绘的肖像画中,和身子一样长的又长又亮的辫子实际上是一个标尺。通过这个标尺，我们既可以衡量肿瘤令人震惊的尺寸，也（画面给我们的暗示）可以看到一种文化上的极度落后，它禁止伯驾介入其中。辫子作为中国文化特性最为明显和外在的表现，实质上在大多数时候都是日常生活的一个标尺，在这里与硕大的肿瘤形成了大胆的视觉对应。换句话来说，这张画呈现了一个非常显眼的、亟须去除的疾病——这是显而易见的，但问题是，要去除的疾病是哪一个？除了药膏——药膏极小的尺寸将传统中医所无法解决的肿瘤问题标记了出来；此外，甚至连白色的袍子都像是死亡的幽灵（这是这个系列唯一一张这样使用白色的肖像画）——辫子也似乎象征着文化变革的需要，需要通过手术的方式去除所有这些"扭曲的和变形的"，针对西方技术和精神的中国式抵抗。

如果对照伯驾的日志来看的话，有一张林华的医学肖像画更进一步地呈现了这些肖像画是如何把中国的文化实践——以及往大了说，中国的身份——病态化了的。这是唯一一张画了两个人物的画作，很容易让我们联想到圣母和圣子。在这张画中，一位上层阶级的妇女把自己年幼的女儿抱在膝头（彩图8）。孩子占据着画面的中心。她看起来更像是个缩小版的成人，有气无力地瘫坐在母亲的膝头，左手短得不成比例。她的母亲衣饰华丽，和孩子面朝同一个方向，两只胳膊环抱着孩子，姿势显得僵硬。这张画笔触移动的方向构成了一轮新月，从母亲的发髻开始，顺着她身体的曲度向内弯曲，最终结束于孩子生了坏疽的脚上。这双脚和阿开面部的肿瘤一样，看上去就好像是后来才加上去的，在画面左下角的四分之一处垂悬着。

和王克金的肖像画一样，就这张画所描绘的人物而言，观众也会觉得其疾病本可以治愈，或者如果西方医学能早些介入的话，至少可以得到有效的治疗。通过伯驾的报告，我们了解到，这家人在带孩子来医院的过程中有些疑虑，不太情愿接受伯驾给出的治疗建议和方式：

> **双脚因挤压自脚踝处坏死**。1847年3月8日。卢阿光(Lu Akwang)，河南的一个小姑娘，7岁，病症很有意思。2月9日的时候，依照中国一个传了上千年的习俗，她的脚被缠上了"时兴的"缠脚布。这给她带来了巨大的痛苦，在双脚**失去知觉两个星期之后**，她无力继续支撑了。**她的父母很不情愿地不得不取下缠脚布**。她的父亲说，脚趾当时已经没有了血色。她的脚开始生坏疽，**当她3月8日被带到医院来的时候**，坏疽已经蔓延到了整只脚。脚和脚踝的连接处有一个明显的区分，两只脚都完全变成了黑色，缩成了又干又瘪的一团，几乎要从脚踝处断掉……她的亲朋好友们都穿着打扮了一番，对这样的脚青睐有加，**不顾我截然相反的建议**，将小姑娘带回家养伤，偶尔带来医院看看。最后一次见到这个小姑娘的时候，她右脚的小肉团几乎康复了，左脚还在康复的过程之中。㊄

在这段文字中，伯驾明显地表现出对病人家属的批判态度：他不只是写到了家属最初"不情愿地不得不"面对问题，还特别描述了这一特殊病例的事件进展。他写道，小姑娘"巨大的痛苦"持续了"两个星期"，到那时"脚趾已经没有了血色"。伯驾医生还写道，然而父母又过了两个星期才带小姑娘来了医院，而坏疽当时"已经蔓延到了整只脚"。伯驾又继续在报告中批判了父母家属如何"不顾我截然相反的建议"，坚持回家养伤的事情。

就对王克金的批判而言，出发点落在了家庭本身。而在这段文字中，伯驾以讨论一个更大的问题为开始，即缠足这一文化现象（"中国一个传袭了上千年的习俗"），并以提出这一问题已经深入人心作为叙事的结束——这个家庭极端固执，"不情愿"接受伯驾合理治疗的"建议"。伯驾在他的日志中对愿意配合的父母，如阿开的父亲自始至终都赞誉有加，而针对中国文化实践的批判就集中在了有钱的或是上层阶级的中国家庭上——正如王克金的故事所呈现给我们的。

因此，林华的肖像画都是批判性的，正如王克金的那张肖像画所表现出来的——与其说这幅画描绘了中国文化实践的负面影响，不如说是西方医疗范式对等级分明的中国文化的介入。一如王克金肖像画中的辫子，在这张画中，母亲在画面中的出现是一种文化的象征，据此我们可以了解小孩的病根有多深；母亲的在场代表着中国文化可怕的基因，可以说"缠足＝中国人＝母性＝原始野蛮"。在伯驾日志的叙事中，父母的角色非常重要，阻碍他无法就小姑娘的治疗做出更好的判断。这一点在画面中则表现为母亲对小姑娘保护性的拥抱。因此，这张画有意思的地方在于，这原本是一个母性关怀的画面,事实上却表达出截然相反的意涵。然而,这张画一方面呈现了一个亟须从病态中脱身的小姑娘,一方面也描画了一个亟须从她的中国**文化**境况中脱身的母亲。

总之,林华的画作既有创造性,又为中国身份绘制了一幅病态化的图像。这样一个中国身份建基于一些中国"特性"之上:对苦痛毫无知觉,本土医学的落后,既无法截肢又不能尸检的文化无能,相信死者仍有灵魂的观念,以及无所不在的迷信。现代时期的"东亚病夫"观念——一种有关中国民族的浪漫的、帝国主义式的刻板印象,认为中国的民族身份和人种天生就是病态的——部分地发端于这些画作。这些画作不仅仅建构了一种天生病态的中国文化身份,还描绘了将其治愈之术。对于那些接受西方医生帮助的"好的"中国人来说,等待他们的是治愈后的应许之地——天朗气清,与自然融为一体。而对于那些要么拒绝传教士医生的治疗,要么无法脱离中国传统桎梏的"不好的"中国人来说,结局则是一片阴郁。不管是前者还是后者,这些画作都隐隐地指向一种根治之术:只有在医学传教事业的帮助下,才可以建构起一种新的、进步的中国身份。

**奠定基础**

伯驾结束他在西方的筹资之旅,回到中国之后没多久,中国就对西方的侵入"大开国门"——西方人终于可以在中国内地相对自由地行走,宣扬他们的意识形态,兜售他们的商品——在华医学传教士也很快把麻醉学、消毒学、解剖学、摄影术、X光技术、细菌学所取得的进步,以及人种学本身的话语讨论一个接一个地引介到了中国。正如一篇报告在谈到《南京条约》的签订时所说的:"(我们)无须再蜷缩于天朝的一隅,医院也无须只建于一地,被一个软弱专横的政府猜忌,为一整套限制和规定所围困,导致我们与民众的交流非常有限且很不确定。"❼⓺同时,伯驾和林华在鸦片战争爆发前的那些年里所开创的语言及合作模式也自然而然地与建立新世界秩序的目标殊途同归,好像一切都是现成的一样:画室变成了照相馆;认为中国人"对苦痛毫无知觉"的观念变成了关于如何合理使用乙醚和氯仿麻醉剂的争论;"怪人"变成了"病人",以及再到后来,医院变成了博物馆;中国特性那些难以量化的归纳方式让位给了种族这一更为确定的分类方式。❼⓻接下来的一章将通过医学摄影术在中国的发展,对这一转变详加考察。

## 注 释

❶ 要了解这一时期的大致历史,参见卫周安,《北京的六分仪:中国历史中的世界潮流》。
❷ 同上,第99页。
❸ 参见魏斐德,《广州贸易与鸦片战争》(Frederic Wakeman Jr., The Canton Trade and the Opium War);另见于柯文,《中国与基督教:传教运动与中国排外主义的发展,1839—1939年》(Paul Cohen, China and Christianity: The Missionary Movement and the Growth of Chinese Antiforeignism, 1839-1939);以及史景迁,《太平天国》(God's Chinese Son: The Taiping Heavenly Kingdom of Hong Xiuquan)。

❹ 范发迪,《清代在华的英国博物学家:科学、帝国与文化遭遇》(Fa-ti Fan, *British Naturalists in Qing China: Science, Empire, and Cultural Encounter*),第 27 页。

❺ 具体有关这一问题,参见如蔡永业,《"治病救人"是他们的座右铭:在华新教医学传教士》(Choa G. H., *"Heal the Sick" was Their Motto: The Protestant Medical Missionaries in China*)。

❻ 参见如默里·A.鲁宾斯坦,《他们希冀的战争:美国传教士在鸦片战争之前对〈中国丛报〉的运用》(Murray A. Rubinstein, The Wars They Wanted: American Missionaries' Use of *The Chinese Repository* before the Opium War)。

❼ 如其中有 86 幅在耶鲁大学,23 幅在伦敦的居伊医院高登博物馆(Gordon's Museum of Guy's Hospital, 其中的 22 幅为复制品),4 幅在康奈尔大学,1 幅在马萨诸塞州塞勒姆市的皮博迪·埃塞克斯博物馆(Peabody Essex Museum)。复制品的存在——事实上,仅有林华的画作存在复制品的制作及使用——说明了这些作品具有预期的展示价值,不管是作为教学的材料,还是出于好奇,抑或二者兼而有之。

❽ 参见如嘉惠霖、玛丽·霍克西·琼斯,《柳叶刀尖:百年广州博济医院(1835—1935)》;爱德华·吉利克,《伯驾与中国的开放》(Edward Gulick, *Peter Parker and the Opening of China*);史景迁,《改变中国:在中国的西方顾问(1620—1960)》(*To Change China: Western Advisors in China, 1620-1960*)。

❾ 近期非汉学领域关于林华最好的研究成果是史蒂芬·拉赫曼(Stephen Rachman)的著述。参见拉赫曼,《探究与治疗:伯驾的病人与林华的肖像画》(Curiosity and Cure: Peter Parker's Patients, Lam Qua's Portraits);以及《疾病纪念册:林华的绘画和伯驾的病人》(*Memento Morbi*: Lam Qua's Paintings, Peter Parker's Patients)。

❿ 熊月之,《西学东渐与晚清社会》。

⓫ 范发迪,《清代在华的英国博物学家:科学、帝国与文化遭遇》,第 57 页。

⓬ 伯驾,《广州眼科医院第十份报告,1839 年》(Tenth Report of the Ophthalmic Hospital, Canton, Being for the Year 1839);《中国丛报》,第 17 卷,1848 年,第 133 页。

⓭ 关于 19 世纪中国国民性理论的源起,参见刘禾,《跨语际实践:文学、民族文化与被译介的现代性(中国,1900—1937)》(*Translingual Practice: Literature, National Culture, and Translated Modernity in China, 1900-1937*),第 53—60 页。

⓮ 伯驾,《中华医药传道会报告》(Report of the Medical Missionary Society);另见于彼得·乔瑟夫,《从耶鲁到广州:林华与伯驾的跨文化挑战》(Peter Josyph, *From*

*Yale to Canton: The Transcultural Challenge of Lam Qua and Peter Parker*）；嘉惠霖、玛丽·霍克西·琼斯，《柳叶刀尖：百年广州博济医院（1835—1935）》，第 67—75 页。关于画作在纽约的展示，伯驾说："在史蒂文森研究所（Stuyvesant Institute）举行的一场会议上……与会的大多数人都是各个大学的医学生，商人，以及各种各样的杰出公民。在这样一个场合，我们展示了更为值得一提的外科医术案例。会议在接近尾声时成立了一个临时的委员会，负责组织成立一个协会。"（伯驾，《中华医药传道会报告》，第 199 页）；关于画作在波士顿的展示，参见史蒂芬·拉赫曼的《探究与治疗：伯驾的病人与林华的肖像画》一文所引用的《波士顿医学与外科期刊》（*Boston Medical Surgical Journal*），第 24 卷，第 9 期，1841 年，第 177 页中的内容。

⑮ 参见查尔斯·杜哥德·唐宁，《番鬼在中国（1836—1837）》，第 2 章，第 178—181 页。

⑯ 雒魏林，《在华行医传教二十年》（William Lockhart, *The Medical Missionary in China: A Narrative of Twenty Years' Experience*），第 171 页。

⑰ 伯驾，《广州眼科医院第十三份报告，1844 年 1 月 1 日—1845 年 7 月 1 日》（Thirteenth Report of the Ophthalmic Hospital, Canton, Including the Period from the 1st January, 1844, to the 1st July, 1845），第 460—461 页。关于各种法令，另参见柯文，《中国与基督教：传教运动与中国排外主义的发展，1839—1939 年》。还要指出的一点是，梁发还是绘图版《圣经》小宣传册的翻译者。太平天国运动的领袖洪秀全还受到了这本小宣传册的启发。更多关于梁发的信息，参见嘉惠霖、玛丽·霍克西·琼斯，《柳叶刀尖：百年广州博济医院（1835—1935）》，第 82—86 页；鲁道夫·G.瓦格纳，《重制天国图景：太平天国运动中宗教的作用》（Rudolf G. Wagner, *Reenacting the Heavenly Vision: The Role of Religion in the Taiping Rebellion*）。更多关于梁发的生平以及他对洪秀全的影响，参见史景迁，《太平天国》，第 16—18 页。

⑱ 拉赫曼认为，雒魏林对这些绘画"前后对比"的绘制方式所作的概括是"错误的"。原因在于，"这个系列只有一例采取了前后对比的方式，也就是朴阿兴的肖像画。这张画藏于居伊医院，无疑启发雒魏林提出了那样的观点"。但是我认为，唐宁和雒魏林所记录下来的亲历者的讲述，以及伯驾自己所说的"治病疗伤的绘画和图解"，都强有力地证明了这种"前后对比"的方式的确存在，哪怕是居伊医院或耶鲁大学的收藏中并没有这样的画作。实际上，有意思的地方在于，我们要去了解，伯驾是基于怎样的理由，选择了分别在西方展示和在中国医院陈列的绘画作品。根据现有的文献，我们现在只能推测出这样一个奇怪的事实，那就是西方收藏的

大多数画作都是"治疗前"的。参见史蒂芬·拉赫曼,《疾病纪念册:林华的绘画和伯驾的病人》,第 158 页,第 31 条注释。伯驾与林华的合作一直持续到 1851 年。伯驾备忘录上的一条记录可以证明这一点。在《两次中华医药传道会年会备忘录(广州,1852)》中记有,支付"林华绘制肿瘤画作"25 美元。摘自史蒂芬·拉赫曼《疾病纪念册:林华的绘画和伯驾的病人》一文中的引文,第 142 页,第 143 页,以及第 158 页第 29 条注释。

⑲ 另参见克里斯托弗·约翰·巴特利特,《现代医学传教事业的鼻祖伯驾:绘画珍选集》(C. J. Bartlett, Peter Parker, the Founder of the Modern Medical Missions: A Unique Collection of Paintings)。

⑳ 伯驾,《中华医药传道会报告》,第 198—199 页。着重为本书所加。

㉑ 卡尔·克罗斯曼,《中国贸易中的装饰艺术:绘画、家具和异域奇珍》(Carl Crossman, The Decorative Arts of the China Trade: Paintings, Furnishings, and Exotic Curiosities),第 77 页。

㉒ 查尔斯·杜哥德·唐宁,《番鬼在中国(1836—1837)》,第 2 章,第 114 页。

㉓ 亨利·查尔斯·瑟尔,《中国和中国人:宗教、特性、习俗和产品;鸦片贸易之恶;一窥我们与中国的宗教、道德、政治及贸易往来》,第 1 章,第 113—114 页。

㉔ 奥斯芒德·蒂芙尼,《广州人,或美国人在天朝的逗留》(Osmond Tiffany, The Canton Chinese; or The American's Sojourn in the Celestial Empire),第 85 页。还要提到拉赫曼一个很有帮助的观点。他指出,我们应当把这个时期所说的"画像"(likeness)和"图绘"(representation)区分开来。原因在于,"在古代传统的理解中,**画像**一词用来说明与(人类)肖像的相似";而**图绘**一词则用来说明与物的相似,一种图像写实主义的说法——画像用于人,而图绘用于物"。拉赫曼评价了林华医学肖像中的画像和图绘,认为"图绘所代表的是一种视觉范畴。在这个范畴之中,我们通过某一物体所属的类型或分类来观看它。这个类型或分类可以是医学的,也可以是其他的任何体系。图绘所呈现的是病态的或者不正常的身体的某一个部位,或是某种肿瘤。林华的画面时常会激发观众,形成一种格式塔,即观看者的视角会在这两种观看模式间来回切换"。拉赫曼,《疾病纪念册:林华的绘画和伯驾的病人》,第 145—146 页。

㉕ 卡尔·克罗斯曼,《中国贸易中的装饰艺术:绘画、家具和异域奇珍》,第 81 页。亨利·查尔斯·瑟尔被艺术家的画技所折服,他盛赞了林华一组描绘吸食鸦片成瘾各阶段的画作,感慨地说:"不管是画面的构思还是画法的处理,刻画吸食鸦片

逐渐上瘾这个过程的这组画作看起来都不亚于霍加斯的绘画。这个系列所有的细节都恰到好处。"（亨利·查尔斯·瑟尔，《中国和中国人：宗教、特性、习俗和产品；鸦片贸易之恶；一窥我们与中国的宗教、道德、政治及贸易往来》，第113页）另有作者指出，尽管林华的画像有时缺乏"一点儿爆发力和激情，更多表现出乔治·钱纳利（George Chinnery）的绘画风格"，但他有一张肖像画画的是费城一位名为贝克曼（Beekman）的人，"人们一直以来都觉得这张画极具苏利的气韵"。（摘自卡尔·克罗斯曼《中国贸易中的装饰艺术：绘画、家具和异域奇珍》一书中的引文，第72页）另见于帕特里克·康纳尔，《林华：会通中西的画家》（Patrick Conner, Lam Qua: Western and Chinese Painter），特别是第61页。克罗斯曼和康纳尔都很好地临摹了林华画室的肖像画及其他更为典型的商业画。

㉖ 帕特里克·康纳尔，《林华：会通中西的画家》，第58页。关于广州十三行或者附近外销画画室的数量，参见《中国丛报》，第4卷，1835—1836年，第291页。关于材质及相关，参见帕特里克·康纳尔，《林华：会通中西的画家》，第58页。

㉗ 范发迪，《清代在华的英国博物学家：科学、帝国与文化遭遇》，第48页。

㉘ 有关专门对林华画室的描写，以文字构建其样貌的著作，参见帕特里克·康纳尔，《林华：会通中西的画家》，第56—62页。

㉙ 卡尔·克罗斯曼，《中国贸易中的装饰艺术：绘画、家具和异域奇珍》，第96页。

㉚ 帕特里克·康纳尔，《林华：会通中西的画家》，第49—50页。

㉛ 范发迪，《清代在华的英国博物学家：科学、帝国与文化遭遇》，第48—49页。

㉜ 伯驾，《广州的眼科医院：7篇报告》（Opthalmic Hospital in Canton: Seventh Report），第433—445页。

㉝ 可参见如卡尔·克罗斯曼，《中国贸易中的装饰艺术：绘画、家具和异域奇珍》，第87页。

㉞ 《博医会报》（China Medical Missionary Journal），2.4（1889年），第171页。

㉟ 爱德华·吉利克，《伯驾与中国的开放》，第133页。

㊱ 嘉惠霖、玛丽·霍克西·琼斯，《柳叶刀尖：百年广州博济医院（1835—1935）》，第51—52页。要大概了解广州博济医院及中华医药传道会早期的资金情况，参见同上，第50—59页。

㊲ 《两次中华医药传道会年会备忘录（广州，1852）》，摘自史蒂芬·拉赫曼《疾病纪念册：林华的绘画和伯驾的病人》一文中的引文，第143页。

㊳ 关于关亚杜早年的薪水，参见嘉惠霖、玛丽·霍克西·琼斯，《柳叶刀尖：百年

广州博济医院（1835—1935）》，第 50 页；关于他后来的薪水，参见嘉约翰，《中华医药传道会报告》（John Kerr, *Report of the Medical Missionary Society in China*），1861 年，第 16 页；1863 年，第 27 页；1865 年，第 30 页。

㊴ 史景迁，《中国的帮手：在中国的西方顾问（1620—1960）》（The China Helpers: Western Advisors in China, 1620-1960），第 43 页。

㊵ 范发迪，《清代在华的英国博物学家：科学、帝国与文化遭遇》，第 49—51 页。关于艺术家的数量，范发迪在书中写道："我们可以肯定的是，里夫斯或者其他任何一位英国博物学家，都可以很容易地在洋行附近的街上找到技艺娴熟的画师为他们绘制博物学图鉴。"（第 49 页）关于"指导"绘图师从西方视觉文化的视角出发绘图，范发迪指出："为了获得他所希望的表现模式，就不得不约束一下中国画师创作时的想象力，使其符合博物学绘画的既定原则。也就是说，他必须使中国画家的想象力不超出'科学式的写实主义'的范围。此外，他还必须给中国画家解释描摹标本时需要注意的问题。有证据显示，开始时里夫斯让画师到他家里去，在他的严格指导下绘制植物图和动物图；等画师掌握了博物画的原则以后，他们就可以在自己的画坊里工作了。"（第 51 页）关于最早运送的医学样本，在 1829 年，伦敦居伊医院的一位外科医生记录说："我非常荣幸能在皇家学会做下面的陈述。这是一只中国人的脚的样本，取自在广州的河上漂浮着的女尸。在这个样本抵达英国的时候，它被呈送给了阿斯特利·库柏爵士（Sir Astley Cooper）。承蒙他的好意，我有机会参与了对这个奇特样本的解剖。"接下来有一段详细的描述，摘自《中国丛报》，3（1834—1835 年）中的引文，第 539 页。在同一卷第 542 页的《中国女人的小脚》（Small Feet of the Chinese Females）一文中，作者详细地描述了这只断脚的解剖过程。原因在于，他认为："人们会对此抱有好奇之心，也觉得能够吸引科学工作者。"有关这一案例很好的理论化背景研究，参见司徒安，《注定被象征：缠足的理论化／拜物化》（Angela Zito, Bound to Be Represented: Theorizing/Fetishizing Footbinding）。在另外一个案例中，一位名为胡路（Hoo Loo）的中国人在 1830 年被送往伦敦接受手术，以移除一个大肿瘤。他在伦敦引起了强烈的"医学"兴趣，但是于 1831 年在移除肿瘤的手术过程中去世。参见《中国丛报》，3（1834—1835 年），第 489—493 页。

㊶ 《澳门的眼科医院》（Ophthalmic Hospital at Macao），载于《中国丛报》，2（1833—1834 年），第 270—271 页。着重为本书所加。

㊷ 《中华医药传道会：首届年会上的发言》（Medical Missionary Society in China:

Remarks Made at Its First Annual Meeting ），载于《中国丛报》，7（1838—1839 年），第 459 页。着重为本书所加。

㊸ 摘自嘉惠霖、玛丽·霍克西·琼斯《柳叶刀尖：百年广州博济医院（1835—1935）》一书中的引文，第 58 页。

㊹ 桑德·吉尔曼推测认为，伯驾从 19 世纪早期的医学教科书中给林华找了些示例。但是，我没有找到证据能证明这一推论。参见桑德·吉尔曼，《林华与中国西方化医学图像学的发展》（Lam Qua and the Development of a Westernized Medical Iconography），第 66 页。

㊺ 《中国丛报》，5（1836—1837 年），第 458 页。关于王克金的案例研究，参见《中国丛报》，5（1836—1837 年），第 457—458 页；有关他死亡的报道，参见《中国丛报》，7（1838—1839 年），第 105 页。

㊻ 参见《中国丛报》，7（1838—1839 年），第 438 页，第 3790 号病例。

㊼ "一张画……用中英文刻着'林华'的名字，表明林华（或者某位画技高超的同行）有时也会参照版画制作油画临摹品。这张画……把安格尔的画作《大宫女》临摹了下来，但画面是反转过来的。1819 年在巴黎沙龙（Paris Salon）展出时，大家觉得这张画是一个有东方情结的画家的想象。林华并没有看过安格尔的原作，但肯定是依照版画临摹了这张画，然后要么根据带来版画的那个人所说的，要么全凭自己的感觉给画填上了颜色。因此，法国原作中深蓝色的帷幔在中国的临摹品中变成了新发明的粉色。"帕特里克·康纳尔，《林华：会通中西的画家》，第 58—59 页。

㊽ 这张画似乎符合第 5583 号病例的描述，《中国丛报》，7（1838—1839 年），第 103 页。根据伯驾对这个病例的描述，一位名叫关美玉（Kwan Meiurh）的女人"自两年前开始……左乳的生长发育出现异常。她极为消瘦，左乳有三分之一个脑袋大，下垂至肚脐的部位。如果她站起来，**把胳膊向两侧张开，左乳就会翻出一大块肉，因为衣服摩擦的关系，腺体会渗出血水和体液**。好几处都可以看到高度扩张的乳腺管"；着重为本书所加。但是，这段描述也符合好几张其他的医学肖像画的画面。

㊾ 有关对马奈《奥林匹亚》及茶花女的精彩论述，参见菲里斯·A. 弗洛伊德，《〈奥林匹亚〉之谜》（Phylis A. Floyd, The Puzzle of *Olympia*）。

㊿ 举例来说，可参见吉拉德·尼德姆，《马奈、〈奥林匹亚〉与色情摄影》（Gerald Needham, Manet, *Olympia*, and Pornographic Photography）；另参见菲利普·皮奎尔，《春梦遗叶：中国的情色艺术》（Phillippe Picquier, *Rêves de printemps: L'art érotique en Chine*）。

(51) “在林华的画作中，患者成了病态的外延，正如劳伦斯（Thomas Lawrence）画作中的英国乡村绅士成了一种生活阶层或生活态度的象征。”桑德·吉尔曼，《疾病与象征：从发疯到艾滋的疾病图像》（*Disease and Representation: Images of Illness from Madness to AIDS*），第 149 页。

(52) 关于《医宗金鉴》的编纂，参见高明明，《〈医宗金鉴〉的编纂及其成就》。

(53) 桑德·吉尔曼，《疾病与象征：从发疯到艾滋的疾病图像》，第 149 页。

(54) 刘禾，《跨语际实践：文学、民族文化与被译介的现代性（中国，1900—1937）》，第 56 页。

(55) 彼得·乔瑟夫，《从耶鲁到广州：林华与伯驾的跨文化挑战》，第 5 页。也有学者形容患者的表情“难以捉摸”，参见罗莎蒙德·沃尔夫·珀塞尔，《特例：自然的反常与历史的怪物》（Rosamond Wolff Purcell, *Special Cases: Natural Anomalies and Historical Monsters*）。

(56) 桑德·吉尔曼，《林华与中国西方化医学图像学的发展》，第 63 页。

(57) 芭芭拉·斯塔夫，《身体批判：想象启蒙时期艺术与医学中的不可见》（Barbara Stafford, *Body Criticism: Imaging the Unseen in Enlightenment Art and Medicine*），第 302 页。

(58) 关于麻醉剂的引进，参见王吉民、伍连德，《中国医史：自古至今的中国医学发展编年史》，第 339 页，关于氯仿麻醉术（于 1848 年引进中国），参见同上，第 340 页。

(59) 《中国丛报》，6（1837—1838 年），第 439 页，第 4016 号病例。着重为本书所加。

(60) 同上，第 437—438 页。着重为本书所加。

(61) 《中国丛报》，5（1836—1837 年），第 475 页，第 2214 号病例。

(62) 伯驾总是用大量的笔墨描述患者的感激之情。比如，“（梁阿兴，Leang A Shing）似乎为他所接受的治疗不胜感激，迫不及待地想要告诉别人他在医院的经历”。还有，“（吴鹏，Woo Pun）说此情他**永生不忘**。他似乎觉得，治愈就意味着他可以昭告他所有生病的朋友来这里治病了”。参见《中国丛报》，5（1836—1837 年），第 325—326 页；《中国丛报》，6（1837—1838 年），第 436—437 页。

(63) 《中国丛报》，5（1836—1837 年），第 467—468 页，第 446 号病例。

(64) 同上，第 467—468 页，第 446 号病例。

(65) 关于林华画作的色调，参见卡尔·克罗斯曼，《中国贸易中的装饰艺术：绘画、家具和异域奇珍》，第 87 页。

(66) 《中国丛报》，5（1836—1837 年），第 331 页。

㊆ 同上,第475页,第2214号病例。

㊇ 同上,第475页,第2214号病例。

㊈ 参见威廉姆·汉密尔顿·杰弗瑞、詹姆斯·L.麦克斯韦,《中国的疾病》(William Hamilton Jefferys & James L. Maxwell, *The Diseases of China, including Formosa and Korea*),第451页。"加上甚至连最轻度的肿瘤都无法摘除,中国人这一人种一点都不会因为身上长出一个病态的肿瘤而感到尴尬,而其他的人种则会为此着实心生烦恼。对中国人来说,肿瘤的确是痛苦的或是不太舒服,但并不难看。"

㊉ 《中国丛报》,5(1836—1837年),第457—458页。

㊀ 彼得·乔瑟夫,《从耶鲁到广州:林华与伯驾的跨文化挑战》,第8页。"膏药"指的是一种贴在伤口处的药泥。

㊁ 《中国丛报》,5(1836—1837年),第457—458页。

㊂ 《中国丛报》,7(1838—1839年),第105页。

㊃ 关于基于解剖术的解剖学实践,我在本书的第四章会讨论一些案例。

㊄ 这段文字摘自伯驾的活页本,打印的日志,耶鲁医学历史图书馆(Yale Medical Historical Library)的文献收藏。着重为本书所加。

㊅ 《中华医药传道会1842年报告》(*Report of the Medical Missionary Society for the Year 1842*),摘自嘉惠霖、玛丽·霍克西·琼斯《柳叶刀尖:百年广州博济医院(1835—1935)》一书中的引文,第90页。

㊆ 关于现代早期中西医学二元对立的出现,参见吴章,《中国现代医学的诞生(1895—1937)》(*The Making of Modern Chinese Medicine, 1895-1937*)。关于中国本身这一概念的"发明",参见刘禾,《帝国的话语政治:从近代中西冲突看现代世界秩序的形成》(*The Clash of Empires: The Invention of China in Modern World Making*)。

第三章

# 病态的天朝：
# 中国早期医学摄影

病人成为疾病被重新发现的肖像：他就是疾病本身，具有明暗、凹凸、抑扬、浓淡和深浅；在描述疾病时，医生必须努力复原这种现实的厚度。

——米歇尔·福柯,《临床医学的诞生》
( Michel Foucault, *The Birth of Clinic: An Archeology of Medical Perception* )

在谈到中国早期摄影的代表作时，我们首先会想到约翰·汤姆逊（John Thomson）的纪实摄影。他的作品对中国人最根本特质的表现象征着一个时代——属于人种志和旅游业的19世纪，一个试图将柬埔寨、马来西亚、泰国，以及全中国纳入全球广泛的视觉表达当中去的时代。❶然而，其时还有另外一种重要的摄影类别也抱有类似的目的：早期医学摄影。到19世纪晚期的时候，医学从业者已经在中国成立了一个活跃的行业协会。他们不仅仅在中国，还在全球建立了牢固的宗教、政治、商业和意识形态联系；而且，和任何其他的外国组织比起来，他们的联系可能都要更为深入。19世纪晚期的时候，中国的西方医生通常不仅仅是医者，同时还是传教士、外交官、翻译人员、军队外科医生或教育工作者；再后来还有卓有成就的政治家，他们在中西之间建立起了重要的物质和文化桥梁。他们来自美国、英国、加拿大、瑞典、德国、荷兰、法国等国，通常在各国其他领域的代表冲突四起的基层紧密合作。到世纪之交的时候，这些医生形成了我们今天所

74

第三章 病态的天朝

谓的广泛的"行业联盟",其影响力的辐射完全超越了民族身份的局限。联盟的成员通过信件、演示、巡回募资、讲座、介绍,以及大量新的、专业的行业出版物就各自遇到的"更令人着迷的病例"进行交流。

摄影术在19世纪中期的发明为中国的西方医生提供了一个强有力的工具,让他们可以通过图像进行上述的交流。自1861年记录在册的中国第一例医学摄影起,医学图像就开始流转于医生之间私下的交流中,中国和国外的医学和教学博物馆中,如《博医会报》(*China Medical Missionary Journal*)和《中国海关总税务司医学报告》(*China Imperial Maritime Customs Medical Reports*)这样的系列出版物中,以及拍摄西方人特别感兴趣的"怪人"和身体异常之人的摄影集中。❷最早的西方摄影手册是由西方传教士医生在19世纪70年代译介到中国的,最早的一次成像照相机于1895年引介到了中国。西方的医生以极大的热情定期交换、传播、收集、注解、归档、出版各自病人的照片。与此同时所形成的方法也在后来成了全世界医学及临床摄影的行业规范。❸此外,这些照片沿袭了林华医学肖像画的传统,其主要的受众——甚至是20世纪初拍摄这些照片的大多数人——是中国人,如病人、医学生以及医生。

学术话语曾经就作为殖民、科学及其他意识形态工具的摄影有过深入的讨论。而且,毋庸置疑的是,这些话语的范畴同样也适用于医学摄影。❹举例来说,安妮·麦克斯韦尔(Anne Maxwell)就提出了一个重要的观点。她认为,"殖民地的摄影包括各种各样的形式和类别"。她指出,这些形式和类别包括但并不限于"名片式肖像照(cartes-de-visite,有时候也称之为"档案匣照片"〔cabinets〕)、银版照片、珂罗版照片、明信片和立体图片卡",而是跨越了"多个……领域,如人种学、旅行和肖像",表现为各种各样的媒介,均与本章所讨论的在中国往来传阅的医学摄影形式相关。❺同样地,伍美华(Roberta Wue)也认为,就主题和程式的侧重点而言,香港19世纪晚期的外销摄影与广州早期的外销艺术存在关联。我们同样认为,林华的作品与后来的医学摄影之间也存在直接的关联。❻此外,南希·阿姆斯特朗(Nancy Armstrong)分析了19世纪晚期拍摄伦敦街头日常的纪实摄影对阶级的表征,有效地反思了主体问题的范围,以及同时期中国医学摄影中典型的再现模式。詹姆斯·瑞恩(James Ryan)则讨论了"摄影的'类型'"以及在维多利亚时期的摄影实践中,"摄影在更为体系化的科学评估过程中——特别是就种族差异的评估——所发挥的作用"。他的讨论考察了科学或医学的观看是如何与种族的观念、种族的视觉化交织在一起的。❼特别是在谈到摄影所呈现的种族、人种及病态——这些表征之间的关系时,瑞恩指出:

在维多利亚时期的文化中,"种族"的话语和图像占据着重要的位置,发挥着多种多样的作用,既被用来衡量身体差异,也被用来说明民族身份。尽管对"种族"的兴趣越来越多地集中在人种学和人类学的科学领域,但其已遍布于科学研究的各个角落。特别是对大英帝国引入的……拍摄"人种"

照片的考察，就进入了一个更为广泛的文化话语当中，即通过可见的人体特征来评价和解读人的特性。在维多利亚时期的文学和视觉文化中，面相论、对身体特征（特别是面部）所表现出的"特性"的解读，以及骨相学，即骨头的形状所表现出的"特性"，都在角色的塑造和解读中发挥着重要的作用……这表明，能够"精准地记录人体的病态"——摄影的这一特征使得它为那些对不同身体和精神状态的分类及鉴定感兴趣的人所用。❽

这提醒我们注意，和之前林华的画作一样，中国的医学摄影同样不可避免地"为那些对不同身体和精神状态的分类及鉴定感兴趣的人所用"。但是现如今，除了试图说明林华努力描绘的"国民性"更为玄乎的所指之外，人种学和骨相学时代关于种族的新概念的复杂性，也使得对于中国病态的再现更为复杂。❾（或者如瑞恩提出的极为有益的结论："在很多维多利亚时期的人看来，对于以白种人、男性和中产阶级为规范的维多利亚文化来说，'异教徒'〔Zulu Kaffirs〕和'疯子'……一样都是'他者'。"）❿简单来说，通过中国早期的医学摄影我们看到，研究"中国样本"无可争议的敲门砖，即殖民的、商业的、人种学的和科学的意识形态，汇入到了种族与健康的全球话语当中：种族化和病态化了的中国身份或许是更为科学的说法，替代了对中国更为经验式的刻板印象——"东亚病夫"。

本章不仅仅勾勒了一些中国医学摄影实践的历史概况，还论述了自19世纪晚期引入至20世纪早期发展成为一个独立的门类，医学摄影此间在再现的侧重点上所发生的重要转变。我认为，这一时期的摄影表现出了明显的转变，从一种对中国身份更为传记式的、文化式的呈现模式（一种"文化特性上的"和隐喻层面的病态，在内涵上更接近于林华的画作所呈现的），转向更为彻底的种族化的模式，疾病与其宿主（"中国样本"，如今也象征着天朝）之间的关系在本质上表现为换喻式的。正是这一病态的他者，一如汤姆逊所构建的一种中国人种类型，最终作为真正的中国形象呈现给了西方人；重要的一点还在于，在摄影和医学扩张的时代，这一形象也呈现给了中国的观众。

## 传播模式

简单来说，中国早期的医学摄影通过三条途径来传播：医学档案和博物馆的建立；剪贴簿、罕见物什及明信片之类的私人收藏；更为广泛的传播是收录到如新创立的《博医会报》这类出版物里。这三条途径互有交叠，并最终促成了现代之初，中国及外国医学话语中有关中国及中国式病态主流观念的发展及具体化。上述三个种类的样本不仅仅通过单个的当地病例及文献形式（公共的和私人的皆有）保存了下来，也见于《中国的疾病》这样的医学文集当中。这本文集内含大量的插图，最初于1910年在费城出版，后又做了一些修订，于1929年在上海出版。⓫此书的写作旨在为"在中国工作的中外医务人员略述他们在这座天朝……会见到的特殊疾病",因而直接引用了在将近50年的时间里所收集的材料。所以,这本书至今仍是了解中国早期医学摄影最好的(但也最少被研究的)文献之一。❷

**"震撼且持久"的印象:文献**

乔治·迪迪–于贝尔曼(Georges Didi-Huberman)曾说过这样一句话:"19世纪是医学博物馆的黄金时代。"❸在中国,亦如是。1838年的时候,新成立的中华医药传道会宣布将筹建一座"自然和病理解剖博物馆",陈列"非同寻常的疾病的画作等"。1895年的时候,广州、上海、济南等地就已经建起了专门的医学博物馆,抑或在种类更为多样的藏品中含有医学方面的长期陈列。❹与此同时(也是偶然的巧合),随着科学和历史博物馆于19世纪晚期至20世纪早期在中国激增,这些医学博物馆也服务于教学的功能,既为世界各地的医生和文献库提供有关中国疾病的信息,也成为一座教学式的医院——医院通常都有附属的博物馆——为当地的医学生和临床医生提供教学。❺

在那些患有严重疾病的病患难以到访,或是这种疾病的保存样本难以运输过去的地方,医学博物馆就为学生及临床医生提供了第二选择:真实展示研究中的疾病,提供已有的现成样本。此外,就中国的医学博物馆而言,这些展示还包括提供可见的演示。在伯驾这样的传教士看来,要成功地向中国人传达外国手术实践的益处,这样的演示极为关键——其他方法此前都没能行得通。广州博济医院的候诊厅用林华的画作来迎接病人的到来,也是出于同样的目的。

而且，就传达新兴医学机构的价值所在而言，传教士们坚信眼见为实的重要性，这也是自伯驾和林华的时代才有的。就比如本书前言中所提到的，牧师 T. W. 皮尔斯在庆祝广州博济医院成立 15 周年的致辞中指出，他认为"中国人用图像书写和说话"，因而医院本身就是"一幅他们必须时时观看的图像"，是外国人善意的"眼见为实的证据"。⓰所以说，甚至是在摄影术发明之前，就已经存在这样的先例——不仅仅是收集病理学图像的文献实践，还期望这样的图像能够发挥实证主义的功能，在中国及国外成为"真实"中国疾病的载体。⓱医学机构本身也可以成为"眼见为实的"特使，传播医学传教的价值——随着世纪尾声的来临，这一意识也日渐强烈。专门的医学博物馆的创建也就紧接着开展了起来。

将摄影运用于制度语境的此类医学文献，记录在册的首例发生在 1861 年。嘉约翰（John Kerr, 1824—1901），伯驾的接班人，于 1855—1899 年间在广州博济医院任职，他委托摄影师为一个患有"象皮病"（后来经鉴定为多发性神经纤维瘤，也称作冯·雷克林豪森病〔Von Recklinghausen〕）的病人拍摄照片。王吉民和伍连德称这"毋庸置疑是首例——为给有意思的病例**拍摄照片**或绘制画像而付费"；还有一位作者甚至大胆地——错误地——提出，这"无疑是中国的第一张照片"。⓲在为医药传道会撰写的年度报告中，嘉约翰这样写道：

> 象皮病。此人 65 岁，山坪人。他的身上和胳膊上遍布着密密麻麻、大小不一的瘤子，小到如一颗豆子，大到如一颗核桃。他头部左侧顺着脸颊垂下来一个巨大且松软的瘤子。这

个瘤子在脑后已经蔓延到了右脑勺那边,前方则蔓延到了脸颊上,顺着耳部形成一个半圆形,仅有头皮幸免其中。这个瘤子并未伤及脖子中间以下的部位,但却垂到了肩膀。瘤子的背部有一个巨大的瘢痕,是之前溃烂后结成的痂,可能是腐蚀性的东西造成的。大腿和小腿的瘤子很少。右肘部有一个松软的瘤子,有人的拳头那么大。他的身躯和四肢都发育得很好。胃口不错,也很有精神气儿。他七八岁的时候首次发病,瘤子出现在右肘。头部一侧的大瘤子是在20岁的时候出现的。其余的小瘤子都是在过去的15年里长出来的。瘤子每年都在增多。米勒先生(Mr. Miller)为此病例拍摄了照片。[19]

图 7\*:弥尔顿·M. 米勒(Milton M. Miller,据测)",《象皮病。[A] man, 65 years old...a native of Shan-ping》(《象皮病。[A] man, 65 years old...a native of Shan-ping》)。广州博济医院嘉约翰于1861年委托拍摄。图片来自威廉姆·汉密尔顿·杰弗瑞、詹姆斯·L. 麦克斯韦,《中国的疾病》,1929年版,第450页。图片由耶鲁医学院图书馆(Yale Medical College Library)提供

从很多个方面来说，嘉约翰之采用摄影术——尽管这是一种不同的媒介——都无疑直接承自伯驾之邀请林华为他"更有意思的"病例绘制肖像画。和先于他的伯驾一样，嘉约翰将呈现病态患者的任务外包给了广州的职业工作者。鉴于不仅仅是时间上的一致，还包括风格上的特点，"米勒先生"极有可能就是弥尔顿·M. 米勒（Milton M. Miller）。这是一位美国摄影师，在香港和广州工作，他主要拍摄抓人眼球的肖像照（而非很多同时代人拍摄的风景照或"类型照"），这是他的特点。[20] 而且，和伯驾之前的病例日志一样，文本的描述和图片的内容紧密贴合。只不过在嘉约翰的文本中，病人都是无名氏，他也无意于去描述治疗方式或诊治结果。和先于他的伯驾一样，嘉约翰也在医院的账本上记下了他为医院制作医学图像所花费的具体金额。就比如，1861 年的时候，嘉约翰记有"画作和照片"花费 42.5 美元；1863 年的时候，"病例拍摄和绘画"花费 10.95 美元（伯驾的前助手、林华的外甥、现在为嘉约翰工作的关亚杜在 1861 年和 1863 年的时候分别领取了 128 美元和 120 美元的年薪，仅供参考）。[21] 最后一点，这个时期的肖像照使用的是火胶棉玻璃印刷版，不只是需要长时间的曝光，还需要有一间光线良好的工作室，配备"四面都是玻璃的房间，让阳光能照进来……以及金属框的支架（以保证模特能在曝光的那段时间里一动不动地坐着）"。因此，我们也必须认识到，尽管换了种媒介，但在当时要拍张肖像照的话，坐在那里的体验也仍然是极为不适的——哪怕是对那些尚未被一些极度不适的疾病压垮的病人而言。[22]（正如瓦尔特·本雅明在谈及弗兰兹·卡夫卡儿时的一张照片时所说的:"照片大概是在19世纪的那种照相馆里拍的。馆里的帐帘、棕榈树、绣帷和画架使相室像个酷刑室,又像个宫廷。")❷因此,65岁的"山坪人",这个中国有史以来第一张医学照片所拍摄的人就得光着身子,很不舒服地、一动不动地站在室外的阳台上,另有两双手搀扶着他——和仅仅是十年前的林华的模特们所处的境况相比,并没有多大改善。❷

  在这次拍摄之后,嘉约翰热衷于采用摄影和其他类型的医学表现形式给中国观众传播信息,同时也增进不断发展的西方医学知识。除了继续在账簿上记录如拍照、木刻、纸张及印制设备等事项的年度开支,嘉约翰几乎是立刻就将摄影运用到了医院当中。有一位名叫罗伯特·E.斯皮尔(Robert E. Speer)的人,在发表于《传教士月考》(Monthly Missionary Survey)上的一篇文章中,引用了一个记者的文字。这位记者描述了自己去广州博济医院拜访嘉约翰时的情形。他说,在他亲自登门上医院拜访之前,广州的美国总领事查尔斯·西摩尔(Charles Seymour)跟他说,嘉约翰"几乎每天都要做我国的那些优秀外科医生不敢做的手术——哪怕是我国的医学之都费城的医生"。后来,当记者自己"在医院走了一遭",而且"**仔细看过已经做过的手术的照片,看到那天下午等待治疗的一排排的畸形人**"后,他这样写道:"我可以很确定地说,他说的句句为实。"❷此外,1866年1月的时候,医药传道会颁布了修订后的章程。章程再次规定,医学博物馆的创建仍将是医药传道会的首要任务。《医药传道会管理条例》(Regulations of the Medical Missionary Society)的内容如下:"解剖博物馆。第六条:本会建立一座自然和病理解剖博物馆，陈列绘制非同寻常疾病的画作等，名为'中华医药传道会解剖博物馆'，归医药传道会管理。"但是，此次的条例还在第十条进一步明确："医药传道会博物馆的所有物品，需妥善标记，由医药传道会专门委任的人员负责布陈。"而且到1876年的时候，尽管并未以医药传道会为名，但有记录显示："（一家）博物馆（在广州博济医院）创建了起来，保存着'手术遗留'下来的样本和收藏品。"❷❻嘉约翰以前有一个名叫梁乾初的学生，他的证词被翻译了过来，证实这家博物馆的确存在，且担当着教化大众的功能。梁乾初说："如果想要了解广州博济医院所做的工作，只需要看看那些摘除下来的膀胱结石就够了。两大篮子，重达130磅，陈列在博物馆里，都是从病人身上取下来的。"❷❼

尽管广州博济医院拓展了教育部门，囊括了一家博物馆，但嘉约翰从未忘记医药传道会的宗旨，即建立一座专门的、**全国性的**中华医药传道会博物馆。1887年的时候，一家新的、更大的中国博医会建立了起来。这一次，为特意把全中国所有的医学传教士工作者都聚集在一起，新协会仅允许医学工作者加入（不包括外行人员和纯慈善人员），从而与之前更为本地化的广州医药传道会区分开来。协会的第一任主席是嘉约翰，他再次重申了要建立一座附属医学博物馆的愿景。1887年，文恒理（H. W. Boone）代表协会在新创办的《博医会报》上刊登了一份全民呼吁书：

目前，超过80名医学传教士分散在中国各省。还有几乎同样多的医务人员在各个通商口岸从事着医学的专职工作。所有这些绅士都不时有机会见到引起医务人员和外科医生极大关注的罕见病例或有意思的病例。其中的一些医生不放过任何一个准备和保存样本的机会，以说明他们所遇到的各种疾病。还有很多医生不怕这样的麻烦，只要他们的辛苦付出所换来的成果能够帮到其他人……每一位医学传教士都是我们协会中的一员。每一位可敬的医务人员都是我们的名誉会员，只要他申请加入或表达出这样的意愿。我们希望中国所有的医务人员都不会忘记医学博物馆。❷⃝

到了1890年的时候，新博医会的年会记录中有这样一条内容："如果可能的话，上海将会建起一座医学博物馆，一笔每年不超过五千美元的经费将会拨给馆长支用。"此外，"主席（文恒理）声明，他愿意随时为圣路加医院（St. Luke's Hospital）提供一个适当地配备有架子的房间，如果这家医院计划建一座医学博物馆的话"。❷⃝而且，《博医会报》还用一整页刊登了一则致谢函。致谢函的标题是"上海圣路加医院中国博医会医学博物馆"，为博物馆收到的首批馈赠表示感谢："一个瓶子，装着样本，浸泡在酒精当中，来自伦敦皇家外科医师学会、皇家内科医生协会会员 S. R. 霍奇牧师"（Rev. S. R. Hodge, M.R.C.S., L.R.C.P., 〔*Lon.*〕）；赠给图书馆的《格氏解剖学》（*Gray's Anatomy*）的译本，来自"H. T. 惠特尼医生"（Dr. H. T. Whitney）；以及"一整套《博医会报》的复印本"。致谢函的落款是"医学博士、馆长皮尔斯·马修斯（Percy Mathews）"。❸⃝尽管博物馆的藏品一开始增长的速度极为缓慢，但1895年的时候，"加入了一批很有价值的藏品……购入了贾米森医生（Dr. Jamieson）筹备的一批样本"；1900年的时候又任命林肯医生（Dr. Lincoln）为新的馆长。㉛

一则注释——中国大众对圣路加医院医学档案实践的认知：19世纪晚期的各种记录证实，不单单是很多中国人了解医院的高墙里所发生的医学档案活动，这些认知还帮助扭转了中国人对待验尸、解剖等西式医学实践的主流态度。㉜当然，上海普通民众了解这类实践的一个途径还是通过在医院工作的本地熟人：除了护士、小工、临床医生、医学生和病人，医院还雇用了很多平民百姓做各种各样的事情，从准备饭食到洗床单，再到在上海的大街

图8：摄影师不详，《上海圣路加医院主楼》（*St. Luke's Hospital, Shanghai, Main building*）大约摄于1907年。图片来自威廉姆·汉密尔顿·弗瑞、詹姆斯·L.麦克斯韦，《中国的疾病》，1910年版，第678页。图片由密歇根大学安娜堡分校哈兰·哈彻研究生图书馆（Harlan Hatcher Graduate Library, University of Michigan, Ann Arbor）提供

上驾驶马拉急救车，无所不包。㉝但是，当地人也通过《点石斋画报》这样的出版物了解了如摘除和保存病理学样本这样的档案实践。《点石斋画报》是一本1884—1898年间在上海出版的画报。㉞就拿1895年的一篇小品文来说，一个女人长了个很大的腹部肿瘤，她去圣路加医院（中国人称之为"同仁医院"）看病。她在那里第一次知道，"据西医们说，他们至今从未见过这么大的肿瘤。所以，他们把这个肿瘤用药用液体保存了起来，作为研究的材料，送交到了西方的一家大医院"。1896年的另外一则报道讲述了运送一个畸形婴儿的过程。据报道，这个婴儿出生时长着"四条胳膊四条腿，像两个人抱在一起"，还有两个脑袋，"但只有一个身子"。报道的最后这样写道："我们听说，这个死婴用药用液体保存了起来，放在手术室里，并将陈列在一家博物馆中供研究之用。"㉟这两则报道都明确提到做手术的是位"女医生"（可能指的是伊丽莎白·罗夫施耐德〔Elizabeth Reifsnyder〕，上海那些年里一位出色的女医生），而且都附有具体入微、惟妙惟肖的插图，描绘了手术的过程，呈现了一个穿着打扮抢眼的外国女医生如何摘除肿瘤和处理畸形胎儿——的确是"震撼且持久"的印象。㊱

尽管伯驾在有生之年未能目睹，但最先由医药传道会提出的博物馆构想最终并非在广州，而是在上海的圣路加医院落地。这家博物馆为外国人和当地人所知，且忠实于医药传道会早先确定的章程，其档案不仅仅是西方医生的宝贵资源，也是教育中国医学生的工具。而且，随着光学、感光剂和其他实用技术在19世纪末的飞速发展，想成为档案工作者的人不再需要依赖职业摄影师和他们设施完备的工作室来制作视觉档案——拍摄有罕见样本的照片便开始在帝国的各个角落随处可见了。

## "中国特有"：私人收藏

　　某一具体类型或主题的摄影如何流转于私人收藏之间，这不易追溯，此外，每张照片的制作细节通常也不易求证。但毋庸置疑的是，中国早期的医学摄影不仅仅流转于远郊诊所的医生与上海的档案库间，还流转于驻扎在中国各地的每一位医生手中，并以纪念品、罕见物什、案例研究、藏品的形式流转于游客和大众的手中。举例来说，正如"米勒先生"一例所呈现的，医学和商业摄影有时在制作层面上是难分彼此的。在摄影发展初期的那些年里，同一位摄影师或许会受雇既拍摄医学照，又拍摄传统肖像照。㊲但同时，难分彼此也存在于内容层面上，这表现为摄影师需要为商业用途拍摄"医学"照片。举例来说，赤脚照片就出现在两个平行市场当中：医生和游客都热衷于收藏拍摄小脚的照片。㊳相似的是，自伯驾时代起，医生和游客就痴迷于因战争、折磨和惩罚造成的伤口的图像。正如伍美华在谈及为外销至香港而拍摄的早期照片时所说的："再糟糕不过的是，对中国文化已有的偏见导致了一种对中国特定的一些文化实践——特别是女性缠足、中国酷刑以及行刑的传统——窥阴癖式的、病态的着迷……这些文化实践的情形不可避免地被拍摄了下来，只是让西方的观众再次确认了自己对中国原始、专制的特性最坏的猜想。"㊴无疑，对拍摄中国不同"面向"照片的整体需求也因为这种着迷而增长。

因此，在医学博物馆的时代，不仅仅是小脚及大量的伤口，还包括医学上的反常和"畸形"，都扮演着双重的角色——它们既是中国商业摄影的主题，也是中国医学摄影的主题。医学文集《中国的疾病》第一版的第十二章名为"中国特有的疾病"，包括"畸形与残废、人为导致的残废、缠足、伤疤"这几个小节，还包括大量的照片和数张 X 光片。此章开篇就提出："长期以来，**中国都是世界上最大的畸形人所在地。中国巨人、中国侏儒等等的表达我们也常有耳闻。在家乡简陋的博物馆和马戏团里，我们也见过大量的畸形中国人。"㊵**同时，书里还有一张照片原片，是由这本书的编者威廉姆·汉密尔顿·杰弗瑞自己拍摄的。这张照片同样也表现出这一章与围绕所谓的怪人及身体反常所展开的那些商业的、窥阴癖式的话语之间在观念上的联系：这张照片拍摄的并非

图 9：威廉姆·汉密尔顿·杰弗瑞《麦金蒂，一个有名的侏儒，时年 50 岁》(*McGinty, a well known Chinese dwarf, at fifty years of age*)，拍摄时间不详，图片来自威廉姆·汉密尔顿·杰弗瑞、詹姆斯·L. 麦克斯韦《中国的疾病》1910 年版，第 303 页。图片由密歇根大学安娜堡分校哈兰·哈彻研究生图书馆提供

我们今天所谓的某种特殊身体状况或疾病，而是完全健康的"麦金蒂（McGinty），一个有名的侏儒，时年50岁"。在书中，两位编者以他为例，说他是一位中国奇人，"跟随不同的马戏团周游世界，现在过着很好的生活，常居在上海，在浦江饭店工作。他的工作就是逗乐来宾，穿着行李员的衣服，'迎送'全球各地的游客"。❹（图9）

把"畸形"的中国人看作人间奇人，觉得他身体的功能就是让来上海旅游的富人们消遣取乐，这样的观念同样也转化成了可以在市场上售卖的明信片和照片，作为游客的纪念品或"真实"记录，证明他们曾经来过中国，并目睹过"中国特有"的魔鬼及怪人长什么样子。就拿图10这张明信片来说，上面就写了这么几行字："长了'两个下巴'的中国女人。饮用水造成的甲状腺肿。"

图10：《长了"两个下巴"的中国女人》（*Chinese Lady with a "Double Chin"*）明信片。由上海 Burr Photo Co. 制作发行，大约为1901—1910年间所作。私人收藏

（下面还有一行小字补充说，"中国某些地区80%的居民都患有此病"。）此时就发生了伍美华所说的"滑落"：一个图像，或许是也或许不是为某一语境（医学的）所制作的，但却"滑落"到了另一语境当中（商业的、纪念品的）。因为明信片的副标题所描述的"科学"事实，就使得这张图像所售卖的真实性价值更为确定。正如安妮·麦克斯韦尔提醒我们要注意的，19世纪末期和20世纪初期为大众市场拍摄的照片，或者呈现"能够满足欧洲人情色想象及享乐欲望的'土著'居民"，或者更重要的，"有关身体衰朽和性欲淫乱的比喻"，总是"和刻板印象……牢固地捆绑在一起"。❷

我们还必须记住，作为不断壮大的海外群体中的一员，医生本身——和商人、游客及其他来中国的人一样——是照片以及其他中国贸易产品的活跃消费者。举例来说，日记、书信及文集就大量提及私人收藏的文化，以及医生之间会交换肿瘤及其他"罕见"病例的照片——有时还会出现嗜好者们热衷于彼此竞争的情况（举例来说，在《中国的疾病》第一版中谈到巨型肿瘤时，杰弗瑞和麦克斯韦就写道："谁都没有见过最大的，因为总有人摘除过更大的"；或是"谁都没有听过最奇特的病因，因为总有人见过更奇特的"）。❸在由关约翰（John Swan, 1860—1919）保存的剪贴簿中，有一张照片是此类私人收藏中极为罕见的个例。继伯驾和嘉约翰之后，关约翰于1899—1914年间任广州博济医院的第三任院长。❹在这本剪贴簿里，关医生不仅仅收集了他的一些重病病人的照片，还有医院建筑物和医院空地的照片（众所周知，他对医院做了翻新，并在此之上做了扩建),还包括他出现在各种医学(专业)场合时的照片。举例来说,除了有一张手术室的照片拍摄了他、两名助手,以及一位躺在手术床上的病人之外,关医生还用照片把自己的个人记忆也保存了下来:照片里的他坐在轿子上,由两名中国苦力抬着。这张照片拍摄于医院的空地上(图11)。在这张照片中,关医生僵硬地坐在轿子上,轿子与修剪过的草坪保持水平,旁边是医院的院墙。关医生的头微微倾斜,目光朝向斜前方。他穿着白色的西装,戴着探险帽,蹬着一双深色的鞋子,与穿着深色衣服、光着头(辫子盘在脑袋上)、光着脚的两个中国人形成了鲜明的对比。更显眼的是,白色的医药箱上是鲜艳的红十字。这个简单的

图11:摄影师不详,《坐轿子的关约翰,于广州博济医院》(John Swan in Sedan Chair, Canton Hospital)大约摄于1901年。图片经凯伦·斯旺·纳夫茨格(Karen Swan Naftzger)许可复制

第三章 病态的天朝

137

符号表明，这张照片和轿子上的这个人来自西方的医疗机构。这张照片的姿势（在医院**里面**拍摄，乘客的目光并未看向观众）看起来像是一次出行，关医生或许"距离病人家中还有 15 或 20 英里远"——他经常从这里出发去做产科手术，帮助孕妇"顺利生产"，使得医院在他的任期内更加扬名四方。㊺

但是，这张照片也表露出某种帝国化的态度或导向，即在中国做一名西方医生是怎样的体验。这种态度或导向认为，开化的西方医学实践（红十字、白衣医生、去往诊治地）实际上建立在中国人的脊梁之上。在此，很重要的一点在于，我们要认识到，让某人坐在轿子上，并由苦力抬着，这种再现方式和对缠足或医学现象的再现一样，并非只是构图上的偶然现象，而是某种比喻或常见主题的构建。早在 19 世纪 50 年代的时候，在中国的外国人就经常把这种比喻或主题运用于（也常有讨论）外销及作为纪念品的照片当中。㊻有必要在此长篇引用范发迪的原文：

> 在中国人毫不放松的凝视之下，西方旅行者只好力图表现出自己作为一个（优秀的）西方人与（次等的）东方人相比较而形成的不同形象，并通过对象征符号的运作把帝国主义的意识形态表现出来。有一个与在华旅行密切相关的例子，可用来说明日常生活中帝国主义的文化表演是如何展开的。在华中和华南的很多地方，轿子本来是一种常见的交通工具，所以在这些地方旅行的洋人通常也坐轿子。虽然一个西装笔挺的白人端坐在赤足中国轿夫高抬的轿子上的情形，会激起

我们对所有与西方帝国主义相关的事物的憎恶,但轿子这种交通方式在洋人到达中国之前早就有了。大凡负担得起的中国人也都坐轿,因此这种交通方式和安第斯山区印第安轿夫的背轿不一样,后者主要是受雇来背负白人翻山越岭。在中国,比起平时雇轿当交通工具的本地人,西方顾客的人数真的可算是少之又少。但是在华的西方人却把一种象征性的意义注入了"一个骑乘东方人的白人"的形象之中,因此那段时期产生了无数表现这种主题的典型图像。所以,原本在中国背景下体现顾客社会地位的交通工具被转换成了种族优越性和帝国统治的象征。㊽

同时期,一些西方人挪用轿子,"通过符号的游戏来表达帝国主义的意识形态";还有一些西方人则反对这种挪用。范发迪认为:"当时的人很清楚坐轿子的多重文化意义。例如,于1856—1858年访问中国的一位美国海军医生很瞧不起英国人在中国城市中使用轿子的习惯,议论道:'在一个奴隶庄园中,或者在南方的任何一个城市',他说,'即使是最娇生惯养的小姐也会耻于把黑奴当骡马骑乘,然而那些骑在汗流浃背的中国人背上的肥硕英国男人,不管年老年轻,很可能正振振有词地批评美国奴隶制度的恐怖'。"㊽如此一来,这张照片不仅仅是一段个人的记忆——关于医生走进中国内部(当然既是物理的内部,也是比喻的内部)的这一旅程,它还代表了一种当代的话语,通过轿子的符号学彰显出西方医学及整个机构化实践的优越性。㊾

## "自我表达的喉舌": 出版物

然而, 目前来看, 在19世纪末期和20世纪初期, 中国医学摄影最广泛和最系统性的传播还是通过期刊和文集这样的医学相关出版物完成的。一些最早的此类绘图于19世纪90年代出现在《中国海关总税务司医学报告》中, 它们是根据照片"描摹"出来的木刻和平版复制品(图12)。㊾海关报告中还包括大量关于微生物的表格、图表和折页图, 有的还是彩色的。1901年的时候, 出现了一张相当令人震撼的整页着色肖像照。照片中的病人因麻风病而患有各种并发症。1904年时, 海关报告复制了一张麻风病人的照片。㊿但是, 自始至终不断出现的, 是新季刊《博医会报》中越来越多的插图。这本期刊是由嘉约翰和新的博医会于1887年创立的, 其主要宗旨之一就是要填补海关医学报告所遗留的空白。创办者认为, 海关医学报告中"只有科学的文章, 并未就方

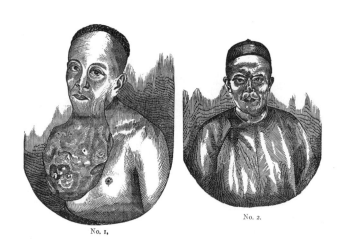

图12: 面部肿瘤摘除前后对比。图片复制自约翰·D.汤姆逊《关于汉口健康状况的报告》(Dr. John D. Thomson's Report on the Health of Hankow)《中国海关总税务司医学报告》, 第52号, 1896年4—9月, 第25—34页。图片由密歇根大学安娜堡分校哈兰·哈彻研究生图书馆提供

法及手段进行讨论"。㊿正如文恒理在《博医会报》创刊号中所声明的:"这本医学期刊的创立代表着极大的进步。这本季刊让我们第一次拥有了自我表达的喉舌,汇报我们的工作,使得我们可以收集不断增加的大量观察和经验,为我们自己以及全人类的身体而服务。"㊿

在作者们看来,这本期刊是诞生于"未开化的土地上的第一本医学传教士期刊",自1887年3月开始发行。1890年的时候——也就是创建一座医学博物馆的呼声四起的时候——嘉约翰、文恒理和其他同僚给协会的章程增加了一个条款。该条款规定:"病例的照片经编辑审核可发表在期刊上。"㊿值得注意的是,和博物馆一样,这本期刊不仅仅面向医学传教士这个读者群体——从根本上来说,它还面向一个有知识的中国读者群体:最终,中国的作者们给《博医会报》提供文章和照片。早在1888年的时候,中国博医会的成员就开始考虑是否需要另出版一本纯中文的季刊。㊿

在这本包罗万象的插图本期刊之前,就已经有《中华医药传道会报告》这样的先例了——在系列医学报告中,伯驾详细记录描绘了病例的情况。在他看来,这些病例要么"出于外科医学的兴趣"有必要投以关注,要么呈现了"中国国民性的不同面向"。㊿就拿1848—1849年间的一份报告来说,据说这份报告"第一次包含了木刻或绘画,呈现了当年所见到的奇特病情"。㊿嘉约翰在任时,这些报告不仅有时会用中文重新写作发表,图像也越来越多地出现在其中。这些图像通常是由广州手工艺人制作的木刻,但也有绘画和后来的平版印刷，大多数都带有中文说明，经常采用前后对比的形式（图13）。在报告中加入这种带有中文说明的图像，嘉约翰的目的表现得再明确不过。在中华医药传道会1863年的年度报告中，嘉约翰提到，"我们发表了一份《广州博济医院报告中文版》（*Report of the Hospital in Chinese*），每100份花费84美分，包含了数张木刻图，这份报告呈现了其中的两张。我们的目的是把这些信息传达给经营医院的中国人，激发这些既有知识又有财富的人的兴趣，引导他们提供支持"。㊾在每份报告的最后，都附有两份名单。一份名单列出了西方的赞助人，一份名单用中文列出了当地的慈善家。和几十年之后博物馆中的照片及样本一样，这些期刊意图达成两个目的：为外国人提供有关中国医学实践的信息，同时，影响中国的受众，如潜在的赞助人、皈依者及医学生。

由于印刷技术的局限性，《博医会报》早年的期刊和之前的《中华医药传道会报告》一样，只能通过木刻、平版印刷及版画的形

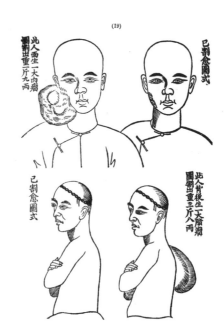

图13：面部和背部肿瘤摘除前后对比。图片来自《中华医药传道会1868年报告》，第19页。图片由密歇根大学安娜堡分校哈兰·哈彻研究生图书馆提供

式复制照片。但是，和之前不同的是，摄影技术的发展意味着摄影图像本身能够被比以前更多的医生看到和使用。1861 年的时候，为了给“山坪本地人”拍摄一张医学照片，需要这个人在很长的曝光时间里极为不适地保持一动不动的姿势；到了 1874 年，感光更为灵敏的明胶银盐感光剂可以拍摄更为“即时”的肖像照（因而身体也不那么吃力，不需要那么高的强度）；1895 年的时候，柯达袖珍照相机引入中国——再加上胶卷、胶片和纸膜的发明——摄影这一媒介就更为大众化了。(59)因此，尽管《博医会报》最开始登载的照片或许是通过平版印刷或版画制作的复制品，但却大量流通——如作为圣路加医院文献库的补充，或医生在私下彼此进行交换。(60)所以，这本新期刊最重要的贡献在于，它不仅仅开始定期地刊载微生物的图像、图表，以及广州、上海（发行地）和北京等主要中心城市出现的病例，还发表偏远省份或战场上配有相机的个体医生所呈交的病例研究。正如杰弗瑞和麦克斯韦所说的：“天朝各地的照片不断地报道和呈现肿瘤。每一个肿瘤都有其值得特别注意的地方和奇怪之处，《博医会报》登载了很多，还做了解释说明。”(61)

几乎从一开始起，《博医会报》就成了一个读者的平台，一个正式的交流空间——以前，这些交流仅限于私底下或是机构收藏 94
的内部。所以，这事实上也代表着重大的进步：读者可以来函提供他们自己拍摄的照片，或是打听一些病例的消息，“经编辑审核”，有用的信函或许可以发表。典型的一个例子就是约翰·库恩（John Kuhne）医生所提交的病例。1907 年 10 月的时候，库恩医生致信

《博医会报》，描述了从一个小男孩身上摘除下来的肿瘤。他在信中这样写道："我们尚未检查这个肿瘤，如果你们能就此给出一些意见，我们将不胜感激。这个样本已经在酒精中浸泡了一夜，有一定程度的萎缩，之后，我们又将其浸泡在甲醛之中。希望它能安然无恙地送抵贵方。衷心祝愿工作顺利，期刊越办越好。"❷这期《博医会报》刊载了库恩的信，以及一份标注有日期的报告，和上海公共租界工部局（Shanghai Municipal Council）卫生处的第5297号实验室报告。除此之外，期刊上还登载了两张照片：一张是待查的肿瘤，"结构清晰可见"；另外一张是圣路加医院文献库中的样例，"以供参照"。随着摄影技术的发展，以及越来越多的业余爱好者也可以拍照，《博医会报》就更加不只是一个讨论医学案例的平台，还是（传承了那些早年将摄影技术引介到中国来的医生的精神）讨论摄影技术本身的平台。拿杰弗瑞来说，他在1907年一篇名为"用柯达狩猎"（Kodaking for Small Game）的文章中就借用了航海用语。他在文中这样谈道："长期从事善行的O. T. 洛根医生（Dr. O. T. Logan）告诉我说，就在不久之前，只需要把柯达相机差不多调到显微镜那样的阈值，就完事儿了。我听了之后就'疯了'。这是一项伟大的运动，就好像比鸟类更擅长筑巢，整个世界被大海鲢吞没了一样。我目前还不能说我取得了什么了不得的收获，但是以这样一种极为出色的方式把目之所及记录下来，这已经让人感到万分的心满意足了。"❸这篇文章接下来又详细地介绍了杰弗瑞这一发现的工作原理，并列举了很多例子。1908年，在《博医会报》出版了数期之后，在北京协和医学院（Peking Union

图像的来世

Medical College）工作的医生查尔斯·W. 杨（Charles W. Young）在期刊的"书信往来"栏目中发表了一封回函，题目为"来自北京的一张快照"（A Snapshot from Peking）。杨先是指出杰弗瑞所发现的微生物是什么，然后又提供了各种准备切片的方式，最后就摄影技术给出了一些具体的建议。㉞

简言之，《博医会报》（后来名为"中华医报"〔China Medical Journal〕和"中华医学杂志"〔Chinese Medical Journal〕）实现了文恒理最初希望建设的平台，供医生之间公开地对话，面向所有人，成功打造了一个供医生"自我表达的喉舌"。更重要的是，像刁信德（E. S. Tyau）这样的中国医生也可以参与到对话当中来——他拍摄的照片见图14。才华横溢的刁信德是西方医学传教会最

图14：刁信德，《孢子丝菌瘤》（Nodules of Sporotrichosis），拍摄时间不详。图片来自威廉姆·汉密尔顿·杰弗瑞、詹姆斯·L. 麦克斯韦，《中国的疾病》，1929年版，第413页。图片由耶鲁医学院图书馆提供

理想的学生和受众，他 1903 年从圣约翰医院新成立的医学校毕业，后来在学校担任“皮肤病专职讲师”。他发表过中英文的学术文章，并在 1922—1924 年间担任中华医学会（National Medical Association of China）的主席一职。(65)

## 风格

尽管照片的生产已经完全交由自动化的相机来完成，但是，照片的拍摄仍然是一个牵涉到美学与伦理价值的选择：虽然在
96 抽象的层面上，摄影技术的本质及其发展试图让万物都成为客观“可拍摄的”，但仍然存在这样一个事实——拍摄无穷尽的照片在理论上是可能的，在技术上是可实现的。然而，每一群体都仍然在有限且明确的主题、类型和构图范围内做选择。

——皮埃尔·布尔迪厄，《论摄影：一种中等品位的艺术》（Pierre Bourdieu, Photography: A Middle-Brow Art）

和之前林华的画作一样，中国早期的医学摄影并不是某种固定的类型。相反，它吸收了各种不同的风格，在前文提到的不同语境中发挥不同的功能。这与全世界范围的医学摄影趋势并无二致。丹尼尔·福克斯（Daniel Fox）写道：“早期医学摄影所采用的很多程式都源自绘制肖像、呈现室内场景的油画和素描。摄影师借鉴这些程式，在医学的各个领域运用这些程式以呈现病人、医治场景和医生等等——有时这些内容单个地出现，有时则是

成组地出现。"㊻但是，和林华所处的时代不同，19世纪晚期的时候，摄影这一媒介在某种程度上已经大众化了。哪怕不是艺术家或照相馆的摄影师，也可以拍摄医学照片了。这一领域同样也对业余的"游戏猎人"开放。更重要的是，呈现中国人的"特性"这一重负已不再是医学摄影的首要任务。港口的开放，以及禁止传教等相关法律条文的松动，都扩大了传教士的支持基础。寻找资金支持，或证明医学传教士在中国的合法性，这些功能已经不再由医学图像来承担。相反，医学图像需要满足新出现的分类学需求，去呈现疾病的细节：一方面提供给中西方医生的"相关联盟"——照片在他们之间流通和比较；一方面提供给刁信德这样的中国医学生——他们自身在不久之后将会成为医学传教活动活跃的参与者。

然而，尽管发生了这样的变化，中国早期的医学摄影一开始严重依赖的图像和风格，与在林华时代影响医学绘图创作的图像和风格并无二致。举例来说，就如嘉约翰1868年的中英双语医学报告中所包含的木刻图像，以及《博医会报》所刊印的木刻图像所呈现的，这些早期摄影中的一些照片直接借鉴了伯驾和林华所开启的传统，即以前后对比的方式来彰显手术的成果（图12和图13）。然而，如今摄影使得表现力大为加强。举例来说，在1890年的一期《博医会报》中，牧师医生A. W. 杜斯维特（Dr. A. W. Douthwaite）报道说：

文中所附的是王先生的肖像照。多年以来，他深受腋下一颗大肿瘤的困扰……这成了这位可怜人的大累赘……让他没能成婚——订婚之后,肿瘤长了出来……手术之后,他很快就恢复了。看到手术的结果,他异常开心,这通过他在第二张照片中的面部表情就可以感受得到。手术做完四个星期之后,他回家成婚了。㊿(图15)

在这组照片中,一个男人的胳膊上长着一个尺寸巨大且情状复杂的肿瘤。"术前"的他坐在椅子上,面部表情看起来同样复杂。他的手搭在一张桌子上,以更好地呈现肿瘤的大小,也为了撑起这个"35磅"重的肿瘤。报道中说这是最大的一宗"纤维软疣"病例。㊽然而,"术后"的照片尽管拍摄的是同一个人,还是同样的穿着打扮,光着身子,穿着宽松的浅色裤子,但他在这次拍摄时却

图15：C. C. 艾略特(C. C. Elliot)《纤维软疣,手术前后》(Molluscum fibrosum. Before operation and after operation)大约摄于1908年(疑误——编者)。图片来自威廉姆·汉密尔顿·杰弗瑞、詹姆斯·L. 麦克斯韦,《中国的疾病》,1910年版,第438页。图片由密歇根大学安娜堡分校哈兰·哈彻研究生图书馆提供

斜坐在一张腿很高的长凳上,露出灿烂的笑容。他的左臂高高地伸向空中,开心地手掌外翻,光着头。同样地,在另外一组照片中,这个人的辫子(不只是肿瘤)——作为病态文化的样本——似乎也被成功地剪掉了,不同于林华画笔下那个难以说服的王克金(图16)。[69]

此外,林华创作所沿袭的肖像画元素,同样也出现在刊印于《博医会报》上和收藏于圣路加医院的很多摄影图像中。举例来说,在图17的这张照片复本中,我们可以看到与绘画中的肖像传统明显的相同之处。照片拍摄了一个女性的大半身,她茫然又忧郁地望着别处。照片聚焦于上半身,垂着的肿瘤、坠着的耳环,以及身上的首饰甚至有意地构成了一个三角形。尽管《中国的疾病》一书在复制这张照片时,添上了"带蒂纤维瘤(Pedunculated

图16:高士兰(P. B. Cousland)《软骨瘤》《同一个人,肿瘤摘除后》大约拍摄于1883—1888年间,汕头。图片来自威廉姆·汉密尔顿·杰弗瑞、詹姆斯·L.麦克斯韦,《中国的疾病》,1910年版,第458页。图片由密歇根大学安娜堡分校哈兰·哈彻研究生图书馆提供

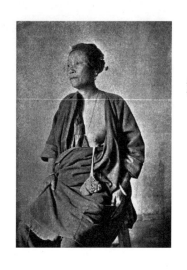

图 17：詹姆斯·L.麦克斯韦，《带蒂纤维瘤，30 岁》，大约拍摄于 1906 年。最初以"一个不同寻常的纤维瘤"为名发表。图片来自威廉姆·汉密尔顿·杰弗瑞、詹姆斯·L.麦克斯韦，《中国的疾病》，1910 年版，第 495 页。图片由密歇根大学安娜堡分校哈兰·哈彻研究生图书馆提供

fibroma），30 岁"这样的注释，但最初在《博医会报》上发表时，这张照片的图注写的是："一个不同寻常的纤维瘤"。无论如何，显而易见的是，从本质上来说，这张照片仍然是一个"不同寻常的女人"的肖像。尽管在呈现一种病状，但这张照片强调的却是个体的在场。

但是，中国早期摄影在风格上并不只是借鉴了肖像画传统和前后对比的形式。《博医会报》上刊印的一些早期摄影还把医生在治疗战伤时所遇到的问题记录了下来。由此，这些照片也构成了战地资料这一相对成熟的实践的一部分——从美国内战的照片，再到费利斯·比托（Felix Beato）在 1860 年北京战后/遭受入侵的断壁残垣前摆拍的尸体照，以及日本讲述战争创伤的手册。⑩在研究内战医学摄影的著作中，凯西·纽曼（Kathy Newman）指出，那些拍摄于 1865 年的照片，收藏于一家军事医疗博物馆中，后来也收录于六卷本的《美国内战医疗手术史》（Medical and Surgical History of the War of Rebellion）中，发挥了许多功能，如给战地医

院的医生提供"在职"培训,记录抚恤申请,以及更为广泛的作用——标志着"艺术、科技和国家官僚体制的交汇"。[71]除此之外,纽曼还分析了图像和文本对枪伤的呈现,指出不只是这些图像在形式上的特性,还包括图像所附加的文本描述(比如使用了统计数字)"冷冰冰的语气",一起抹除了"肖像照表现的所有英雄痕迹"。[72]与此相似,在接下来的一张1896年的照片中——这张照片刊印在《博医会报》上,是由苏格兰医学传教士司督阁(Dugald Christie)拍摄的,1894—1895年间中日发生冲突(指甲午战争——编者)时,他在奉天工作,为照片中的主人公做了手术——我们可以看到摄影描绘式的,或者说"记录式的"模式:首先呈现子弹"射入口"的位置,再呈现"射出口"的位置(图18)。伤者是一名中国人,但似乎是被一个日本人"射中"了(既是抽象层面的,

图18*:摄影师不详(实吉安纯等人?)、《子弹射入口/子弹射出口》(*Entrance Wound/Exit Wound*),大约拍摄于1894年,奉天。图片来自《博医会报》10.3(1896年)。图片由俄勒冈州路易克拉克大学奥布里·R.瓦茨克图书馆(Aubrey R. Watzek Library, Lewis and Clark College, Oregon)提供

也是实际层面的）。这张照片的拍摄可能和当时的日本文献项目有关，我们可以从照片左上角残存的日语说明文字推测得知。(73)因此，这张照片或许是1894年年末在牛庄的红十字医院拍摄的。在这个地方，司督阁写下了他的心愿：“将中国的伤者从无法逃脱的痛苦中解救出来。”(74)图片的文字说明指出，这种战伤在战场上十分常见，并就武器的类型、射入和射出的角度，以及相似病例各种治疗方式成功或失败的情形做出了推测。(75)就此而言，这张照片在很大程度上具备记录或教育的功能。它是文字的补充。而且，和美国内战的照片一样，它诞生于国际环境，哪怕没有表现出任何艺术性，至少也很好地表现了“科学”与“国家官僚体制”的交汇。

图19中的照片复本来自1896年的一辑《博医会报》。这张照

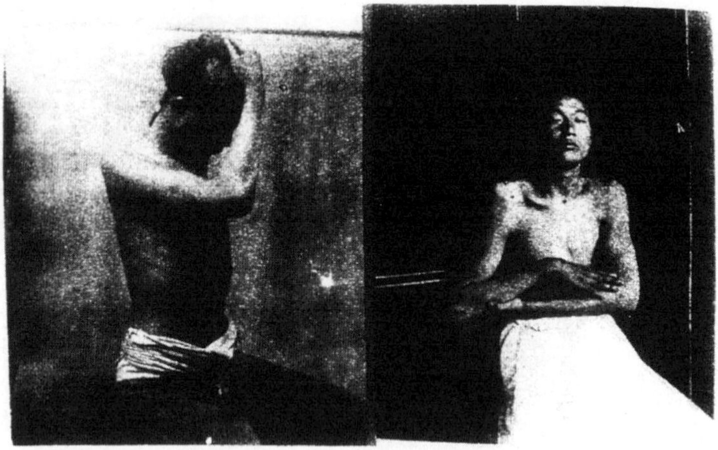

图19：摄影师未知，《肩膀脱臼》（*Luxation of the Shoulder*），拍摄时间未知。图片复制自《博医会报》，10.3（1896年）。图片由俄勒冈州路易克拉克大学奥布里·R.瓦茨克图书馆提供

片同样是为了佐证文本中所提出的观点。或者（正如文本直接告诉读者的），"随文附上的木刻图像是根据病例的照片制作的，用于展示手术的结果"。❼这张图像几乎准确地再现了文本所描述的内容：图注标明"肩膀脱臼"，"肘部直接被扭到了身后，远离一侧的身体"。作者写道，在治疗之后，病人"如今可以随意转动肩膀。可以把手搭在头上……现在他可以赚钱生活，胳膊没有任何问题"。❼通过文本关系我们可以看出，和前述病例一样，这个病例中的图像是对文本的补充，是说明性的而非必不可缺的，以两种视角记录了一次成功的治疗。在前面的一组照片中，作者得以通过图像来呈现子弹伤口的情形；而这组照片则是通过某种早期，或者说前电影时代的运动摄影来呈现主人公已经恢复如初的灵活性。

但是，回想一下安妮·麦克斯韦尔的观点——她认为殖民摄影不仅仅运用了"有关身体衰朽的比喻"，还拍摄了"土著居民"的照片，这些照片"能够满足欧洲人情色想象及享乐欲望"——我则要提出，毋庸置疑的是，在中国早期医学摄影中，还存在另外一种元类型：情色。鉴于这些摄影师中有很多事实上都不是业余爱好者，而是传教士一脉的医生，那么，要讨论这些照片的艺术风格和所受的影响——我们在分析林华的画作时也提到过——就更为复杂了。就可能受到的影响来说（更确切地说，是医生在观看、收藏他们病人的照片时，以及在与他们的病人接触中，到了何种恋物式的迷恋程度），我们有理由认为情色给风格造成了次要的影响。正如前文提到的，这样一种主题的滑落，或者类型与种类的混杂，在这个时期为旅游贸易而创作的肖像照中是很常见的。医学摄影、明信片,以及所谓的怪人相片的贸易也不例外。詹姆斯·瑞恩也持同样的观点,他认为,19世纪50年代晚期,鉴于英国殖民者提出的元人种志和"科学性"要求,摄影已然"被运用于'种族'和'人种'的话语当中"。更重要的是,这种元人种志的摄影有时还会和情色交织在一起:

> 西方对"土著"女性身体的迷恋也表现在殖民摄影当中。在这类摄影中,美丽温顺的女性身体在异域的风景中摆着姿势,并被拍摄下来。画面表现出情色的诱惑,使得艺术、人种志和色情这些范畴交织在一起……这样的摄影被用于呈现北非和中东的"东方性"。与此相近,非洲女性全裸或半裸的照片——打着她们是"霍屯督的维纳斯"(Hottentot Venus)这样的幌子——也是这一摄影类型中重要的一类刻板模式……这种"殖民地的维纳斯"作为一种重要的元素,也出现在有异域风情的天堂——南太平洋的图像当中。举例来说,萨摩亚群岛(Samoa)是英国、德国和美国商业摄影师钟爱的目的地。萨摩亚群岛的照片拍摄的全是年轻的女性,题为"萨摩亚美人"(A Samoan Belle)之类的。她们通常都含情脉脉,四周堆满了水果和蔬菜,或是躺在棕榈树下、海滩边或瀑布旁。这样的画面都将身体和风景置于殖民的目光之下。❼⓼

因此,如果真要说的话,我们很难**不**觉得在绘画、摄影及其他媒介的图像中,情色与医学之间存在着联系。而且,这二者之间的联系是直观的——我们只需再想想情色摄影和医学摄影有多少共同之处：两者对身体的呈现都不受限于传统肖像照所设置的规定；两者拍摄的都是一个有界限的空间，但都没有圈囿于某一确定类型或传统的界定；两者都有选择地暴露身体；两者都有策略地使用（或不用）衣装；两者都操纵着观众的目光；而且两者通常都将对某一身体部位的强调或迷恋放在第一位。此外，我们对两者都可以用相似的理论进行批判，因性别、种族、相异性、异域情调及低下等概念而变得复杂。

有一组照片给人的印象特别深刻：在一个年轻人的两张肖像照中，他下腰部环绕着一个深色的大肿瘤，盖住了臀部及臀部的上方（图20A和图20B）。在这组照片中，观众看到的并非前后对

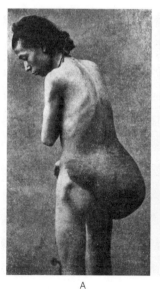

A    B

图20A和图20B：阿尔伯特·塔克（A. W. Tucker）《淋巴管瘤（背面）》和《淋巴管瘤（正面）》，大约拍摄于1906—1926年。图片来自威廉姆·汉密尔顿·杰弗瑞、詹姆斯·L. 麦克斯韦，《中国的疾病》，1929年版，第446—467页。图片由耶鲁医学院图书馆提供

第三章 病态的天朝

比照，而是从两个视角可以看到的样貌，似乎是为了满足观众绕病人一周以看清他全貌的需求。"背面视角"所呈现的样貌在本质上以一种熟悉且诗意的方式挪用了全裸背部照中模特的姿势：照片中是四分之三的身体，头部露出一个侧面，眼睛望向地面，双臂环抱在胸前，脖子和整个后背露了出来，连成一线，但未在我们所预想的臀部终结，而是延伸到环绕着人物腰部的大肿瘤。照片的背景一片空白，两侧和上部都打着光。第一张图令人震撼的地方在于，对西方观众来说，照片中人物的性别或许可以说是无法确定的——裸体、长发，而且拍的是背部。人物并没有露出任何可供辨认的可见特征，以让19世纪末期或20世纪初期的西方观众信心十足地断定自己看到的这个人究竟是男是女。要说的话，这个人身材矮小，而且身体的姿势——手搭在肿瘤上，缩着肩膀——显得或许有些女性化，或者至少看起来很顺从。但是，正面的（表情）复杂性却有很强的吸引力：照片中的人看向观众，和观众的眼神直接接触，流露出疑问、悲伤，也或许是指责的神情。正如纽曼在谈及美国内战时期的一张独脚士兵的照片时所说的："被截去的那只脚的缺失无法比拟（士兵）看向镜头时的坚定……我们所面对的是这种医学的目视在本质上的情色性，它要求我们做出反-临床医学式的思考。"⑲在拍摄中国人的这两张照片中，缠绕在腰间的肿瘤无法比拟人物在镜头前的在场，它逼迫我们走出诊室，进入与医学目视的情色性相对话的情境当中。而且，"A与B"这种两张照片的形式也激活了一种简单但却持续的叙事，因为人物双手的姿势从第一张图中的感觉（一本正经、小心谨慎？）化成了第二张图中的感觉（戒备、防卫？）。此外，尽管第二张照片彰显出更多的男子气概，肿瘤这一关键所在却在比喻的层面上模糊**且替代**了人物所缺失的性别。如此一来，人物的中国身份，他（似有似无的）男子气概，以及他的性征，全部被病态化和色情化了。这些照片考究地运用了裸露，启发了《中国的疾病》"特殊的肿瘤"一章的写作。正如其作者在书中所写的，这些照片"让人联想到朝圣者和他们的重负"。❽⓪尽管我并不认同这一感受，但我仍然想知道：这位朝圣者的重负究竟是什么？是他的疾病，他的赤裸，他的女性化，抑或他的中国性？

## 中国身份的去语境化与再语境化

世纪之交，医学摄影这一专门的子类型在中国也逐渐成熟了起来。同时，在更为宽泛的层面上，这一转变在风格上与欧洲及美国临床医学摄影的转变模式是一致的。欧美自19世纪90年代起就已经开始形成极为不同的程式，以呈现病理学的案例。❽①但是在中国，这些转变还担负着意识形态的重任，即把所谓的那些中国特有的疾病呈现给全球的医学人士——他们愈来愈关注人种对疾病的决定性作用（实际上也包括疾病对人种的决定性作用）：随着医生以及殖民医疗在全球范围内的扩张，以及种族、骨相学、人体测量学等相关理论的发展，医生们尤其感兴趣的就是，形成一套可以与种族和类型相互参照比对的疾病分类学。要满足这一高涨的需求，传统肖像摄影、战伤纪实摄影、情色摄影，这些从根本上来说杂乱无章的分类就已经不适用了。这些形式都有太多不相关的细节，太多分散注意力的内容，太多可以让被拍之人自行发挥的余地。就比如在纽曼谈到的一张士兵照中，士兵悲伤的表情在观众的脑海中久久不能散去，他"拒绝……成为（被缩减的）符号"。㉜相反，这种新的表征模式是要将客体理想化，要去除禁锢的枷锁——不管这个枷锁是人造的还是其他的——并且致力于通过取消周遭的细节，将观众的凝视隔离起来并进行引导。当然了，这种模式就是当代临床医学摄影的前身。㉝

## 中国的疾病

如果说约翰·汤姆逊四卷本的摄影集《中国与中国人影像》（*Illustrations of China and Its People*, 1874）为走马观花的游客以"纪实"摄影的方式呈现了中国和中国人的样貌，在医学界担当起此任的则是医学传教士威廉姆·汉密尔顿·杰弗瑞和詹姆斯·L.麦克斯韦编撰的文集《中国的疾病》。值得一提的是，之所以特意指派杰弗瑞和麦克斯韦来编撰这本文集，是因为没有人可以像他俩那样获取主要的材料。他俩都在不同时期做过《博医会报》的编辑，且都在中华医药传道会的理事会当过一阵子的理事。此外，麦克斯韦还被委任为医药传道会的"特派研究员"，杰弗瑞（自称为摄影"发疯"）既是圣路加医院的外科大夫，也是医院附属的圣约翰医学院的教授。㉞尽管他俩在编撰此书上有严重的意见分歧——如麦克斯韦决意不考虑加入有关医院卫生、产科、妇科的内容及第二卷相关内容的文章,并为节省成本删减插图的数量——但文集的主题最终仍然保持了高度的连贯性(举例来说,肿瘤在两卷文集中都占有极大的比重,因为两位作者认为,"自第一位医生就中国的医学做出报告开始,直至今日,医学同僚们始终都对这一主题十分关注和迷恋")。❽这本文集最显著的特色在于其大量的插图:1910年的版本令人震惊地收录了"5张整页彩图,11张整页的疾病-地理学彩图,以及360张文本插图";1929年版的图片尽管少了一些,但数量仍然叹为观止,共计"176张插图"(汤姆逊的四卷摄影集共计200张照片,仅供参考)。

《中国的疾病》一书勾勒了中国医学摄影的历史,其插图有趣的地方在于它们所具备的特性。这些图像作为一个整体——苏珊·斯图尔特(Susan Stewart)或许会说——表现出"以换喻的方式用部分替代了整体,用个别替代了全部"的特征。当物件从个体的纪念品变为虚构城堡中的卡片,"一种分类的范式就被发明了出来……它界定了时间与空间。由此,世界的故事由收藏之物来讲述"。❽《中国的疾病》登载和刊印了很多图像和故事,这些图像和故事都是几十年来在《博医会报》或其他出版物中分别发表和传播过的。但是,这本书以一种全新的方式进行组合或呈现。在某种程度上,这种方式"去除了物件产生的背景":作为一本有关中国疾病的概述或范本呈现,这本书中的图像以换喻的方式构成了一本图录,其显而易见的目的是让一系列本质上并不统一的作品趋于规范化。❽这样一来,摄影的转变出现在这本书的内容当中也就毫不奇怪了:不仅仅是老的、偏传记式的图像和新的、偏"临床医学"的图像同时出现，还存在对老照片的风格进行重新调整或恢复，以使其与种族的类型话语及理解方式所提出的整体化要求更为一致。

举例来说，下面这一组照片最先发表在《博医会报》上，名为"带蒂纤维瘤"（A Pedunculated Fibroid）。对应图片的文字完整地讲述了病人的病历，没放过任何一个细节："他现年50岁，是一个制铜的商人。"他"在16年前第一次发现自己身上的肿瘤"。他最终来到了杰弗瑞坐诊的医院，"想摘除肿瘤，尽管他觉得自己会为此丢了性命"。（图21）文章还稀松平常地提到了一件逸事，谈到这位铜匠如何乐开了怀，因为一个"敬业的警察"怀疑他"偷了医院的东西，藏在宽松的衣服下面"，结果在搜身之后，看到的却是肿瘤。手术进行得非常顺利（"当然了，肿瘤的摘除很简单"），而

图21：威廉姆·汉密尔顿·杰弗瑞，《带蒂纤维瘤》大约拍摄于1900年。图片来自《博医会报》，1906年，第157页。图片由俄勒冈州路易克拉克大学奥布里·R.瓦茨克图书馆提供

图22：威廉姆·汉密尔顿·杰弗瑞，《64磅重的纤维瘤（平放）》（*Sixty-Four Pound Fibroma [Resting]*），大约拍摄于1905年。图片来自威廉姆·汉密尔顿·杰弗瑞、詹姆斯·L.麦克斯韦，《中国的疾病》，1910年版，第497页。图片由密歇根大学安娜堡分校哈兰·哈彻研究生图书馆提供

且，作为配图的照片还是和之前有着一样的模式，显而易见地采用了前后对比的形式，为病人拍摄了肖像照，并从背面拍摄了两种视角：一张向左微倾身体，一张直立身体。然而，文集在收录这组照片时，却对其视觉信息进行了根本性的重组：尽管文本基本没有改动，但照片却遭到了“篡改”，背景被去除或是被涂抹掉了，不再有任何不相关的细节（图22）。尽管我们在文集中仍然能够像在《博医会报》中那样，了解到病人的生平信息，但作为故事补充说明的照片却试图让文字读起来更加科学——作者还在文中表达了内心的忧虑，希望读者原谅他们“对病例做了如此不科学的呈现”(88)，而这却让上述事实更为确定。

《博医会报》偶尔也存在这样一种对中国病人的去语境化和再
语境化，但在两个版本的《中国的疾病》中，这样的做法却是贯 108
穿始终的：人物所处的语境化背景被人为地处理或从照片中抹除

掉了,有的时候相较而言显得更为堂而皇之(图23)。这些去语境化和再语境化让我们联想到19世纪晚期的纪实摄影师保罗·马丁(Paul Martin)。和汤姆逊一样,他19世纪晚期的时候在伦敦拍摄伦敦工人阶级的照片,因抹除一些照片中的背景而闻名。正如南希·阿姆斯特朗所说的:

> 类似于马丁为人所知的对人像照片的处理,相同的故事情节在继续。马丁决定把工人从与其劳动的身体几乎融为一体的一堆视觉信息中剥离出来……的确,当我们看着这些人的照片的时候,很可能界定了他们的视觉空间被去除了,我们很难知道当马丁通过相机找到这些人的时候,他们正在做

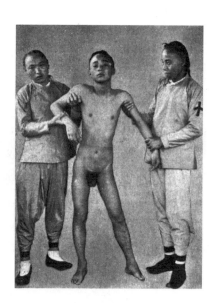

图23:威廉姆·汉密尔顿·杰弗瑞,《干性脚气病引起的瘫痪早期患者》,拍摄时间不详。图片来自威廉姆·汉密尔顿·杰弗瑞、詹姆斯·L.麦克斯韦,《中国的疾病》1910年版,第110页。作者写道:"患者的下肢有不同程度的麻痹症状。据患者讲述,腰部附近也时常有这样的感觉。身体的其他地方似乎也存在相同的麻木区域。"图片由密歇根大学安娜堡分校哈兰·哈彻研究生图书馆提供

什么……这种做法将人物从赋予其人类意志与劳动价值的符号经济当中分离了出来。⑧⑨

在比照了汤姆逊早先的此类照片之后,阿姆斯特朗总结说,我们"可以看到人物所处的语境逐渐消失的过程"。⑨⑩与此相似,我们从这些改变了的照片中可以得出这样的结论——就像《中国的疾病》这本医学文集中所收录的——新出现的、摆脱了"一堆视觉信息"重负,被去语境化和再语境化了的摄影与文本中"赋予其人类意志与劳动价值的符号经济"仍旧存在着矛盾和冲突,至少在当时是这样的。尽管干扰性的生平及背景信息被通过有效的手段从这些已然改变了的医学照片中去除掉了,但是在其时,不管多么不

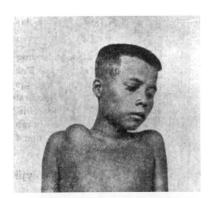

图24:"[弗雷泽]医生(Dr. "Fraser")《锁骨肿瘤》与《摘除的锁骨和肿瘤》,拍摄时间未知。图片复制自威廉姆·汉密尔顿·杰弗瑞、詹姆斯·L.麦克斯韦,《中国的疾病》,1929年版,第445页。图片由耶鲁医学院图书馆提供

易察觉，人物仍然与病态共存着。

最后一组照片呈现了摄影此种转变的格外辛酸之处。原因在于，这组照片释放出明确无误的信号：19世纪末期和20世纪初期，中国病态身体的文化图像与种族图像之间有着持续性矛盾，而针对这一矛盾的解决方式即将面世（图24）。不妨回想一下，伯驾曾经希冀林华的画作一方面能够为西方手术及精神的有效性提供眼见为实的证据，另一方面能够呈现中国人"国民性的不同面向"。我们清楚地知道林华有效地运用了前后对比的形式，风景与背景，着装、色彩以及伯驾病例日志中所记录的生平信息，以彰显身体的疗愈以及自然（精神）的复归。相较而言，前后对比在这组照片中则表现为双重的，或者说暗含其中：不仅仅呈现了西式手术治疗前后的状况，更重要的是，还有这样一个隐而不显的"之后"，即在病态领域的视觉文化及意识形态开始运用种族的观念之后，发生了些什么？也就是说，中国人从图像中彻底地消失不见了，对于图像而言，中国人成了多余。❾换句话来说，和朴阿兴的肖像画不同（彩图4和彩图5），在这组照片中，我们看到的只是一个患有"锁骨肿瘤"的小男孩，以及患病的锁骨被"摘除"的照片。图片没有任何相关的病理研究说明，文本也完全没有提及这张照片。我们对这张照片的背景、病人的身份、手术、手术的背景及其结果通通一无所知。我们唯一知道的就是，有人曾经患病，且病灶已被移除。但问题是，是什么被移除了？

## 注 释

❶ 汤姆逊最全的中国摄影集或许是《中国与中国人影像：200张含人物地点说明的照片》（John Thomson, *Illustrations of China and Its People: A Series of Two Hundred Photographs with Letterpress Descriptive of the Places and People Represented*；1982年以《早期摄影中的中国和中国人：1873—1874年经典作品重印全本》〔*China and Its People in Early Photographs: An Unabridged Reprint of the Classic 1873/4 Work*〕为名重印）。也可参见他的《汤姆逊镜头下的中国：摄影师在19世纪的旅行与冒险》（*Thomson's China: Travels and Adventures of a Nineteenth-Century Photographer*）一书，由朱迪斯·巴尔默（Judith Balmer）作序。

❷ 有关"怪人"摄影与早期医学和临床医学摄影之间的关系，参见丹尼尔·M. 福克斯、克里斯托弗·劳伦斯，《医学摄影：1840年以来英国和美国的图像及权力》（Daniel M. Fox & Christopher Lawrence, *Photographing Medicine: Images and Power in Britain and America since 1840*）一书的序言。

❸ "在整个19世纪，英国和美国的医生都是摄影史中的重要人物……标准的摄影史都会谈到医生在这一新技术的发明中扮演的重要角色"（丹尼尔·M. 福克斯和克里斯托弗·劳伦斯，《医学摄影：1840年以来英国和美国的图像及权力》，第22页）。有一本关于中国摄影的早期著作，是由名为德贞（1837—1901）的医学传教士所译，名为《脱影奇观》，于1873年出版。要了解更多关于这本书的详情，如它的封面及书中的一系列插图，参见陈申、胡志川、马运增的《中国摄影史（1840—1937）》一书。还有一本书名为《照相略法》，由傅兰雅（John Fryer, 1839—1928）所译，在徐寿（字雪村，1818—1884）的帮助下于1887年出版；也参见伍美华，《图像香港：摄影（1855—1910）》（Roberta Wue, *Picturing Hong Kong: Photography, 1855-1910*），第35—36页。

❹ 参见约翰·塔格，《证据、真理及秩序：镜头记录下的国家发展》（John Tagg, *Evidence, Truth, and Order: Photographic Records and the Growth of the State*），第257—260页。塔格讨论了在19世纪的最后十年里，"一切水到渠成，使得一种新的国家形式与一种新的、发展中的知识技术惊人地结合在了一起——我们今天仍然深受其影响。自19世纪70年代以来，这一技术的关键所在即是摄影"（第257页）。

瓦尔特·本雅明和皮埃尔·布尔迪厄理论化地阐述了摄影与意识形态之间的关系。除此之外，詹姆斯·瑞恩的《帝国图像：大英帝国的摄影与视觉化》（James Ryan, *Picturing Empire: Photography and the Visualization of the British Empire*）也对本书的研究有很大的帮助。

❺ 安妮·麦克斯韦尔，《殖民摄影与展览："本土"的表征与欧洲身份的塑造》（Anne Maxwell, *Colonial Photography and Exhibitions: Representations of the "Native" and the Making of European Identities*），第9页。

❻ 伍美华，《图像香港：摄影（1855—1910）》，第40页。另见于伍美华，《真正的中国人：19世纪肖像照中的中国人》（*Essentially Chinese: The Chinese Portrait Subject in Nineteenth-Century Photography*）。

❼ 南希·阿姆斯特朗，《摄影时代的虚构：英国现实主义的遗产》（Nancy Armstrong, *Fiction in the Age of Photography: The Legacy of British Realism*），特别是"世界即图像"（The World as Image）一章。本章将会具体讨论这一章的内容。另参见詹姆斯·瑞恩，《帝国图像：大英帝国的摄影与视觉化》，第147—148页。

❽ 詹姆斯·瑞恩，《帝国图像：大英帝国的摄影与视觉化》，第147—148页。

❾ 要了解大致的历史，参见丹尼尔·M. 福克斯和克里斯托弗·劳伦斯的《医学摄影：1840年以来英国和美国的图像及权力》。

❿ 詹姆斯·瑞恩，《帝国图像：大英帝国的摄影与视觉化》，第145页。

⓫ 威廉姆·汉密尔顿·杰弗瑞·詹姆斯·L. 麦克斯韦，《中国的疾病》，1910年版和1929年版。

⓬ 威廉姆·汉密尔顿·杰弗瑞·詹姆斯·L. 麦克斯韦，《中国的疾病》，1910年版，第Ⅶ页。

⓭ 乔治·迪迪–于贝尔曼，《歇斯底里症的发明》（Georges Didi-Huberman, *The Invention of Hysteria*），第30页。

⓮ 《中国丛报》，7（1838—1839年），第34页。另见于王吉民、伍连德，《中国医史：自古至今的中国医学发展编年史》，第565页。"在此必须要提到1905年由英国浸礼会（English Baptist Mission）牧师怀恩光（J. S. Whitewright）创建的济南府教育机构。这家卓有成效的机构的历史要追溯到1887年。其时，怀恩光在青州设立了一家圣道学堂（Theological Training School）。同时，为了教化学生，他还准备了一些有趣的物件。不久之后，学堂外的人对这些物件大感兴趣。这些物件最终发展成为一家博物堂（1893年）。这家博物堂后又改为广智院，在阿辛顿基金（Arthington

Fund）理事会的资金支持下（大约 15 万美元），建了一座很好的院落……广智院的新院落占地超过 3 英亩，除图书室、阅览室和讲堂之外，另有与地理、建筑、**化学**、**病理学**、**卫生学**、地质学相关的展览。机构很快就名扬千里，这也实至名归，1920 年的时候，这里每年的访客量高达 50 万人次。"（着重为本书所加）

⑮ 关于奇珍文化以及伯驾在 1840—1841 年间对林华画作的展示的讨论，参见史蒂芬·拉赫曼，《探究与治疗：伯驾的病人与林华的肖像画》。关于早期中国的"博物馆化"，参见费约翰，《唤醒中国：国民革命中的政治文化与阶级》（John Fitzgerald, *Awakening China: Politics, Culture, and Class in the Nationalist Revolution*），第 50—55 页。本书引自第 51 页和第 52 页。

⑯ 嘉惠霖、玛丽·霍克西·琼斯，《柳叶刀尖：百年广州博济医院（1835—1935）》，第 132 页。

⑰ 这并不意味着中国疾病的样本——不管是活着的病例还是已故的患者——不同于范发迪书中写到的植物样本的情况，没有以同样的方式在中国与欧洲之间来来往往地运送。事实上，有证据表明，这样的来往早已存在（参见如第 2 章的第 40 条注释）。杰弗瑞和麦克斯韦在他们的《中国的疾病》（1910 年版）一书中提到，在 19 世纪后半期及 20 世纪前十年，中国疾病的样本被送回到了欧洲。如，"临床诊断遇到过肉皮瘤。而且，麦克斯韦深入地研究并汇报了一例台南的上颌肉皮瘤患者。这个瘤的一半收藏于伦敦的圣巴塞洛缪医院博物馆（St. Bartholomew's Hospital）"（第 451 页）；还提到一例阴茎皮肤囊肿，"来自中国中部……现收藏于伦敦皇家外科医院博物馆"（第 460 页）。还有很多这样的例子。

⑱ 王吉民、伍连德，《中国医史：自古至今的中国医学发展编年史》，第 374 页，着重为本书所加；嘉惠霖、玛丽·霍克西·琼斯，《柳叶刀尖：百年广州博济医院（1835—1935）》，第 119 页。

⑲ 《中华医药传道会 1861 年报告》，第 13 页。

⑳ "最早期也或许是最成功的此类早期摄影师之一……就是美国的米尔顿·M. 米勒（活跃于 19 世纪 50 至 70 年代）。世人对他所知甚少……有证据显示，在日本工作了一段时间之后，他开始在香港和广州工作，大概是 1860 年至 1864 年间。米勒现存的大多数摄影作品都是肖像照，拍的是香港及不远处广州的外国居民、中国居民和游客，风格写实，非常直白……米勒专注于肖像照，这并不寻常。原因在于，更早的银版摄影史或许主要拍摄肖像照，但到了 19 世纪 60 年代的时候，西方的摄影师更倾向于什么都拍点儿，而且或许还搞点别的营生。"伍美华，《图像香港：

摄影（1855—1910）》，第 31 页。另见于陈申、胡志川、马运增，《中国摄影史（1840—1937）》，第 51 页。

㉑ 参见《中华医药传道会 1861 年报告》，第 16 页；《中华医药传道会 1863 年报告》，第 27 页；《中华医药传道会 1865 年报告》，第 30 页。

㉒ 伍美华，《图像香港：摄影（1855—1910）》，第 33 页。乔治·迪迪 – 于贝尔曼，《歇斯底里症的发明》，第 62 页：“肖像摄影不仅仅需要摄影棚、化妆（好像是为了彰显光感），还需要头枕、斜撑、窗帘和风景。这一事实充分表明悖论的存在：在场是真实的，但是要通过戏剧化的手段。”

㉓ 瓦尔特·本雅明，《启迪：本雅明文选》(Walter Benjamin, *Illuminations* )，第 118 页。另参见乔治·迪迪 – 于贝尔曼在他的《歇斯底里症的发明》一书中所引用的阿尔伯特·隆德《医学摄影》(Albert Londe, *La photographic médicale* ) 一书中的一段话：“无论如何，'如果是要再现疾病的话……我们就必然想要尽量减少曝光的时间。这一方面是因为拍摄的对象很难维持一动不动，另一方面是因为医院里拍摄照片的房间光线都很差。因此，就摄影在医学科学中的运用而言，成片制备速度的提高具有决定性的作用'。"（第 107 页）

㉔ 这个案例彰显出杰弗瑞和麦克斯韦《中国的疾病》一书的价值所在：一开始读到嘉约翰的文字描述时，我推测相对应的图像已经失传了。但是，《中国的疾病》收录了这张图像（只标记为 "由上海圣路加医院〔St. Luke's Hospital〕提供"），我们就似乎有理由假设，这事实上是中国的第一张 "医学摄影"。首先，嘉约翰报告中的描述完全符合照片；其次，拍摄照片的户外地点及搀扶站着的病人的其他人表明，这个时期的摄影在拍摄时需要光线，要求一动不动；最后，收录到这本书中的其他标记为来自圣路加医院收藏的照片，都与嘉约翰在多年里从医收藏的、后来收入的，或他人捐献给医院博物馆的其他照片完全一致。我在下文会解释，我何以会认为这张照片的摄影师是弥尔顿·M. 米勒。这张照片来自杰弗瑞和麦克斯韦的《中国的疾病》一书，1929 年版，第 449 页。要提到的是，在这一卷中，这张照片的负片似乎是反过来的。我在本书中调整了过来。

㉕ 摘自嘉惠霖、玛丽·霍克西·琼斯《柳叶刀尖：百年广州博济医院（1835—1935）》一书中的引文，第 112 页。着重为本书所加。

㉖ 嘉约翰，《中华医药传道会 1865 年报告》，第 42—45 页；嘉惠霖、玛丽·霍克西·琼斯，《柳叶刀尖：百年广州博济医院（1835—1935）》，第 177—178 页。

㉗ 嘉惠霖、玛丽·霍克西·琼斯，《柳叶刀尖：百年广州博济医院（1835—1935）》，

第 189 页。

㉘ 《博医会报》, 1.2（1887 年）, 第 70 页。医药传道会的第一任主席是郭雷枢（Thomas R. Colledge, 1838 年至 1879 年），第二任是伯驾（1880 年至 1888 年），第三任是嘉约翰（1889 年至 1899 年）。参见嘉惠霖、玛丽·霍克西·琼斯，《柳叶刀尖：百年广州博济医院（1835—1935）》，附录 D。

㉙ 《博医会报》, 2.3（1891 年）, 第 228—229 页。

㉚ 同上，第 224 页。

㉛ 王吉民、伍连德，《中国医史：自古至今的中国医学发展编年史》，第 469 页。

㉜ 本书第四章将会就此详加讨论。关于这一时期的西方实践，参见鲁斯·理查德森，《死亡、解剖与贫穷》（Ruth Richardson, *Death, Dissection, and the Destitute*）。参考下面这首民谣，最初收录于一本名为《大家想想歌》的歌集中："有说他的电线报／是取眼球和药造／又说洋人水药灵／用的人心人眼睛／人死如同灯灭样／那里眼球还有亮……西洋犯法人剐了／医生破肚来查考／查他肺肺与心肝／那有平民准你剐／又有洋人怪病死／遗嘱医生破肚子／查明症候报告人知／中国古时常有之……不知谁把话说错／说是死人都要破。"载于江绍原，《中国人对于西洋医药和医药学的反应》，《贡献》杂志，第 1 辑，"小言论"第 25，第 2 页；来自上海社科院熊月之教授的私人收藏。据载，江绍原是北京大学的一位"自由主义教授"，20 世纪 20 年代末期的时候从事写作。这一系列文章和评论发表于 1928—1929 年间，收录了很多同时代作家和知识分子就西方和中国医学发表的言论和做出的反思。这些文章和评论以短章或"小言论"的形式发表，在本书第四章我会更多引用这些内容。

㉝ 要了解圣路加医院 20 世纪早期经营状况的详情，参见威廉姆·汉密尔顿·杰弗瑞、詹姆斯·L. 麦克斯韦，《中国的疾病》，1910 年版，第 336—354 页。

㉞ 参见叶晓青，《点石斋画报：上海城市生活（1884—1898）》（*The Dianshizhai Pictorial: Shanghai Urban Life, 1884–1898*）。

㉟ 同上，第 137—138 页。这篇有关移交肿瘤的文章还提到，做这场手术的是位女医生。这位女医生或许是伊丽莎白·罗夫施耐德（Elizabeth Reifsnyder），她这段时间给一位 180 磅重的女性做过手术。参见威廉姆·汉密尔顿·杰弗瑞、詹姆斯·L. 麦克斯韦，《中国的疾病》，1910 年版，第 611 页。

㊱ 有关伊丽莎白·罗夫施耐德的更多信息，参见威廉姆·汉密尔顿·杰弗瑞、詹姆斯·L. 麦克斯韦，《中国的疾病》，1910 年版，第 436 页；以及王吉民、伍连德，《中国医史：自古至今的中国医学发展编年史》，第 453—454 页。

㊲ 柯律格和其他人指出，中国贸易中的早期摄影"在拍摄对象的选择上受到了外销画的极大影响"。柯律格，《中国的外销水彩画》（Craig Clunas, *Chinese Export Watercolours*），第 102 页。

㊳ 坂元弘子就此类照片和明信片做了很好的图解研究，参见坂元弘子，《中国民族主义的神话：人种·身体·性别》，第 149—193 页。另参见司徒安，《注定被象征：缠足的理论化／拜物化》，讨论了缠足及东西方相关的话语实践；以及高彦颐，《缠足："金莲崇拜"盛极而衰的演变》（Dorothy Ko, *Cinderella's Sisters: A Revisionist History of Footbinding*）。

㊴ 伍美华，《图像香港：摄影（1855—1910）》，第 43—44 页。

㊵ 同上，第 303 页。原文黑体。

㊶ 同上。"中国'奇人'出现在外国展览当中的一大原因是，中国人自己就拿怪人取乐，这是世人皆知的。其次，事实上，中国人还把怪人们都集中在一起，各处巡展，以进行自我教化和消遣。"（第 303 页）

㊷ 安妮·麦克斯韦尔，《殖民摄影与展览："本土"的表征与欧洲身份的塑造》，第 10 页。伍美华，《图像香港：摄影（1855—1910）》，第 43 页："要塑造一种不同类型的主体，这一强烈需求表现得极为明显——特别是表现在中国肖像向中国类型的偶然滑落当中：一张原本委托摄影师拍摄的肖像照后来却（在照相馆）被作为一个整个的门类被卖给了游客……很多为商业售卖而拍摄的此类照片都是专门摆的姿势，并在照相馆里再加工过的。这一事更加增强了此类观念的预设性。"关于日本人在 20 世纪 30 年代如何把十分相似的照片——同样拍摄的是患有地方性甲状腺肿的中国人——运用到科学游说当中去的，参见莫里斯·洛，《日本的殖民视角：科学、勘探与帝国》（Morris Low, *The Japanese Colonial Eye: Science, Exploration, and Empire*），第 110—113 页。

㊸ 威廉姆·汉密尔顿·杰弗瑞、詹姆斯·L.麦克斯韦，《中国的疾病》，1910 年版，第 466—467 页。

㊹ 关约翰的曾孙女凯伦·斯旺·纳夫茨格（Karen Swan Naftzger）慷慨地给我提供了这本剪贴簿中的一些内容。

㊺ "'大多数接生的需求医院都满足，有的时候需要经过 15 到 20 英里远的路程才能到达病人家中。医院因为帮助孕妇顺利生产，拯救生命，而四方皆知。这位外国的外科医生（关医生）不得不为了满足需求而辗转数里地，为情况复杂的孕妇接产。但是，所有记录都不曾提到，因为来接生的是位男性而将关医生拒之门外。'这是

1901 年的事情,标志着中国女性态度的根本性转变。"嘉惠霖、玛丽·霍克西·琼斯,《柳叶刀尖:百年广州博济医院(1835—1935)》,第 207—208 页。

㊻ 范发迪,《清代在华的英国博物学家:科学、帝国与文化遭遇》,第 141—143 页。

㊼ 同上,第 141 页。

㊽ 同上,第 225 页第 106 条注释,第 226 页第 107 条注释。范发迪文中的引用来自威廉姆·麦克斯韦尔·伍德,《番鬼;或印度海、中国和日本的圣哈辛托》(William Maxwell Wood, *Fankwei; or, The San Jacinto in the Seas of India, China, and Japan*),第 365—371 页。

㊾ 早期对医生及其中国助手的呈现提供了一种发人深省的对照。举例来说,林华 19 世纪 40 年代绘制了一张肖像画,画的是伯驾、伯驾的助手关阿杜,以及一位中国病人。在这张画中,伯驾处于画面的前景,坐在一张桌子旁,目光直视前方。他的学生站在他的身后,目光落在患者的脑袋上。患者背朝向观众,关阿杜稳稳地握着手术刀,准备给他做手术。这张复杂的肖像画并未简单地要突出谁,而是要传达出一种意味,即(美国)医生给(中国)医学生传播、教授知识。在关医生的肖像照中,轿子作为一个交通工具象征着向前的动力,然而这张肖像画所彰显的则是作为其基础的机构的创建与成功。这张图的复件及简介,参见史蒂芬·拉赫曼,《疾病纪念册:林华的绘画和伯驾的病人》,第 143—144 页。

㊿ 平版复制品的例子可参见马戛尔尼,《马戛尔尼的报告》,第 5 页;有一张很好看的印版,见于《中国海关总税务司医学报告第 52 号(1896 年 4 月—9 月)》,第 24—25 页。海关总税务司报告是从 1870 年开始的。为向全中国的医生寻求信息,总税务司赫德(Robert Hart)写了一封呼吁信。他在信中写道:"有人向我提出,我们应当利用海关目前所处的优势,尽量获取有关中国人及在华外国人的疾病信息。因此,我找出了这样一个解决办法,即以半年为期,将可以收集到的所有信息结集出版。如果能得偿所愿,这一构想或许能极大地促进中国和我们国家的医学事业,也能为所有公众带来极大的帮助。"(《总税务司第 19 份通告(1870)》〔Inspector General's Circular No.19 of 1870〕,作为总动员令登载于每期的开头)(注:《中国海关总税务司医学报告》的出版不定期,期号也不连续。中国海关近代史研究项目〔Chinese Maritime Customs Project〕的网站为查阅这些报告及相关信息提供了很大的帮助:http://www.bristol.ac.uk/history/customs)

㉛ 参见如《中国海关总税务司医学报告第 47 号(1894 年 4 月—9 月)》,第 5 页;《中国海关总税务司医学报告第 48 号(1894 年 4 月—9 月)》,第 24 页;《中国海关总

税务司医学报告（1903年10月—1904年3月）》，第28—29页。上文提到的彩色图片参见《中国海关总税务司医学报告第62号(1900年4月—9月)》，第48—49页。

(52) 王吉民、伍连德，《中国医史：自古至今的中国医学发展编年史》，第464页："'未开化的土地上的第一本医学传教士期刊'名为《博医会报》，由别发书局以季刊的形式分期发行。自1905年1月1日起，这本期刊每两个月发行一期，直至1923年时，在美国中华医学基金会（China Medical Board）的帮助下，改成了月刊。1907年5月的时候，其刊名更改为《中华医报》(*China Medical Journal*)，1932年时与《中华医学杂志》(*National Medical Journal*)合并成为《中华医学杂志》(*Chinese Medical Journal*)。"创刊号发行于1887年3月。

(53) 《博医会报》，1.1（1887年），第2页。

(54) 王吉民、伍连德，《中国医史：自古至今的中国医学发展编年史》，第465页；《博医会报》，2.3（1890年），第228—229页。

(55) 王吉民、伍连德，《中国医史：自古至今的中国医学发展编年史》，第485页。新协会章程的第二条规定："一、在中国人中，以及中国医学传教士各种工作产生的相互协作中推进医学科学。二、传教工作及医学科学整体的教育及提高。三、通过维持一个联盟，并维护中国正常医学工作的有序进行，来保证协会的特色、利益及荣誉。"摘自王吉民、伍连德《中国医史：自古至今的中国医学发展编年史》一书中的引文，第465页。

(56) 要注意的是，伯驾发表了两种报告来讲述自己的医学工作：一种发表在《中国丛报》上，另外一种是共计14份单独的报告，汇报医院的工作。嘉约翰沿袭了后者，并配以插图。

(57) 嘉惠霖、玛丽·霍克西·琼斯，《柳叶刀尖：百年广州博济医院（1835—1935）》，第80页。

(58) 嘉约翰，《广州博济医院……报告，1863年》，第23—24页。另参见《报告……1859年》："我们准备了一份中文版的报告，汇报医院的手术情况，目前正准备印刷。我们觉得这份报告是不二之选，让有知识的阶层看到医院的仁爱之心，为他们传达正确的信息，让他们知道外国的实践能带来怎样的好处。我们也希望能够引导一些中国的有钱人为医院提供支持。"（第3页）另见于《广州博济医院……报告，1865年》："我们刚刚发表了一份《广州博济医院报告中文版》，共计40页。报告配有12张木刻图，其中一些也出现在这份报告当中。这份报告每100份花费1.4美元。"（第25页）

(59) “1899 年的时候，摄影已成为一种大众消遣的活动，有很多的业余摄影爱好者。”詹姆斯·瑞恩，《帝国图像：大英帝国的摄影与视觉化》，第 122 页。

(60) 参见狄瑞景，《蛮夷的镜头：圆明园西洋摄影集》（Régine Thiriez, *Barbarian Lens: Western Photographers of the Qianlong Emperor's European Palaces*），第 28 页；伍美华，《图像香港：摄影（1855—1910）》，第 29—30 页。

(61) 威廉姆·汉密尔顿·杰弗瑞、詹姆斯·L. 麦克斯韦，《中国的疾病》，1929 年版，第 432 页。

(62) 《博医会报》，21.5（1907 年），第 80 页。

(63) 威廉姆·汉密尔顿·杰弗瑞，《用柯达狩猎》（Kodaking for Small Game），载于《博医会报》，21.5（1907 年），第 96 页。

(64) 《博医会报》，21.5（1907 年），第 96 页。另詹姆斯·瑞恩在《帝国图像：大英帝国的摄影与视觉化》一书中很好地论述了殖民地非洲的“镜头狩猎”文化，第 99—139 页。就比如，他指出：“事实上，镜头狩猎在欧洲及美国博物学展览的作品中普遍存在。摄影技术及狩猎语言不仅仅存在于英国的殖民话语当中，还被运用于更为广泛的运动当中，以为欧美白人创造和保存一副永恒的自然景象。”（第 137 页）显然，杰弗瑞积极地参与了同一话语的构建。

(65) 王吉民、伍连德，《中国医史：自古至今的中国医学发展编年史》，第 605 页。

(66) 丹尼尔·M. 福克斯、克里斯托弗·劳伦斯，《医学摄影：1840 年以来英国和美国的图像及权力》，第 9 页。

(67) A.W. 杜斯维特，《博医会报》，4.3（1890 年），第 177 页。

(68) 威廉姆·汉密尔顿·杰弗瑞、詹姆斯·L. 麦克斯韦，《中国的疾病》，1910 年版，第 437 页。

(69) 很多传教士似乎强烈地认为，辫子是迷信的遗风，最好还是剪掉。举例来说，在一篇名为《后天畸形》（Acquired Deformities）的文章中，杰弗瑞和麦克斯韦列举了各种各样的方式。通过这些方式，“强盗和那些寻求复仇之人经常都采取了让受害者残废的行动”。杰弗瑞和麦克斯韦继续写道：“割舌头、划开耳朵、割掉耳朵，这都是复仇的方式，而非强盗所为。因而，割掉辫子就是一种极端的侮辱——尽管可以因祸得福。”（同上，第 307 页）

(70) 参见狄瑞景，《蛮夷的镜头：圆明园西洋摄影集》，第 9 页，讨论了费利斯·比图（1830—1906），特别是他在中国和印度拍摄的战争照片，以及他“前景中都是战死士兵的照片”。这些照片使得他恶名远扬，人们认为这些照片都是摆拍的。罗芙芸讨论了《日中海战中的手术和医疗史，1894—1895》（*The Surgical and Medical History of the Naval War between Japan and China, 1894‐1895*）一书 1895 年的一卷。这本书"由日本帝国海军军医部的主人实吉安纯男爵所写"，并于五年后被译为英文。罗芙芸认为这本书"是医学观察的绝佳范例……在黄海海战中每个收到的伤亡情况都被进行了分类，首先是'全身损伤'，接着是头颅损伤，随后沿着解剖学的路线一直往下：眼伤、耳伤、上体、上肢、下肢等等。371 例的治疗过程和结果都用文雅的英文文句记录下来，还配以大量的照片和彩色插图"。罗芙芸，《卫生的现代性：中国通商口岸卫生与疾病的含义》，第 157 页。

[71] 凯西·纽曼，《美国内战伤疤与苦痛的（视觉）历史》（Kathy Newman, Wounds and Wounding in the American Civil War: A〔Visual〕History），第 65—66 页。关于这篇论文主要讨论的 1865 张照片，纽曼这样写道："这些照片可能最初收集在相本里，战争期间在各个战地医院间流转，作为'在职'培训……这些照片中的其中一部分，或者至少它们的复件后来都交了上去，收藏在陆军医学博物馆（Army Medical Museum）里，收录于六卷本的《美国内战医疗手术史》（*Medical and Surgical History of the War of Rebellion*）中——这本书在战后结集出版……士兵的部队档案中也附有这些照片的附件，用来在给士兵发放抚恤金时确认他们所负的伤情和严重程度。尽管难以想象这些照片所发挥的教学、科学及经济作用，但仍有一个细节十分惊人：给这些伤员做手术的医生和给他们拍照的摄影师是同一个人……内战医生里德·B.邦特克（Reed B. Bontecou）被认为是'将摄影运用于军事外科历史的开创者和第一人'。"（第 64 页）另见于 J. T. H. 康纳尔、迈克尔·G. 罗德，《开枪的士兵：美国内战的医学图像、记忆与身份》（J. T. H. Connor & Michael G. Rhode, Shooting Soldiers: Civil War Medical Images, Memory, and Identity in America）。

[72] 参见凯西·纽曼，《美国内战伤疤与苦痛的（视觉）历史》，第 69 页（见图片），第 78 页（见内文）。

[73] 据罗芙芸的论述，这张照片或许与《日中海战中的手术和医疗史，1894—1895》这一日本文献计划相关。罗芙芸，《卫生的现代性：中国通商口岸卫生与疾病的含义》，第 157 页。

[74] 更多关于司督阁的信息，参见王吉民、伍连德，《中国医史：自古至今的中国医学发展编年史》，第 444—445 页。

[75] 《博医会报》，10.3（1896 年），第 95 页。

[76] 同上，第 102 页。

⑦ 同上，第 99 页。

⑱ 詹姆斯·瑞恩，《帝国图像：大英帝国的摄影与视觉化》，第 145—146 页。

⑲ 凯西·纽曼，《美国内战伤疤与苦痛的（视觉）历史》，第 83—84 页。

⑳ 威廉姆·汉密尔顿·杰弗瑞、詹姆斯·L. 麦克斯韦，《中国的疾病》，1929 年版，第 467 页。

㉑ "到了 19 世纪 90 年代，由于实验室科学和实验及临床病理学的建立为我们提供了医学认知，相应地，为病患拍摄照片的不同方式也就形成了。通常都是通过去除病人眼睛四周及前方的区域以使其显得非常普通。摄影师极少在照片中留有可以看出所拍之人社会阶层的线索，除非是要呈现治疗的结果。被拍摄的对象越来越多的都是裸体，且背景一片空白……通常，身体未患病的部位都会在洗印时去除掉。"丹尼尔·M. 福克斯和克里斯托弗·劳伦斯，《医学摄影：1840 年以来英国和美国的图像及权力》，第 26 页。

㉒ 凯西·纽曼，《美国内战伤疤与苦痛的（视觉）历史》，第 69 页。

㉓ "因为目前临床摄影的很多基本程式都是在世纪之交诞生的。和 19 世纪 50 年代及 60 年代拍摄的临床摄影比起来，其时的临床摄影与今天的要更为相似。"丹尼尔·M. 福克斯和克里斯托弗·劳伦斯，《医学摄影：1840 年以来英国和美国的图像及权力》，第 9 页。

㉔ 更多关于麦克斯韦的信息，参见王吉民、伍连德，《中国医史：自古至今的中国医学发展编年史》，第 563 页；也参见嘉惠霖、玛丽·霍克西·琼斯，《柳叶刀刀尖：百年广州博济医院（1835—1935）》，第二篇前言（无页码）。关于杰弗瑞，参见王吉民、伍连德，《中国医史：自古至今的中国医学发展编年史》，第 549 页。

㉕ 威廉姆·汉密尔顿·杰弗瑞、詹姆斯·L. 麦克斯韦，《中国的疾病》，1910 年版，第 451 页。

㉖ 苏珊·斯图尔特，《论渴望：袖珍小书、鸿篇巨著、纪念品和收藏的叙事》（Susan Stewart, *On Longing: Narratives of the Miniature, the Gigantic, the Souvenir, the Collection*），第 162 页。

㉗ 同上，第 158 页。

㉘ 威廉姆·汉密尔顿·杰弗瑞、詹姆斯·L. 麦克斯韦，《中国的疾病》，1910 年版，第 497—498 页。

㉙ 南希·阿姆斯特朗，《摄影时代的虚构：英国现实主义的遗产》，第 98—102 页。

㉚ 同上，第 103 页。

❾ 桑德·吉尔曼的分析尽管原本是在考察林华的画作,但在这里更为适用:"观众——不管是外科医生还是基督传教士——对中国人特性的认知体系,在其建立在患者之上的优越感中得到了具体的体现。患者承载着双重的耻辱——一方面是病态的象征,另一方面是原始的象征,这是他/她的中国身份。"桑德·吉尔曼,《疾病与表征:从发疯到艾滋的疾病图像》,第 149 页。另见于本书第二章,第 56 条注释。

第四章

# "目所难见":
# 从合信到鲁迅的解剖美学

中国的医生对于古希腊解剖学家所观察到的许多细节都不曾注意,不过他们行医中许多非眼睛所能看见的特征,却也是解剖学无法理解的。这便是为何针灸人像看似神秘的主要原因——对解剖学之主张的全然漠视……不过,漠视解剖学并不代表忽视眼睛的观察。绝非如此:中国古代的医生对于观察所得的知识表现出极大的信心。和古希腊的医生一样,他们也仔细地观察身体。只不过他们的观点有所不同。

——栗山茂久,《身体的语言:古希腊医学和中医之比较》
( Shigehisa Kuriyama, *The Expressiveness of the Body and the Divergence of Greek and Chinese Medicine* )

下面是一则真实的故事：1782年左右，法国国王路易十六命令法国在北京的耶稣会士代表将一尊乾隆帝的瓷像作为礼物敬献给乾隆皇帝。瓷像是诸多贡品中的一件，用塞夫勒（Sèvres）上好的瓷手工特制，依照乾隆帝的一张肖像画制作而成。这张照片是意大利耶稣会画家潘廷章（Giuseppe Panzi）绘制的，并于1779年运抵法国。❶除了奉承乾隆帝之外，这个礼物很可能也是为了炫耀法国新发明的精湛技艺。在那个时候，法国虽热衷于学习中国瓷器生产五花八门的技巧，但仍只是些粗劣的仿制而已。❷这件礼品的呈贡也发生在一个互通有无异常频繁的阶段。其时，乾隆皇帝在朝堂上向一些法国耶稣会士询问了很多事情，从制图学和航海术到艺术和建筑，甚至还向法国大量定制了一批铜雕，把他的丰功伟业都刻在上面。❸

但是，出乎意料的是，负责处理这件事情的耶稣会士——神父布儒瓦（Father Bourgeois），竟拒绝进献这件礼物。在1784年写给法国上级的一封信中，布儒瓦将自己何以如此的理由解释如下：

> 不向乾隆皇帝进献白色瓷像的理由有三：首先，中国禁止制作与皇帝相像的器物；其次，这尊塑像看起来和乾隆皇帝并不相像；再次，塑像中皇帝的穿着打扮也与中国的礼俗不符。特别是皇帝的帽子看起来像是缠了个土耳其式的穆斯林方巾，这在中国人看来是很可笑的……如果他们知道法国和其他欧洲国家一样，把国王的画像挂在酒铺里，任由其受风吹雨打，落满灰尘，接受人们的颂扬，也或许遭受人们的嘲讽，他们会捧腹大笑的。出于同样的理由，我们也压下了另外一些瓷制头像。

但这并非全部。布儒瓦还解释说，"中国存在一种其他国家难以理解的力量"："在中国，将脑袋和身体分开是一件非常可怕的事情。如果有人的脑袋被砍了，他的父母或朋友会坐立难安，要把脑袋再用线缝回到身体上去。瓷制头像看起来就是一个没有身子的脑袋。人们甚至会说，连刀砍在了哪个地方都能看得出来。"❹

可见，神父布儒瓦对其他传教士后来难以理解的事情极为通晓：哪怕西方呈现人体的方式毫无恶意，没有任何挑衅的意思，但在一个新的文化语境当中，也仍然很可能会传递很多不受欢迎的，甚至是次生的暴力意味。布儒瓦提醒说，仅仅是这一**形式**本身，就可能让潜在的观众对实施此种暴力的人敬而远之。

可以说，西方医学的身体观念一开始被系统性地引入中国时，面临着同样的问题：和内容本身比起来，这些观念的呈现方式给概念化和文化转译提出的挑战或许同样艰巨。举例来说，就像栗山茂久在他开创性的研究著作《身体的语言：古希腊医学和中医之比较》中所指出的：

> 今天我们只要谈到医学上的人体，我们几乎就会条件反射性地联想到肌肉、神经、血管，以及解剖者刀下所揭示并在解剖图鉴里所列出的其他器官……不过，就历史上而言，解剖学是个异端。世界上几个主要的医学传统，如埃及、印度，以及中国，在数千年的发展中都不曾特别重视尸体的检验。而在这一点上，就连一般认为是西方医学源头的希波克拉底文集，对解剖也没有表现出太大的兴趣。❺

与此相似，伊懋可（Mark Elvin）也在他的文章《身心的传说：中国过去150年里的身体与心智》（Tales of *Shen* and *Xin*: Body-Person and Heart-Mind in China during the Last 150 Years）中指出："传统中国并不认为人的肉身具备与生俱来的荣耀。在中国的艺术中，我们不会找到与古希腊年轻裸体男子运动员雕像哪怕有一点点相似的地方……在西方人的眼中，中国的人体画像，不管是穿衣还是半裸（半遮半掩的色情），都显得劣质、粗糙且贫乏。"❻满晰博（Manfred Porkert）在他经典的研究性著作《中医基础理论》（*The Theoretical Foundations of Chinese Medicine*）中认为，中医强调去理解医学的身体（与西方解剖学思维下作为缘起和肉体的身体相反)如何运作,这"并不等同于西方解剖学,而是其对立物"。《中医基础理论》至今仍是以系统化的方式,最全面、最成功地转译了中医基础理论的著作之一。在这本书中,满晰博不遗余力地提出,传统中国解剖实践的运作体系与西方截然不同,从本质上来说是无法转译的。或者,只有将下面一点谨记于心,我们才可以对其进行转译:我们在理解描述中国"脏器"和身体现象的翻译术语时,"要将其看作是对实际关系或功能的定义,而不仅仅是简单解剖学认知的表达"。❼因此,本书的研究旨在弄清有关病态的观念何以会在现代早期主导了文学和文化中对中国身份的叙述——为此,思考有关身体本身的观念是如何被转译和转换的,就极为必要了。我们必须要知道,身体构成了病态栖居其中的一块白板;一个人要罹患某种独特的现代(或"西方")疾病,就先得有一个独特的现代("西方")身体。因此,正如上一章论述了病态在文化层面出现的种种可能情况及其定义,本章同样也必须考虑到这一趋于现代的身体种种因情况而异的定义及转化,正是这些定义和转化使得这些现代疾病在文化的层面上生效。

本章提出,自19世纪中期开始,由西方医学传教士引介到中国的基于解剖术的解剖学,不仅仅其内容,亦包括其形式,都对身体及自我在清朝末期及之后的再观念化造成了深刻的影响。举例来说,我认为,在中国的作家以及受过西式训练的医生看来,中国的叙述传统存在一个大有问题的缺陷,那就是无法解释(肉身的,以及最终"现代的")身体的肌肉分层及人体各种各样肉的类型。而在五四文学革命的语境下,基于解剖术的西式解剖学内在的"现实主义"观念术语为此提供了一个解决方案。我还指出，这里所说的解剖学指的并不仅仅是最早引进中国的西式解剖学教学，还指的是中国最早就一种新美学或新模式、新实践提出的系统化表述，即如何观看身体——我们或许可以称之为一种"解剖现实主义的美学"。这一解剖美学的话语表现出这样的特点：对体内与体外之维度及区分投以新的关注；对人体可穿透性及脆弱性有了新的理解；最重要的，对目所能见的可能范围投以全新的关切。因此，正如芭芭拉·斯塔夫（Barbara Stafford）所说的，解剖美学之进入中国，就像在启蒙运动时期，"皮下**未知领域**的样貌"在欧洲得以揭示——其时，"想象'看不见'的领域这一问题对艺术和自然科学来说变得非常重要"。❾因此，本章会勾勒西式解剖学进入中国的历史；讨论一本早期重要解剖教科书的详细内容，特别是关注这本书将美学和视觉的侧重点放在什么地方；提供了一个详尽的案例（采用文学现实主义的手法），呈现了此种新的美学在现代性之初如何影响了中国的自我认知和自我表达，以及身体的观念化。

但是，正如本章的题目所表达的，我们有必要强调，弄清楚在中国的解剖学中，目所能见的是什么——对此投以新的关注，并不意味着在西式解剖学进入中国之前，中国并不重视视觉，或是中国的医生并无"太多对视觉知识的信仰"。相反，正如米歇尔·福柯所阐述的，在18世纪，通过解剖术这一实证主义的实践而获取的关于疾病的经验证据，取代了通过欧洲传统诊断方法所得出的更为表面的症状结论——而我论证的前提即是，随着基于解剖术的解剖学著作引入中国，与福柯所论述的情况相似的一个取代过程也疾速发生。举例来说，伟大的艺术史家欧文·潘诺夫斯基（Erwin Panofsky）就认为，"那些自然科学细分学科的兴起，我们或许可以称之为观察式的或细描式的学科——动物学、植物学、古生物学、物理学的好几个分支学科，以及最重要的解剖学——都完全依赖于再现技术的发明。因此，在得出文艺复兴在艺术上取得了巨大的成就，但于科学的进步无所增益这样的结论时，我们应当思考再三"。❾本书希望把潘诺夫斯基的观点植入一个新的语境当中，关注点并非解剖术实践在中国的某种"缺失"，而是考察一种特定的观看科学——"观察式的或细描式的……再现技术"——在19世纪的进程中如何与西式解剖实践本身一起，甚或在更早的时候引入了中国。鉴于这样一种对人体截然不同的观看和再现方式在本质上相当于一种现实主义的形而上学，其引入就几乎和解剖术本身的引入一样重要，而且也深刻地影响了中国现代性之初有关"现实"及现实主义美学、文学等等的思考。

## "目所难见"：合信的《全体新论》

> 现实主义题材并不反映日常生活，而是反映信息的等级化；现实主义是对价值的摹仿，而非对物质世界的摹仿。
> ——苏珊·斯图尔特，《论渴望：袖珍小书、鸿篇巨著、纪念品和收藏的叙事》（Susan Stewart, *On Longing: Narratives of the Miniature, the Gigantic, the Souvenir, the Collection*）

早在 17 世纪初，耶稣会会士罗雅谷（Giacomo Rho，1593—1638）、龙华民（Niccolo Longobardò，1559—1654）和邓玉函（Johann Terrenz Schreck，1576—1630）就把西方的解剖观念输送到了中国。他们合三人之力把昂布鲁瓦兹·帕雷（Ambroise Paré）的《人体之一般解剖学》（Anatomie universelle du corps humain）一书译为中文，而该书又是基于安德雷亚斯·维萨里（Andreas Vesalius，1514—1564）著名的《人体构造》（De humani corporis）一书写就的。❿尽管这本书仅限在皇家藏书阁内部流通，并未被太多的中国读者看到，但还是成功地产生了一些影响：有学者认为，"扬州八怪"之一罗聘（1733—1799）的《鬼趣图》系列就受到了这本书的启发（鬼和维萨里书中的骨架存在显而易见的相似之处）；19世纪的解剖学家王清任（1768—1831）出生于中医世家，他 1830 年刊行的关于解剖极具影响力又极富争议性的著作强调，要准确说出内脏的位置，对内脏眼见为实的观察就很重要——人们确信这本书也（尽管是间接地）受到了邓玉函的影响。⓫

然而，直至 19 世纪后半期，西式解剖学才被更为系统性地引入到中国——不只是通过西方解剖学著作的日文译本，还通过合信（《全体新论》，1851）、德贞（《全体通考》，北京：同文馆，大约出版于 1886 年）等等其他人用中文写就的原著。⓬除了其他的所谓缺失——如无法做手术，无法快速引进接种术，"神经麻木"，不觉得"肿瘤尴尬"——这一次（应该听起来极为熟悉），西方医学传教士开始通过修辞术及其他方式来建构另外一种中国传统当中的"缺失"：缺少进行验尸的意愿或"能力"，因为在传教士看来可说是迷信的文化禁止这样的做法。❸事实上，从19世纪中期开始，传教士的日志和报告就不只是满篇都在讲述他们所遇到的奇怪病症，还满纸辛酸地讲述中国人是多么迷信和固执，拒绝任何形式的解剖（这自然也就阻碍了用西方医学－精神实践来教化中国人这一首要目标的实现），还有少量算不上合格的报告讲述了如何给愿意学习的医学生"慌手慌脚"地展示偷来的尸体或偷偷摸摸地解剖尸体。1850年的时候，当伯驾去说服他的一位已逝患者的亲戚，以得到许可对死者进行验尸时，他认为获得许可"或许可以视作一次胜利"。考虑到本书第二章所提到的伯驾早年所感受到的那些挫败感，他说出这句话就有极为深刻的意涵了。❹与伯驾的挫败感遥相呼应，嘉约翰在1867年时这样写道："我们强烈地感受到了大家希望能有机会进行解剖的愿望，而中国人关于死者的迷信观念似乎是从事这一重要研究所面临的一道不可逾越的障碍。"约瑟夫·C.汤姆逊（Joseph C. Thomson）医生也在1890年就中国的"解剖学范式"大致提出了自己相似的看法。他认为，中国的解剖学范式"尽管有那么好的**开端**，却令人震惊地落后于时代，现在还自我感觉良好，觉得掌握着高人一等的知识"。到了1929年，在《中国的疾病》第二版的序言中，威廉姆·汉密尔顿·杰弗瑞和詹姆斯·L.麦克斯韦还重申，"关于内脏的位置以及它们彼此之间的关系，中国人……有着智慧的洞见，一如任何一个善于观察的人都可以随着年龄的增长而不断积累；而且在某种程度上……对身体不同器官的运作也有所认识……（然而，）却从未尝试过对人体进行解剖：因此，对这些领域的认识就存在绝对且显

而易见的局限性"。❺

　　因此,从很早开始,传教士医生就发明出各种有创造性的途径,来解决解剖学教育在他们看来所面临的最大障碍:中国的迷信。他们在教学中运用了引进的模型、骨架,甚至是保存下来的样本;用青蛙这样的小动物演示解剖;制作了数不胜数的图表、表格及其他绘图。❻举例来说,图25 这张不同寻常的照片拍摄的就是世纪之交成立于上海的圣约翰医学院里的一个医学课堂(准确地说是"一节小型手术课")。这张照片大约拍摄于1905年,照片中的中国医学生及其导师(很可能是谭以礼医生,他本身就是1903年的毕业生)在一间教室里,教室里配备有骨架、解剖图及各种图表。在课堂上,这些医学传教士很快就认识到,解剖学的课本能够在课堂上及课堂外推进他们的医学传教事业。1851年,用中文

图25:"摄影师不详《一节小型手术课》(*Class in minor surgery*)"大约拍摄于1905年。图片来自威廉姆·汉密尔顿·杰弗瑞、詹姆斯·L.麦克斯韦,《中国的疾病》,1910年版,第11页。图片由密歇根大学安娜堡分校哈兰·哈彻研究生图书馆提供

写作的第一本西式解剖学著作,合信的《全体新论》在中国出版了。这本书是第一本有一系列插图的中文著作,在接下来的几十年里会走进谭以礼等医学生所就读的医学堂——附属于清朝在"自强运动"中所设立的制造局——会在传统中医从业者的手中传阅。❶这些课本广泛传播,但是书中的观念却远未能让新的读者普遍接受。正如

120 合信所写的,他这本书的初衷是要修正中国的医学书籍。他认为这些书"所依据的是两三千年前的原理,这些原理非但无法解释重要的血液循环学说,还极为荒唐地乱人视听,谬误百出",而且这些原理"对动脉和静脉不作区分——不知道心脏是如何正常运行的,也不知道血液为了身体的正常运行,在肺部及毛细血管系统中怎样进行必需的转换",更不了解"神经系统及其功能和疾病",等等。《全体新论》致力于无所不包。❶正如医学史家王吉民和伍连德所总结的:

> 或许,这位作者的书在中国不断地重印就是对他最高的褒奖——最开始是应广州总督的要求而出版的一本解剖学与生理学著作……接下来又有了其他的版本……接下来的几卷内容同样刚一面世就开始重印……很多年里,合信的书都是中文著作的标准。这本书不但影响了接触西方医学人士的中国人,还影响了大量的学者,不可小觑。❶

121 但是,《全体新论》并不是一本严格意义上的译著。相反,正如吴一立所说的,这本书,连同合信的其他著作,"把合信所认为的英

国在医学科学领域所取得成果的精华都呈现了出来,他和他的中国合作者们把这些精华直接译成中文,并结集成书"。[20]这包含有几层重要的意涵。首先,这意味着合信并未将某一单个的文本作为自己的参考书目,而是从中引用。如此一来,他成了所有在这本书中出现的内容的作者。正如合信自己在《全体新论》一书的前言中所写的:"近得华友陈修堂相助,乃集西国医谱,参互考订,复将铰连骨格及纸塑人形,与之商确定论,删烦撮要,译述成书。"[21]其次,因为这本书首开先河,这就意味着这本书没有现成的译文可作参考。相反,为了找到合适的词汇进行表达,合信和他的中国合作者陈修堂需要共同努力,开创一套全新的中文解剖学词汇,以符合插图所描绘的内容及合信想要收录的概念。[22](正如罗芙芸在谈到自19世纪80年代开始的科学文章译介时所指出的:"中国的翻译员不仅仅简单采用主导的'西方'知识体系,而是有意将之转化为一个本土化的中国习语。")[23]再次,这意味着甚至是连插图通常都需要从头开始,重新制作,由广州的中国艺术家把合信的朋友W. G.迪克森(W. G. Dickson)所制作的图表转换成木刻版画。[24]最后,这也意味着这本书所呈现的——"骨骼,以及对各种动物骨架的比较,韧带及肌肉,对大脑、脊髓以及神经系统的描绘"[25],等等——尽管听来并不陌生,但却与我们今天在想到解剖学时出现在脑海里的标准的解剖学内容大相径庭。

  对中西解剖学之间差异的研究被归为讨论中医观念之基础的汉学的分支。其中,最著名的研究者就是栗山茂久。为了说明我的观点,我会以《全体新论》的出版为例,集中讨论西式解剖学引介至中国所带来的两大重要影响。其中之一和语言有关。正如前文所谈到的,在着手将术语和概念翻译成中文时,合信和陈修堂所面临的困境从本质上来说是"前所未有"的。原因在于,现成的对应说法或一看便知的同源词并不存在。这一工程需要紧密的合作。为此,西方人要先将新的概念讲述给一位中国合作者(通常是有西方科学和医学相关背景或对此抱有兴趣的中国人),此人再努力用合适的语言将所有这些内容吸收消化,用中国的语言系统进行表达。在这个重新创作的过程中,译者的选择要么是(可能的话)弃用现有的术语,发明新的科学术语,要么是调整现有的词汇以适应某些同源词或大致对等的内容。❷后面这种选择(合信和陈修堂在写作这本书的大多数时候都选择了此种方式)意味着,译著者有时或许会借用某一中文术语的原始含义,再将这一含义赋予某一新的术语。

在诸如此类的词源学嫁接中,有一些相较而言显得更为成功。举例来说,对于中国解剖学而言,"muscle"是一个外来的概念。因此,合信和陈修堂决定使用"肉"来表达这一术语("肌肉"是"muscle"一词现在的译法,《全体新论》中一章的标题采用了"肌肉"的说法,作了介绍,但自始至终更常见的说法都只是单个的"肉"字)。他们做出这样的选择或许参照了"肌腱""腱"这两个相互交叉的概念,也或许是因为人们更为熟悉"肉体""肉"这样的说法。但是,最终的译法仍然让人感到奇怪且含混,因为单个的"肉"字无法完全表达出"muscle"这个概念的具体意涵。还比如,他们来来回回,最终把图26解说为"人之力在肉/用力则肉缩而短"。

尽管合信在这里呈现的人物形象显而易见是盖伦式的，通过武斗的技巧来高度彰显希腊式的"勇敢"（画中的人物是赫拉克勒斯和安泰俄斯），表现他们的力量（当然也包括他们的**西方性**），然而，由于缺乏合适的词汇表达，这又让合信投身于希波克拉底学派的文字，在那里寻找灵感。㉗正如栗山茂久所写的，

> 希波克拉底学派的作家提到过肌肉，不过次数很少。即使在《外科治疗》（*Surgery*）与《骨折》（*Fractures*）这类应当对肌肉有详细探究的作品中，他们所偏好使用的词汇却是"neuroi"与"sarks"——肌腱与皮肉。《骨折》一书的作者所使用的语汇和中国人颇为相似：提及"骨头、肌腱，以及皮肉"，而非"骨头、肌腱，以及肌肉"；他并且提醒医生手臂的桡骨上有极厚的"赘肉"（sarkos epiphysis），而尺骨上

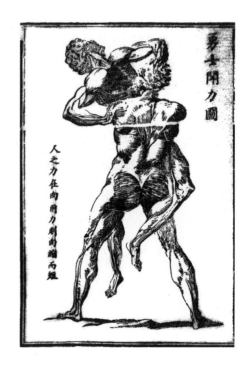

图26：《勇士斗力图》。图片来自合信，《全体新论》，无页码。图片由美国国家医学图书馆（The National Library of Medicine）提供

则几乎没有肉。㉘

一例更为成功的词汇学嫁接是合信与陈修堂为"nerves"一词发明的译法：脑气筋。吴章认为，合信之所以在这里会选择"气"，是因为当时把电翻译为"电气"。这表明，合信认同流行于19世纪早期欧洲的"伽尔瓦尼理论，即在神经控制下产生的肌肉收缩是由生物电刺激造成的"。吴章在书中写道，

> 因为合信认为，在伽尔瓦尼主义（伽尔瓦尼电流）与生命力之间存在着联系（哪怕这两者并不相同）。而且，中国人在中国医学中使用"气"（字面意思是"空气""气息""水汽"）一词的方式与西方19世纪早期的观念相似——人们认为，电流和神经传导都通过生命力及"微流体"进行循环。鉴于此，对合信来说，"气"自然而然就成了"神经"及"电流"这两个词语中译法的备选项。中医认为，人体的每一个器官都有自身的"气"，而且都受到体内"正气"流动的影响。因此，将神经命名为"脑气筋"还有个额外的好处，即呼应了中国现有的器官生理学说。㉙

合信和陈修堂投机取巧地改造了"脑""气""筋"这些术语，显而易见是试图消除中西医学体系在观念上的鸿沟，同时吸引人们对他们著作的注意力。此间，由于新术语的发明越来越准确，再加上对中文术语的准确挪用，可以说，就表意而言，与

将"muscle"译为"肉"比起来，将"nerves"译为"脑气筋"或许要更为成功。

合信和陈修堂在中西解剖系统间建立对等关系时所面临的困境非常值得关注。原因在于，他们所面对的是人体：两位作者努力要做的不仅仅是如何呈现身体，如何揭示身体各部分间的内在关系，还包括如何呈现和表达19世纪中期那新的普世主义。这种新普世主义认为，所有人类从根本上来说具有相同的本质（尽管出现了种族论）。而且，这一普世主义的根基所在不是别的，正是人类的身体。换句话来说，要通过借用来的词语及潜在含义相似的概念完成《全体新论》一书的创作，合信和陈修堂需要设想这样一个观念，即存在一个看不见的共同的所指（一种普遍的人的形式）。然而，这一形式尚不存在一个中国的对等物。正如刘禾借用让·鲍德里亚（Jean Baudrillard）的理论所说的："翻译无须保证两种语言在意义上的对等。相反，翻译是一种对赌，一种让意义成为价值的欲望，一种哪怕处于极端不利的境况，也要跨越语言去表达的欲望……因此，翻译的行为假定存在一种对等符号的交换，并创造出这一对等物——即便是它并不存在。"❸总之，合信和陈修堂需要找到人体的"假定对等物"。在观念的层面上，这意味着，某种程度上，合信不仅仅要发明一种用以解释西方解剖学身体的语言，还要开创一套身体自身的理论基础。在很多时候，这反过来又意味着同时将神学观念注入到文本当中去。就比如在"不能自主之肉"这一节，合信（和陈修堂）就谈到了如果肌肉的各种功能都是自主的会是怎样的情况："倘果惟人自主势必疲弊难安，故上帝以其神智全能，使之自行其用，不困不息，困息即死。上主之鸿庥大德，赋于人者，吾人赖之，不容少间，可不深思而敬佩也哉。"㉛不足为奇的是，这本书的中国和日本重印本有时会将这段委婉表达虔诚的文字删除掉。㉜

但是，正如《全体新论》的出版所呈现的，西式解剖学被引介至中国还有一个重要的面向，那就是表达方式和语言的转变也引起了对观看新的重视。也就是说，合信的书不仅仅让我们看到，身体的语言与概念化发生了巨大转变，还开创了新的再现和描述身体的方式，诞生了新式图像与文本的新式关系。这些都建基于眼睛具体可以看见什么和看不见什么的特定观念之上，并引导眼睛以一种不同于传统中国的方式来观看。总的来说，传统中国医学在再现身体时，强调的是原理：《黄帝内经》和其他著名中医文本中因经常被引用而广为人知的图像多是身体的**映射**，而非身体的**图像**（或者说至少成了一种极为不同的"身体"的图像），目的是为了说明相对的位置，大概的尺寸和范围，而非记录某一器官或身体结构的精确样貌，或者说是为了给病理解剖学提供一个可比对的健康标准（如图 27）。正如满晰博所说的："一般来说，藏象（orbisiconography）的图像主要都是功能运作的图示，而非解剖后的体内图像。"㉝就比如 19 世纪的解剖学家王清任——他是一位著名的解剖学家，为了画出眼见为实的图像而查看已处决的人和已入葬的尸体——是这样介绍自己极具争议性的插图著作的：此书"非治病全书，乃**记脏腑**之书也"。㉞

简而言之，对于中国传统的医学绘图而言，精确地记录眼睛

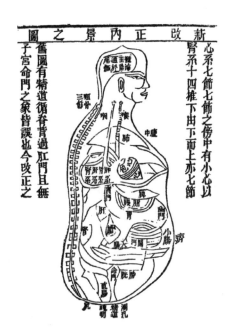

图 27:人体图。图片来自《黄帝内经》(*The Yellow Emperor's Classic of Internal Medicine*)第 41 页

所看到的,或精确地记录器官与身体各部分的原理关系及其在一整套体系中的运作——这二者相较而言,前者并不及后者重要。而且,在我们看来,西方解剖学著作对平面、表皮、皮肤的描绘或许是毋庸置疑的,但这些在中国医学中却并非多么重要的内容。中国医学不存在西方意义的皮肤,也没有图形类的工具强化体内、体外的区分。在讨论中国艺术对身体的再现时,海约翰(John Hay)的观点也与解剖学的图像有些关系:"不只是天象,各种各样的现象都被视作'气'的聚集和形态,而非由固定平面和边缘构成的几何形体……表皮并非几何形固体的表面,不可穿透,而是完全可触的界面。通过这个界面,内部的结构性要素可以同外部环境产生互动。因此,不只是身体的器官,身体本身就是这种现象。"㉟中医对身体的再现极为抽象,就像是身体的路径图,完全

通过视觉和观念层面的隐喻来表达。举例来说，著名的道家解剖学就认为，身体是一个小宇宙，内含天地万象；另有一家学说认为，身体器官的运作等同于国家的运作。㊱海约翰就带有挑衅地评述道："我们或许可以这样认为，在中国的语境中，如果说整个的本体论都是隐喻性的，那么，单个的'隐喻'则完全是现实性的。"㊲

《全体新论》对身体的再现不同于中式再现，甚至超越了王清任的大胆尝试（但他仍然做不到主动去实施解剖）。这本书通过解剖术的实践，在一个新的层面上强调了亲身实践和视觉信息的重要性。正如合信和陈修堂在书中所写的："脏腑居内，目所难见，故西国业医之院，每领死人，剖胸刳腹，搜脏渝肠，细小考究，详载于书，比中土耳闻臆断者，实不相侔。"㊳《全体新论》以这样的方式绘制身体的图像，由此来呈现我们可以将身体揭示到何种程度和层面——这在中国医学看来是匪夷所思（也的确毫不相干）的。我们可以通过对比两张图像来了解这种差异。其中一张是一本中国著作当中的图（图 28），另外一张是《全体新论》当中的图（图 29）。乍看之下，这两张图或许极为相似：两张图都呈现了人体的腹部，呈现的都是解剖学/医学的构造，都有解说性的文字。然而，中国著作中的这张图没有出现皮肤或任何闭合性的边界。相反，这张图南北向垂直于一个平面之上，宽度一致的粗重木刻线条不仅仅勾勒出"五脏"最外层的边界所在，还用线区隔出对称的叶、瓣，构成身体的内部图景（因此也没有任何纵深感）。一条朝上的静脉表明，在这个图像的可见范围之外，身体仍然是延续的，还包括其他的器官。"胃""心""大肠"这几个标注沿着垂直方向写

图像的来世

在各个部位的边缘线内，笔迹厚重，字体相对较大（原文如此——编者），分别在每个部位占据了一大块区域。这表明，就表达而言，这些标注性的词和它们所占据的那块图像一样重要，甚或更加重要。这张图是很多中国解剖学图像中的典型，更多是图示性的，而非再现性的。

然而，《全体新论》中的图像则意图描绘一种更为本质的人体形式。事实上，这张图不遗余力地想要增强这种本质性的感觉。为了达成这一目的，这张图最显而易见的手法便是再现了皮肤的层次：在合信的这张图中，内部的器官是通过皮肤的层次构造出来的，沿着中轴（脊柱？腹股沟？）一层层剥离，并以同样的顺序在书中依次出现。为了不让读者觉得困惑，这张以局部代替整

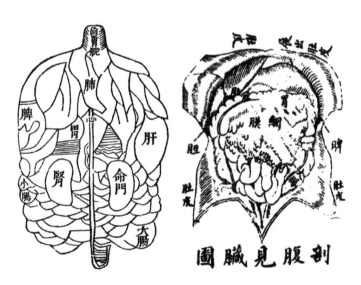

图28：「腹部」经典图示。图片来自《黄帝内经》第38页

图29：《剖腹见脏图》，图片来自合信，《全体新论》，无页码。图片由美国国家医学图书馆提供

体的手绘图还在四角分别明确标注了"肚皮"和"展出肚皮",字号不大,而且写在最边缘处。这张图还通过其他的手法彰显了身体这个部分的纵深感:临近各个器官的边缘处,粗糙的阴影就会加深,与此同时,边缘附近粗重的区隔线则营造出光影的对比,甚至,在皮肤的开合处,还通过给外边缘加上额外的线条以形成层次感。相反,器官内部的标注则毫不起眼,有的标注顺着图像线条的方向倾斜——总之是作为图像内容的补充。这些手法整体上是为了揭示内部和层次,构造出体内与体外的概念,并将观众的视线引向体内。从图像的角度而言,这些手法反映出,西方解剖学通过不断地接近(或者试图去接近)目所可见,而将理论的重点放在可见的领域。图注的说明性证实了其对"见"的强调:剖腹见脏图。因此,在这张图像中,身体——和图像本身一样——等待被细读,通过观众主动的参与在深度和肌理的层面得到解读。然而,中国著作中的那张图的重点在于隐喻,强调的是关系和理念。借用译介研究的术语来说,这两张图就好像是彼此在视觉上的"错误同源词",看似表达相同的意味(所指部位也相同),但事实上却截然不同。

合信解剖学与中国传统身体再现方式之间的区别,通过"剖面"这一概念也可窥见一斑。在某些中国的再现程式中,"剖面"这种表达或许能找到对应的同源词,但实际上它又截然相异于这些程式。尽管中国传统医学图像再现的是一个主体不同的"面"——如前面、后面、侧面——但这些指向的都是形式,而非通向内部的窗口,强调的是相关的区域,而非平面、深度或维度。然而,《全体新论》中的剖面则基于这样一个想法，即解剖学家的解剖刀可以一层层地揭示出器官结构的复杂关系。就拿《直割眼球图》这张图来说，它对眼球不同结构的描绘首先取决于观众将**体内感**概念化的能力（以及图像对体内感的传达）。但是，更甚于像上述剖腹图那样的图像，剖面的体内感似乎超越了目之所见，它提出了一种对结构的想象，一种借助于解剖学家的解剖刀都无法触及的想象，此外，它还提供了一个极为特殊的——哪怕根本就不存在的——绝佳视角。借助于此，剖面的维度不但横向地扩展呈现出体内感，还在观念上构成了一系列看不见的点。经由这些点，一个想象中的切口就能够把永恒的体内现象揭示出来。这样一来，从这只想象中的眼球的正中心竖向地割上一刀，就可以揭示出这个洞穴——大多数时候它有一个形象的称呼，叫"大房"——的构造，纯白色表示的则是一种格格不入的空洞。同时，一系列弯弯曲曲的线条、短线、斜勾和圆点则勾勒出一幅内容丰富的拓扑图，呈现出眼肌、强健的视神经、保护性的脂肪及前额骨的样貌。剖面图的悖论在于，它一方面声称可以通过将多重维度缩减为一个抽象平面，再打印在纸张上，简易直观，但另一方面又提醒我们必须将这个揭示性的平面本身看作对"真实"和维度的再现。简言之，在合信将剖面引入中国的时代，剖面图被两度从中国医学图像的首选方式中剔除：第一次是因为它要求读者具备对体内感的认知；第二次是因为它要求读者在某种程度上接受非真实意义上的真实，接受剖面图所提供的视域是一个真实且可视的视域。

让读者感到陌生的不仅仅是合信著作中的内容，还有他书中的

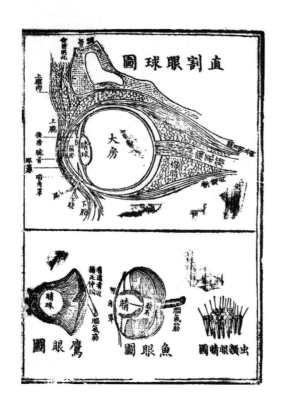

图30：《直割眼球图》。图片来自合信，《全体新论》，无页码。图片由美国国家医学图书馆提供

再现方式——能说明这一点的一个图像就是《勇士斗力图》。前文在谈到赫拉克勒斯和安泰俄斯时曾以此图为例（图26）。就很多个层面而言，这张图都与中国传统的图像不同——从卷发的希腊人体到他们的确在拼死决斗（通过交叉的影线、地面上的阴影等等可以看得出来）。更重要的是，这张图的全部目的是为了勾勒运动中的肌肉组织和肌肉——这一构造和概念在中国的医学表达中几乎根本没有对应的同源词。

然而，这张图最令人震惊的地方在于，两位勇士没有皮肤。图29的腹部图把皮肤作为一种视觉手段，而在这张图中，皮肤的

**缺失**也构成了一种手段：正是这一器官边界的完全缺失或许能够为观者提供某种 X 光视角，让观者的视线能够透过肌肉，看到"勇士"在斗力时，其身体内部是如何运作的（即便是在实施解剖时，这一视角从技术上来讲也是无法实现的，因为解剖的是死人，而非活着的勇士）。举例来说，在图 31 中，图注不仅仅把需要"割去"皮肤这一点说得很明白——"割去皮网所见如此"——还有一份图例指导观者如何去观看这张图像："黑色是回血管 / 点线是脑气筋 / 横纹线是脉管 / 下图同。"然而，在《勇士斗力图》中，皮肤自身的缺失提示着观者皮肤的存在。没有任何图注或图例提示皮肤的缺失。相反，这张图希望观者能够"穿透"这一潜在的不可见性，直抵皮肤下面肌肉的运作。

但是，除了彰显观者增强了的视觉能力，就再现而言，皮肤的缺失也和中国传统的医学图像不同。当我们所身处的视觉传统并不认为皮肤是与世界进行交互的第一层界面，也并非最后一层将体内与体外区隔开来的边界，而所有这些图像中的解剖术又如此假定的话（这些图像基于这样一个观念，即皮肤是一层需要被

图31：《手肉图》。图片来自合信，《全体新论》，无页码。图片由美国国家医学图书馆提供

移除的障碍,是科学发现与"目所难见"间的最大屏障),那么,皮肤的缺失,以及我们观者的身份——首先要"创造出"皮肤的存在,然后要"看透"皮肤,以去除皮肤的存在,看到皮肤下面肌肉的本质性真实——就被双倍地复杂化了。正如海约翰在分析小说《金瓶梅》中的一段文字时,曾就服饰的表征提出了这样的观点:"服饰并不只是一眼就可看透的象征。我们无法直接穿过服饰,看到身体的真实。"❸因此,对于那些只了解中国传统身体再现的观者来说,《勇士斗力图》的确必然会显得陌生:不仅仅在于图中的人物是通过线条纹理勾勒出来的,这些线条和纹理所构造出的(正如栗山茂久所说的)结构——肌肉——在中国人的宇宙观中并没有相对应的存在,还在于,这两位勇士被剥去了两层皮——不仅仅是身体的皮肤,还包括身上的衣服。海约翰推测,中国对裸体的接受也要追溯至对此类图像的接受:"鉴于'中国'在本质上是一个文化概念而非人种概念,我们或许可以认为,中国人会觉得完全被解码的身体是非人的,裸露的身体不是中国人,或者至少目前还不是。"❹因此,对于中国人来说,"勇士"是陌生的,这不仅仅是由于图像所描绘的那些身体特征,还在于就风格而言,这张图多个层面的裸露所呈现出的身体"不是中国人,或者至少目前还不是"。

综上所述,合信挪用熟知的词汇来表达新的概念,向中国引介有关身体的宗教和其他意识形态说法,采用新的再现手段——所有这些无不表现出一种对中国解剖学图像极端的、几乎可以说是暴力的再塑形,由此也是对自我和人体之象征意味的再塑形。

中国传统将某种隐喻的手段置于对身体的图像再现之上，而合信的解剖学毫不掩饰地强加了一种特权，强调视觉比观念更为重要，身体的"真实"比原理的真实更为重要。《全体新论》之所以彻底地渗透进了鸦片战争之后的半个世纪，是因为它不仅仅采用了一种新的方式来呈现身体的构造和运作，还将**观看**和**再现**身体的全新方式叠置在了一起。

## 鲁迅著作中的解剖美学

> 在现实主义的形而上学中，身体总是最为重要的……罪魁祸首是自然世界的形象，它们践踏了作为"真实"象征的身体虚构的自主性。
> 
> ——安敏成，《现实主义的限制》(Marston Anderson, *The Limits of Realism*)

尽管一些中国的医生和理论家有理由接受《全体新论》大部分或部分的假定，但至少在最开始的时候，有一大批人是持拒绝态度的。❹为了说明拒绝的缘由，很多汉学家的解释——一如有关天花和种痘法的讨论——实际上是对医学传教士意识形态倾向的重复，即将此归因于中国人的"迷信"或某种仇外心理。例如，冯客（Frank Dikötter）就指出："普通解剖学知识的缺乏正应合了对野蛮人生理结构的玄想。"❷郭适（Ralph Croizier）在某种程度上更为温和，他在书中写道，中国人早期对西方医学心怀疑虑，这"更多的……是排外主义的大势所趋,编造出种种有关医院高墙背后妖术的恐怖故事"。❹然而,还有一些学者则不遗余力地试图说明,中国人对西式解剖学以及其他西方医学的拒绝,或许可以被视作一种合理的选择。举例来说,就存在这样的观念:病理生理学(mobid physiology)并不能为我们理解生命提供任何见解;基于解剖术的解剖学知识是多余的;解剖学的教学并未专注于治疗;相较了解器官的位置及功能而言,知道其确切的形状并不重要。❹然而,临时政府分别于1912年和1913年最终确认了西式验尸及尸体医学解剖的合法性,这一事件在西方和留洋的医生看来是一次文化层面和象征层面的华丽政变。1913年,第一台"合法"解剖在江苏仪式性地进行,很多西方和中国的医学人士及政客与尸体一起拍了张合照。❹

此后,随着新民族主义欲求的萌发,即在一个新的全球舞台上"加快"中国民族主义的进程,对基于解剖术的解剖学是接受还是拒绝的讨论,开始完全在民族主义和(正如可能服务于社会达尔文主义的解剖学所秉持的)种族主义的术语框架中进行:接受解剖术的中国医生认为,他们的态度是一种民族主义和科学层面的进步,并批评那些持拒绝态度的医生,大多数时候指责他们是迷信的,在文化上是落后的。❹举例来说,20世纪20年代末期,北京大学教授江绍原在期刊上发表了一系列文章,讨论"中国人对西方医学和药物的反应"。在序言的部分,他用种族学的措辞表达了自己对西式医学和解剖学的支持。他指出,尽管中国医学在"有色人种"的医学中极受欢迎,但随着更为高级的西方医学的传入,中国医学也最终被超越了:"这较高的泰西医学,随着白种人的势力,慢慢输入中土。"在江绍原看来,那些对西方解剖学及其所代表的一切持拒绝态度的中国人暴露了自身的"野蛮思想":"请从野蛮人对于西洋医药的态度讲起。你以为这未免太唐突中国人吗?其实并不。"❹另有一位西式解剖术的支持者认为,西式解剖术有助于我们对人类的进化持一种更为全面的认识,从而为医学的进步图绘出一幅更为理想的图景。他写道:"我认为,世界上最新的医学必然能够追溯出人类的起源。因此,它也能完全填补中国医学,以及生物学和人类进化理论的知识空白。要做到这一点,就得加紧学习西式解剖术,尽我们最大的努力去吸收其营养,竭尽全力去理解其要义。"他还指出:"最后,要让中国医学成为这一探求的基础……向最终实现消灭疾病、延长生命迈进。"❽一位名叫仲景舟(Chong Jingzhou;音译——译者注)的医生也很受挫。1928年时,他试图进行一次解剖,结果被死者的朋友阻止了——尽管他已经从病人处获得了公证过的授权,病人愿意将自己的身体捐献给诊所。医生用明确的民族主义说辞表达了实施解剖术的重要性。但亡故病人张氏的朋友阻止了解剖,并自愿为此决议提供一份"负责书",以保障尸体的完整性。于是,解剖就不再进行了。法律文件似乎不具任何效力,仲景舟哀叹道:"假如今有人临终支配其遗产。立有遗嘱。亦可经三数朋友一纸负责书取消之乎。"❾与此形成对照的是,仲景舟对这位病人张氏大为赞赏,因为他无私地支持发展西式医学的民族主义事业。仲景舟评价说:"余等既不能贯彻其主张,则至少亦须为其发表,使人知张君为中国之提倡者。科学界人必能崇拜之也。"⓾因此,仲景舟大肆批判了病人张氏的朋友,认为对解剖不予许可的行为极为荒唐可笑,这与他对张氏病人一腔民族主义热血的描绘形成了鲜明对比。仲景舟认为,张氏当称得上是一位值得崇拜的殉道者。

在这样一个背景下,和江绍原或仲景舟一样,伟大作家鲁迅也应当被视作一位接受了医学训练,推动民族主义和科学进步的中国人,他在实践和认识论的双重层面上全身心地接受了有争议的新式解剖学知识。有史料充分证明,1904—1906年间在仙台大学学习医学期间,鲁迅就已经学习了解剖学——远早于中国的同人,也远早于解剖术在中国获得合法地位之时。他在著名的自传性小文《藤野先生》中记录了这段时期的生活。他在仙台大学修习了三门解剖学的课程(骨学、实用解剖学、局部解剖学),而且有机会在人体上进行解剖。这些人体有各个年龄段的,有男有女,腐烂程度也各不相同,鲁迅得以亲眼看到人体的运作是如何进行的。⓫在1922年的文集《呐喊》的序言中,鲁迅回忆了他在江南的早期学习经历,这位中国最著名的作家甚至还提到了合信《全体新论》一书:"终于到N〔南京〕去进了K学堂〔江南水师学堂〕了,在这学堂里,我才知道世上还有所谓格致,算学,地理,历史,绘图和体操。生理学并不教,但我们却看到些木版的《全体新论》和《化学卫生论》之类了。"⓬鲁迅还大力批判了中国人的迷信信仰,并为中国人被置于种族等级体系中的"野蛮人"之列而深感忧虑。⓭

更重要的是,正如刘禾所提出的重要观点,解剖术作为一种理念，对写作过程中的人物塑造本身极为重要，特别是它在象征层面非常有效，能将"内心世界客观化"。这不仅仅表现在鲁迅的著作中，也表现在五四时期其他作家的作品当中。刘禾写道：

> 中国文学与欧洲大陆及日本小说杂交的首要成果之一便是讲述行为带来的内心世界客观化。还有什么比曾经流行一时的解剖比方……更能说明问题呢？以解剖人体服务于科学研究的手术刀，在鲁迅及其影响下的作家群中，转化成了对写作功能的一个再恰当不过的比喻。郁达夫曾列举许多欧洲自传体写作实例（特别是 Henri Amiel 的日记）论证道，第一人称叙述最适宜于完成"剖析自我"的任务。科学解剖的借喻形象地道出了叙述内转对开掘人类深层心理的有益贡献。❺

在这里，将解剖术看作一种隐喻的观念，反映出这一时期的文学具有倾向于剖析自我心理的特点。而且，我们也可以在鲁迅的其他作品中看到他对解剖隐喻的偏爱，这甚至可以说是他叙事风格的一大特色。1926 年，有言论批评了鲁迅作品中对他者的文学性描绘。鲁迅对此发表的回应可以说是极具特色的宣言："我的确时时解剖别人，然而更多的是更无情地解剖自己。"❺❺而且，正如高旭东所说的，在鲁迅的一些作品中，我们或许能看到"一种解剖式的冷静"。这无疑提供了一种有益的方式，供我们解读鲁迅文中那些复杂的虚构叙述者（就比如《祝福》和《在酒楼上》中的叙述者——在这两篇小说中，叙述者的罪恶感反映了作者自己的内心矛盾），以诊断的方式去理解叙述者与其他人物及事件之间的关系。㊱刘禾论述说,"新文学"——

> 肩负重任,"解剖"(鲁迅最为青睐的动词)一国的病弱心灵以拯救其躯体……医学及解剖术语充斥在有关现代文学的讨论中,将文学和医学并举,医学的治疗力量被转移于文学,而且基于心物对立,文学的地位被抬高在医学之上。㊲

然而,解剖术的术语不只是被借用过来打比方的词汇,还是鲁迅及其他作家新的描绘性语言。他们在他们的实验当中——将文学现实主义移植到胡志德(Theodore Huters)所说的中国现代文学"坚硬如石的土壤当中去"㊳——用解剖术的术语来描绘人体。与合信和陈修堂这两位前辈一样,努力为身体创造一套新词汇的作家们面临着一个艰巨的任务——找到同义的词语,既能够表达原语言观念上的意义,又能够揭示其新的语汇价值。就文学而言,这是极为危险的境况:一步走错就可能全盘皆输。孔慧怡(Eva Hung)就举例说明了世纪之交各种各样亚瑟·柯南·道尔(Arthur Conan Doyle)的福尔摩斯故事的中文译本。孔慧怡写道,在《海军密约》(The Naval Treaty)中,"作者从各个角度描写了主人公的未婚妻安·哈里森(Ann Harrison),将她塑造成一位杰出的女性:她有一双强壮的双手——像是男人的……;她个子不高,面呈橄榄色,有一双如意大利人一般的黑色大眼睛,披着黑色的长发"。然而,在1916年的一个中译本中,对安的描写变成了"貌颇昳丽,**肤色**

雪白，柔腻如凝脂，双眸点漆，似意大利产。斜波流媚，轻盈动人，而鬈发压额，厥色深墨，状尤美观"。同时，一个 1896 年的中译本中所写的安·哈里森则是"身矮而壮,面如橄榄,睛黑如意大利人,发黑如漆⋯⋯（这样一来）英语通俗小说中的典型南欧美人，在中文译文的表达中，则毫无吸引力可言了"。❺⁹在五四时期的作家们提倡现实主义实验的时候，他们也就不得不承担起一个责任，即描述一个哪怕是色情摄影在此前都从未呈现过的、真实的、更为"肉体的"身体；一个旧有的、更能唤起感情的（而非描述性的）、固定程式化的语言及表达无力再呈现的身体。❻⁰对这些作家中的很多人来说——但是鲁迅是个例外，因为他较为特殊，接受过医学、解剖学和科学的教育及训练——他们都是从科学和医学中习得了观念和实践的词汇，完成了这一转变。鲁迅亲自实践所掌握的人体知识，他所接受的医学训练，以及他对中西解剖传统的了解，让他掌握了专门的术语，借以探索其他的文学表达方式，包括在文本内部质疑现实主义写作方式本身。

通过鲁迅散文诗集《野草》当中的两篇散文诗，我们就可以清楚地看到这些亲自实践所掌握的解剖知识如何启发了鲁迅，使得他开创出文学表达的方式。这些散文诗写于 1924 至 1926 年。其时，解剖术在中国仍多被限制。这些散文诗的表达方式极大地参照了西式解剖学的观念及技术语汇。在这些散文诗中，对身体的描写因一双受过训练的、有真正临床医学经验的解剖式眼睛得以实现，绝无丝毫旧文学中连篇累牍的隐喻或表达程式——偶有出现，或许也是隐晦的讽刺，以将其毫无意义的空洞暴露出来。

举例来说,《复仇》这篇散文诗书写了鲁迅文中经常出现的主题:残暴的场景及麻木的围观者。在开篇处,鲁迅再明确不过地对人体做了一番解剖学的描述:

> 人的皮肤之厚,大概不到半分,鲜红的热血,就循着那后面,在比密密层层地爬在墙壁上的槐蚕更其密的血管里奔流,散出温热。于是各以这温热互相蛊惑,煽动,牵引,拼命地希求偎倚,接吻,拥抱,以得生命的沉酣的大欢喜。
>
> 但倘若用一柄尖锐的利刃,只一击,穿透这桃红色的,菲薄的皮肤,将见那鲜红的热血激箭似的以所有温热直接灌溉杀戮者;其次,则给以冰冷的呼吸,示以淡白的嘴唇,使之人性茫然,得到生命的飞扬的极致的大欢喜;而其自身,则永远沉浸于生命的飞扬的极致的大欢喜中。❻

这段文字的形式是与内容相辅相成的:形式与其所架构起来的思想一样极端。在这段文字中,我们在传统诗歌中能够读到的模棱两可的隐喻指涉变成了具体的、解剖学式的精确描绘。在以前的文字中,皮肤或许是抽象的,仅会以"凝脂"或白玉这样的方式而存在。然而在这里,皮肤有了其自身本质性的存在:皮肤的"后面"有血管,利刃能够"穿透"皮肤;皮肤成为可量化的,纤薄且脆弱("不到半分""只一击")。同样地,皮肤下面血管的构造——我们不可能在旧文学的开篇读到这样的内容——并未被比作某种脆弱的自然现象,而是被比作密密麻麻的虫堆("密密层层地爬在墙壁上的**槐蚕**"),毫无诗意可言。甚至,这首散文诗认为皮肤是有限的平面。这一点事实上也区别于之前的艺术与文学对皮肤的理解,即皮肤具有可渗透性和整体性。《全体新论》将向外敞开的腹部皮肤绘制为一个真实的框架结构,内脏器官居于其中。与此遥相呼应,《复仇》中的皮肤既是对体内与体外这种观念的介绍,也是对这一观念的界定。正是这一脆弱但却重要的界面将深处"鲜红的热血"与表皮"冰冷的呼吸"区隔了开来。

考虑到皮肤这种显而易见的实体性,我们或许应当把第二段中对皮肤质感的描述,即"桃红色的"这一更为隐喻性的表达看作一种讽刺——因为它不仅仅是在说明皮肤这层膜的脆弱性,还在某种程度上揭示了用以呈现身体的表达模式本身也是脆弱的。换句话来说,鲁迅在这篇文章中指出,皮肤是"桃红色的"。他是要由此告诉我们,这是**过去**的身体。然后,他又极具讽刺意味地以解剖的方式解构了这个身体(或者用安敏成的话来说,去神秘化)——可以说,只需诗人以笔为矛一击;而且,鲁迅还揭示出身体和构成身体的有机物质并无二致,都是实体性的。或许,以"复仇"为题指的就不仅仅是残暴场景与麻木围观者在这首散文诗的剩余篇章中循环往复,更是作者对旧的再现机制的抨击。

因此,正如鲁迅的写作一直以来意图表达的,这首诗歌让我们看到,在鲁迅对文化、社会等等细致入微的剖析中,风格本身也毋庸置疑是他的抨击对象。正如胡志德在分析短篇小说《故乡》时所指出的——在这篇小说中,叙述者回到了自己的故乡,却发现那些老相识都已经不是他脑海中的模样,似乎记忆是错乱的——

"如果我们认为《故乡》一文中叙述者错乱的记忆是主体性的象征，即茅盾在他 20 世纪 20 年代早期的那些批判性文章中大量谈到的，我们就会在鲁迅的小说中发现一种强有力的元虚构，也就是中国现代文学对个体想象的再现……在《故乡》中，虚构本身表现为一种强有力的再现手法，但悖论在于，仅在它所再现的是再现本身的问题时，它才是有效的"。❷安敏成提到，现实主义最本质的表达是要表现"身体虚构性的自主"。因此，我们就需要考虑到，如果身体存在于这一时期的虚构当中，那我们就应当把身体视作讨论现实主义本身的落脚点；如果身体消亡了，被解剖了，被肢解了，被疾病侵袭了，或被毁尸灭迹了，我们应当视之为对各种身体再现方式的注解或论述。由此，我们才可以将身体消失的方式看作一个信号，追索出作者对现实主义之成功或失败的评价。❸在这个意义上，《复仇》是某种自反式的文本注释，说明再现本身的脆弱性，而非身体的脆弱性，揭示出在遭遇细致入微的审视之时，再现是何等脆弱。

还是在这本文集中，另有一篇名为"墓碣文"的散文诗。这首散文诗更为显而易见地将被解剖的身体和文本中的身体对等起来。《墓碣文》讲述了一位叙述者在梦中努力认读破旧不堪的墓碑上所刻的碑文，遇到了墓中所躺的死尸的故事。一开始，叙述者站在一个表皮剥落、苔藓丛生的墓碑前，读着上面仅存的碑文："有一游魂，化为长蛇，口有毒牙。不以啮人，自啮其身，终以殒颠。"然后，叙述者绕到了墓碑的背面，看到了一个洞口大敞着的坟墓。他看到，"上无草木，且已颓坏"。叙述者又在坟墓中看到一具没了一些内脏的死尸:"即从大阙口中,窥见死尸,胸腹俱破,中无心肝。而脸上却绝不显哀乐之状,但蒙蒙如烟然。"叙述者的眼角扫到墓碑的背面所残存的另外一些碑文:

> 我在疑惧中不及回身,然而已看见墓碣阴面的残存的文句——/……抉心自食,欲知本味。创痛酷烈,本味何能知?……/……痛定之后,徐徐食之。然其心已陈旧,本味又何由知?……/……答我。否则,离开!……❻

最后,当叙述者打算离开时,让他大吃一惊的是,死尸从坟墓中坐了起来:"我就要离开。而死尸已在坟中坐起,口唇不动,然而说——'待我成尘时,你将见我的微笑!'"这首诗并不长,而且就在这样毛骨悚然、怪异恐怖的氛围中结束了。

这首散文诗最值得注意的地方在于,身体在眼前清晰可见。死尸与文本,不全的尸首和断片般的文字,相互对应,一如不祥的"文本中的文本"带着叙述者深入并发现人类的内脏(或是内脏的缺失)。形象上的对等造就了其他的对等:身体的"胸腹俱破,中无心肝",在风蚀的石碑上所残存的碑文("剥落很多……仅存有限的文句")中得到了预示,又与石碑背面所"残存"的文字相呼应("残存的文句")。同时,墓碑上晦涩难懂的碑文又讲述了何以这具尸体会在入葬前就没有了内脏(如,"自啮其身")。因此,叙述者的功能在于,一方面讲述死尸失去内脏的故事,一方面解释墓碑上的碑文。而且从根本上来说,他对墓碑上的碑文,以及身体中空的尸体的凝视是诊断式的,既主动地读解碑文,又主动地分析身体本身。这样一来,这首散文诗就通过叙述者解剖式的观看将作者想要说的人吃人、自我毁灭的主旨表达了出来。

尽管有人极具说服力地指出,这首散文诗"极有可能受到了波德莱尔《腐尸》(Une charogne)一诗的启发",但我认为,鲁迅的《墓碣文》主要的启发——或者说另外的灵感来源——其实是他解剖学的学习,既包括他在日本所接受的训练,也包括前文提到的解剖学家王清任的生平及著作给他带来的影响。❻❺王清任在中国最为人所知的是他1830年刊行的著作《医林改错》。这是一本极富争议的著作。王清任在书中提出,医学经典著作中的解剖学都是错误的,解剖学的知识应当由直接的观察所得。王清任的这本著作略早于合信的《全体新论》,但在兴起的讨论中(关于"通过直接观察体内器官而获得的知识所产生的道德影响"),这两本著作的立场是相近的。后人认为王清任是"中国第一位解剖学家"。❻❻

鉴于鲁迅的学习背景,毋庸置疑,他对王清任其人其书并不陌生。鲁迅也一定知道,和其他的比起来,王清任更加关注的是确认心脏的准确位置。❻❼更重要的是,鲁迅也一定知道一件众所周知的事情,即王清任是在怎样的境况下掌握了器官的位置及其准确的样貌的:由于无法用真人亲自实施解剖,王清任不得不造访残破的坟墓,那里埋葬着瘟疫中亡故的死者。野狗把这些坟冢都刨开了,里面的尸首都暴露在外面。《医林改错》中的一段文字这样写道:

> 余每日压马过其地，初未尝不掩鼻……遂不避污秽，每日清晨，赴其义冢，就群儿之露脏者细视之，犬食之余，大约有肠胃者多，有心肝者少，互相参看，十人之内，看全不过三人，连视十日，大约看全不下三十余人。始知医书中所绘脏腑形图，与人之脏腑全不相合，即件数多寡，亦不相符。❽

这段自传性的文字与鲁迅的散文诗存在显而易见的相似之处。举例来说，和王清任一样，《墓碣文》中的叙述者也在进行某种解剖学/实证式的研究及文本比对，他造访了墓地，并走近了一个暴露了尸首的坟冢。和王清任一样，无须触碰或是踏进这个被翻开的坟冢，叙述者就能得知埋在里面的没有内脏的尸体是怎样的情况。和王清任一样，《墓碣文》的叙述者仔细地观察了这具尸体，发现尸体没有肝脏和心脏。对于王清任和这首散文诗的叙述者来说，他们所面临的挑战在于，要将身体视为一个文本，但受到物证与文字证据的极大限制（举例来说，诗歌中残存的文字对应于王清任所说的"十人之内，看全不过三人"）。与此同时，他们的目的是找到旧式再现手法与实际情况之间的本质关系（王清任需要努力找到"医书中所绘脏腑形图，与人之脏腑全不相合"；相对应地，死尸试图找到心脏的"本味"，然而却失败了）。利用同样的情景，这两个文本就再现有了开创性的发现：深藏于一具没有内脏的尸体的胸腔之中。

因此，就鲁迅这首散文诗所表达的主旨而言，叙述者的使命似乎呼应了这位中国解剖学家的使命——他极具代表性的革新来源于西方医生向中国的引介，同时又表现出鲜明的个人特征。由此，中国的医学和西方的风格都被借用了过来，以探索再现这一主题。叙述者携带着这些千丝万缕的联系，成为一个受过教育的、中国的信息提供者，引导着读者开始一场视觉的旅行，从一个孔洞步入另外一个孔洞。一开始是文本中的空缺，然后是地面上的缺口，最后是尸体的缺失，证实了那些对身体来说重要的东西，即心脏和肝脏，不只是缺失了，而且是被吞食掉了。就此而言，这首诗毫无疑问是讽刺性的，因为它同时还在向读者暗示：散文诗的文本就像现成物一样，其本身就是一段墓碣文，是断片式的、意味不明的（作者从何而来？他何以会出现在墓地？这首散文诗是他自己的墓碣文吗？）；读者不得不把自身代入到解读墓碣文的叙述者身上去。《复仇》表现为风格上的讽刺，而《墓碣文》则是形式上的讽刺。《复仇》中的身体是脆弱的，而《墓碣文》中的身体则实际上取得了最后的胜利。然而，不管是在《复仇》还是在《墓碣文》中，这两首散文诗所描写的身体都既非具象的，也非隐喻的，而是解剖学意义上的真实身体。

或许不足为奇的是，鲁迅自觉地意识到，解剖学图像与对现实的再现这两者之间的关系可以构造出他自己创造性的世界图景——这一点也表现在他的著作当中。举例来说，在1925年的杂文《论照相之类》中，鲁迅就讽刺了中国文化一直以来固化的再现眼睛的方式——尽管在鲁迅看来更为现实的再现方式已经通过西方的解剖学著作引介到了中国。谈到在一些庙宇里看到的景象时，鲁迅这样写道："所挂的眼睛，则正是两头尖尖，如小鲫鱼，要寻一对和洋鬼子生理图上所画似的圆球形者，决不可得。"㉙在《藤野先生》当中有一段文字，鲁迅回忆了他在仙台求学时的解剖学教授藤野先生。有一次，藤野先生叫鲁迅到自己的研究室，指着这位年轻的学生交上去的讲义中的一张解剖图，给了他一些建议，告诉他绘制解剖学图像的正确方法："你看，你将这条血管移了一点位置了。——自然，这样一移，**的确**比较的好看些，然而解剖图不是美术，实物是那么样的，我们没法改换它。现在我给你改好了，以后你要全照着黑板上那样的画。"但是，年轻的鲁迅（或者说叙述者）并不同意老师的意见。尽管没有说出来，但他坚持认为图像的美感要比技术层面的精确更为重要："但是我还不服气，口头答应着，心里却想道：——'图还是我画的不错；至于实在的情形，我心里自然记得的。'"㉚

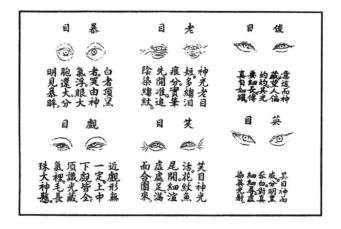

图32：《眼睛解说图》，图片来自清代著名的《芥子园画谱》。本书图片来自1995年的一个复印本（北京：中国和平出版社，1995）

在我看来，这段文字是有关现实主义文学之宗旨的声明，是某种现实主义的宣言，关涉到胡志德所说的"焦虑于写作是否能忠于现实"：因此，尽管显然与传达西方权威的象征性声音（藤野）背道而驰，鲁迅仍然毫不犹豫地保留了自己的权利，坚持认为在身体解剖图中，"不错"的主观表达要比"实在的情形"更加重要。他坚定地认为，艺术的自由——鲁迅在他的其他著作中称之为"曲笔"（distortions）——是没有问题的，因为"真实的情况"也仍然会被记住。❼事实上，尽管要面对藤野先生的价值观——客观现实

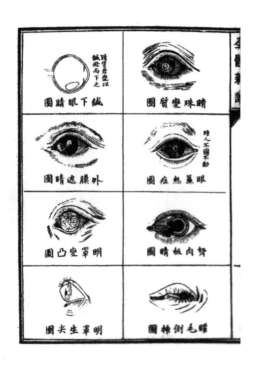

图33：各种眼疾。图片来自合信，《全体新论》，无页码。图片由上海图书馆提供

是第一位的，个体应始终处于从属地位——但鲁迅实际上却坚持着自己的权利，捍卫着主观的现实。❼❷

本章以合信和鲁迅为例，提出以解剖术为基础的解剖学在中国的引入不仅带来了实际层面的影响，也带来了重要的象征层面的影响。合信及其他医学传教士将解剖术引介到中国，这代表着观念上的巨大断裂，既是与中国有关身体的传统认知（总的来说，其界限，其表皮，其整体）断裂，也是与观看这一身体的方式断裂。就医学和视觉文化而言，本章只是将中国早期的解剖学绘画与合信解剖学译著中的图像做了对比，以呈现这一转变的深刻之处：在中国传统解剖学图像中指涉人体器官或病灶相对位置的图形或图像，转变成了解剖的实践和对图像记录的迷恋，遵循观察的原则而非功能运作的原理。对于表皮、内里、大小的认知也全然一新，认为这些都是有限的。因此，如果"身体虚构性的自主"是文学现实主义的先决条件，那么，19世纪末期和20世纪初期的解剖学就几乎是发生了一种范式上的转变：不仅仅是表层与内里关系的转变，还是观看或想象身体的思考重心及方式上的转变。或许，在对人体的观看及想象方面，我们称其为对"知识和社会实践的大规模重组"（借用乔纳森·克拉里〔Jonathan Crary〕的术语）也并不为过。❼❸对鲁迅来说，这一重组尤其会通过一种新的、从根本上来说诊断式的、实验性的文学现实主义得以反映和塑造。而对中国现代早期的其他作家、艺术家和科学家来说，这一重组所带来的影响仍有待商榷。

第四章 "目所难见"

## 注 释

❶ 1779年2月1日,2号日志,布里奎尼基金会(Fonds Brequigny),西方手稿,法国国家图书馆:"神父潘廷章是一位意大利耶稣会士,是中国皇帝御用的法国画师。他将乾隆帝的一张肖像画送回了法国,法国又将(塞夫勒产)一尊乾隆帝的瓷像送到潘廷章手中,让他进献给乾隆皇帝。"(Le F. PANZI, jésuite italien, était le peintre que la maison française entretenait auprès de l'empereur de Chine. Il avait envoyé en France le portrait de K'ien Long et on le lui renvoyait, peint sur porcelaine〔de Sèvres〕afin qu'il put en faire présent à l'empereur.)

❷ 给乾隆皇帝进献这尊瓷像很可能也是为了炫耀和展示西方在掌握了瓷器生产这门新的艺术之后所拥有的高超技艺。刘禾《鲁滨逊的陶罐》对这个问题有深入的讨论。

❸ 参见如"18世纪的外国商品与外国知识"一章,卫周安,《北京的六分仪:中国历史中的世界潮流》,特别是第114—117页。

❹ "La statue de l'Empereur en porcelaine blanche ne luy a point été offerte pour trois raisons: la première, parce qu'il est deffendu icy de faire le portrait de l'Empereur. La seconde, parce que la statue ne ressemble pas à l'Empereur. La troisième parce qu'elle n'est pas habillée selon la coûtume de ce pays-cy; le bonnet, surtout, qui est boursouflé comme le Turban des turcs paroitroit icy ridicule... . On riroit bien icy si l'on sçavoit qu'en France et dans le reste de l'Europe on suspend devant une boutique de vin le portrait des Roys exposé à la poussière, à la pluye et a vent qui les fit danser joliment, aux bons mots et peut-etre aux sarcasmes de la populace... . On n'a point tiré parti des médaillons en porcellaine à peu près pour les mêmes raisons. Il y a une autre, dont il est difficile de sentir la force dans d'autre pays. En Chine, une tête séparée du corps fait horreur en sorte que quand on couppe la tête à quelqu'un, ses parents ou ses amis la font aussitot recoudre sur le corps. Or les médaillons représentent une tête coupée; on diroit même qu'on voit l'endroit ou le coup de sabre a été appliqué." 布儒瓦的书信,北京,1784年11月19日,布里奎尼基金会。

❺ 栗山茂久,《身体的语言:古希腊医学和中医之比较》,第117—118页。

❻ 伊懋可,《身心的传说:中国过去150年里的身体与心智》(Mark Elvin, Tales of

Shen and Xin: Body-Person and Heart-Mind in China during the Last 150 Years ），第213页。

❼ 满晰博,《中医基础理论：统一体》(The Theoretical Foundations of Chinese Medicine: Systems of Correspondence )，第107—108页。

❽ 芭芭拉·斯塔夫,《身体批判：想象启蒙时期艺术与医学中的不可见》，正文第8页和辅文第XVII页。

❾ 欧文·潘诺夫斯基,《艺术家、科学家和天才：对"文艺复兴黎明"的注释》( Erwin Panofsky, Artist, Scientist, Genius: Notes on the "Renaissance Dämmerung" )。关于对文艺复兴时期艺术与科学绘图之间关系的整体论述，参见大卫·托佩尔,《走向科学绘图的认识论》( David Topper, Towards an Epistemology of Scientific Illustration )。

❿ 关于巴多明（Dominique Parennin）为康熙皇帝（1662—1722年在位）译授的一本解剖学著作，参见约翰·伯特兰·德·库桑斯·莫朗·桑德斯，弗朗西斯·R.李,《康熙帝朱批脏腑图考释英译注本》( John B. de C. M. Saunders & Francis R. Lee, The Manchu Anatomy and Its Historical Origin, with Annotations and Translations ), 1981年。

⓫ 参见钟鸣旦,《昂布鲁瓦兹·帕雷〈人体之一般解剖学〉之中译本》( Nicolas Standaert, A Chinese Translation of Ambroise Paré's Anatomy )；乔迅,《18世纪两位"古怪"艺术家作品中的文化、种族及帝国》( Jonathan Hay, Culture, Ethnicity, and Empire in the Work of Two Eighteenth-Century "Eccentric" Artists )；祝平一,《身体、灵魂与天主：明末清初西学中的人体生理知识》；熊月之,《西学东渐与晚清社会》；栗山茂久,《身体的语言：古希腊医学和中医之比较》。关于王清任学识的渊源，参见吴章,《中国现代医学的诞生（1895—1937）》，以及她的《王清任与中国解剖学史》一文；熊月之,《西学东渐与晚清社会》，第74—76页；王清任,《医林改错》。

⓬ 参见吴一立,《上帝的子宫：合信与19世纪中国的传教士"助产师"》( God's Uterus: Benjamin Hobson and Missionary "Midwifery" in Nineteenth-Century China )；熊月之,《西学东渐与晚清社会》，第155页。合信的著作也名为《解剖学与生理学概论》( Outline of Anatomy and Physiology )，见王吉民、伍连德,《中国医史：自古至今的中国医学发展编年史》，第364页，第308条注释，以及伦敦国立医学图书馆（National Library of Medicine）及维康图书馆（Wellcome Library）的图录。关于日本的《全体新论》，参见王吉民、伍连德,《中国医史：自古至今的中国医学发展编年史》，第157页。上海图书馆存有《全体新论》的中文版和日文版，以

及德贞的著作。

⑬ 参见本书第二章,第69条注释,提到了中国人不因为肿瘤而感到尴尬。

⑭ 参见如嘉惠霖、玛丽·霍克西·琼斯,《柳叶刀尖:百年广州博济医院(1835—1935)》,第81—82页:"据我所知,直到1850年的时候,(广州博济)医院才实施了两次验尸——首次得到了许可。第一例是一位因结石去世于5月18日的病人。他来医院的时候,情况已经十分危急,医生已回天乏术。他的亲戚在他死后最终同意并许可验尸,伯驾说:'或许可以视作一次胜利。'第二例发生在11月……没费多少工夫就获得了验尸的许可。"(原文黑体)19世纪上半期,基于解剖术的解剖学被引介至埃及的情况与中国相似,很有启发性:那里的法国医生谴责他们在新成立的医学校进行解剖学教学时,所遭遇的伊斯兰"迷信"及文化禁忌。但事实上也有很多从业者拥护解剖术,因为他们并不觉得伊斯兰的价值观与解剖术的实践之间有任何根本的矛盾。我十分感激哈立德·法赫米(Khaled Fahmy),他给了我一份有关于此的论文;参见他出色的论文《19世纪埃及的伊斯兰教与解剖术》(Islam and Dissection in Nineteenth-Century Egypt),"资本与帝国时代的科学及宗教"(Science and Religion in the Age of Capital and Empire)大会上的讲稿,密歇根大学安娜堡分校,2001年11月2日—3日。

⑮ 参见嘉约翰,《中华医药传道会1866年报告》;王吉民、伍连德,《中国医史:自古至今的中国医学发展编年史》,第194—201页,第392页;约瑟夫·C.汤姆逊(Joseph C. Thomson),《本土实践及从业者》(Native Practice and Practitioners),《博医会报》,4.3(1890年),无页码;威廉姆·汉密尔顿·杰弗瑞、詹姆斯·L.麦克斯韦,《中国的疾病》,1929年版,第8页。

⑯ 早在1845年的时候,"孟加拉地区欧洲联盟慷慨解囊","麦嘉温医生"(Dr. Macgowan)就"获得了两千卢比","得以给医院配备各种医疗器械和书籍、图片及解剖学模型(模型来自法国)"。然后,他使用这些工具试图"给宁波的医学从业者和医学生"教授解剖学的课程。王吉民、伍连德,《中国医史:自古至今的中国医学发展编年史》,第347—348页。举例来说,嘉约翰的报告还补充说:"如果联系不到亲友的患者在医院去世,我们还为此准备了死后检查。我们也会找机会尽快地只解剖一只胳膊或一条腿,以给学生展示身体非常重要的一些部位……事实上,我们还利用了中国人不太在意或完全不管小孩子的尸体这一点。曾经有一次,我收到一个小孩的尸体,在医院的院子里做了解剖。"摘自嘉惠霖、玛丽·霍克西·琼斯《柳叶刀尖:百年广州博济医院(1835—1935)》一书中的引文,第

图像的来世

176 页；嘉惠霖、玛丽·霍克西·琼斯还提到一点，"1874 年的时候，斯各特医生（Dr. Scott）——他毫无疑问是一位广州的私人医生——（在广州博济医院）帮助进行医学教学，他在课堂上演示了狗的解剖。'尽管通过人体解剖来学习解剖学是不切实际的，但通过解剖低等动物来帮助学习也很好'"（第 170—178 页）。1861 年的时候，伦敦传道会（London Missionary Society）的詹姆斯·亨德森（James Henderson）"不仅仅在（山东路）医院进行了多次验尸，还在死尸上给中国的从业者们演示了手术过程"。王吉民、伍连德，《中国医史：自古至今的中国医学发展编年史》，第 380 页。着重为本书所加。王吉民和伍连德在《中国医史：自古至今的中国医学发展编年史》一书中指出，文恒理（他是上海圣路加医院医学博物馆的提倡者，因此而载入史册）"提倡使用动物，并指出'为掌握人体解剖学的实际知识，我们可以从英国拿到非常好的备料……这样就可以避免遇到在用彩图和模型教授时所遭到的反对了'"（第 466 页）。

⑰ 举例来说，黄宽（1828—1878）医生——据说他是"首位留洋学医的中国人"（参见王吉民、伍连德，《中国医史：自古至今的中国医学发展编年史》，第 371 页）——早在 1866 年的时候，就进行"解剖学、生理学和手术的指导教学"。参见嘉约翰，《报告……1866 年》。1880 年的时候，"索图明（1847—1919，美国留学；音译——译者注）医生就用合信的教科书进行生理学和实践医学的指导教学"。摘自嘉惠霖、玛丽·霍克西·琼斯《柳叶刀尖：百年广州博济医院（1835—1935）》一书中的引文，第 179 页。关于江南制造局的信息有大量英文文本和译文（包括对这些文本是如何传到日本的历史背景的详细说明），参见本雅明·艾尔曼，《海战以及中国自强运动在科技失败中的体现（1865—1895）》（Naval Warfare and the Refraction of China's Self-Strengthening Reforms into Scientific and Technological Failure, 1865-1895）；另参见孟岳，《混杂的科学与现代性：江南制造局的实践》（Hybrid Science versus Modernity: The Practice of the Jiangnan Arsenal）。

⑱ 王吉民、伍连德，《中国医史：自古至今的中国医学发展编年史》，第 366 页。

⑲ 同上。其中一位作者指出，"《全体新论》对中国医界来说完全是新知识。因这时'人体说概'早已被人民忘记了"。熊月之，《西学东渐与晚清社会》，第 155 页。

⑳ 吴一立，《上帝的子宫：合信与 19 世纪中国的传教士"助产师"》，第 4 页。

㉑ 《全体新论》前言。

㉒ 有关传教士与其中国助手的医学合译，参见熊月之，《西学东渐与晚清社会》，第 281 页；他深入地讨论了中国学者这一群体所翻译的西方医学及技术著作，并从理

论上说明，他们在当时很大程度上都是传统的反叛者——受挫的学者或无党派人士。另参见吴章，《中国现代医学的诞生（1895—1937）》，第 33 页；罗芙芸，《卫生的现代性：中国通商口岸卫生与疾病的含义》；更多有关这一问题的讨论，参见吴一立，《上帝的子宫：合信与 19 世纪中国的传教士"助产师"》。

㉓ 罗芙芸，《卫生的现代性：中国通商口岸卫生与疾病的含义》，第 111 页。

㉔ 摘自王吉民、伍连德《中国医史：自古至今的中国医学发展编年史》一书中的引文，第 365 页第 314 条注释："书中的版画插图有很多都是由广州的中国艺术家根据 W. G. 迪克森（W. G. Dickson）的画作制作的。W. G. 迪克森是合信的朋友，自愿为合信提供帮助。"另见于雒魏林，《在华行医传教二十年》，第 185 页："在他的报告中，合信医生对自己的朋友——在广州行医的 W. G. 迪克森表达了由衷的感谢，感谢他为医生为医院提供的可贵帮助。W. G. 迪克森不仅仅帮助做手术，还为上述相关著作绘制了很多很好的绘画作品。"

㉕ 王吉民、伍连德，《中国医史：自古至今的中国医学发展编年史》，第 366 页。

㉖ 专门讨论医学翻译的著作有很多。关于这一问题的概述，特别是中国医学术语翻译的相关问题，有大量的参考书目，参见席文，《译解中医：不只是理论》( Translating Chinese Medicine: Not Just Philology )；关于"气"的翻译词源学，参见张琼，《揭开"气"的神秘面纱：早期来华耶稣会传教士文化翻译与阐释的政治》( Demystifying Qi: The Politics of Cultural Translation and Interpretation in the Early Jesuit Mission to China )。

㉗ 栗山茂久就希罗多德的著作这样谈道："不过，希波克拉底学派的学者指称：大体上而言，分节良好与分节不足、勇敢与怯懦之间的分别，正是欧洲人与亚洲人之间的区别……亚洲人的体格与个性大致上与塞西亚人相同。由于亚洲人与塞西亚人一样，都生活在四季变化不大的气候下，因此彼此相似，身体缺乏分节，心志欠缺韧性。相反，欧洲人则'比亚洲人勇敢，因为一致性造成怠惰，而变化则养成身心的韧性。休息与怠惰造成怯弱，韧性与努力则造成勇敢。因此欧洲人较为骁勇善战……'。欧洲人紧绷、瘦削的身体正是吃苦耐劳的征服者的身体，独特而分节良好的体格便是欧洲人的表征。"栗山茂久，《身体的语言：古希腊医学和中医之比较》，第 141—142 页。

㉘ 同上，第 129—130 页。

㉙ 吴章，《中国现代医学的诞生（1895—1937）》，第 31 页。

㉚ 刘禾，《交换的符码：全球化流通中的翻译难题》，第 34 页。

㉛ 合信,《全体新论》,"肌肉功用论"一章的结论部分,无页码。
㉜ 相关讨论参见吴一立,《上帝的子宫:合信与19世纪中国的传教士"助产师"》,第21—31页。关于日版的删除,参见雒魏林,《在华行医传教二十年》,第160页。
㉝ 满晰博,《中医基础理论:统一体》,第108页。
㉞ 王清任,"自序",《医林改错》,着重为本书所加。吴一立指出,举例来说,文人王韬之所以反对合信的著作,其原因之一在于,合信的著作未能在实践方面投以足够的重视,未提供任何有效的治疗手段。吴一立这样写道:"尽管有很多人认为西方医学是有趣且有价值的,但合信的合作者王韬的评论向我们揭示了西方的解剖学研究何以未能挑战中国对身体运作的传统观念认识:对于由互相影响、彼此转化的生命力构成的中国式身体来说,解剖框架下规范的、结构化的身体仅仅是身体的其中一种形态而已。还有一个原因在于,对于中国的读者来说,西方解剖科学在治疗方面的价值所在并不是不言自明的。举例来说,王韬指出:'(《全体新论》)不曾记有任何治疗疾病的医方,实为憾事。'"吴一立,《上帝的子宫:合信与19世纪中国的传教士"助产师"》,第33页。
㉟ 海约翰,《中国艺术中不可见的身体?》(John Hay, The Body Invisible in Chinese Art?),第66页。
㊱ 在下面这段文字中,海约翰讨论了将身体比作国家的隐喻:"在我们考察国家的器官与身体的器官的'功能运作'这一中介概念时,我们或许会意识到这不只是一个隐喻。这是一个极具适用性且极为强大的模型。"同上,第65页。另见于戴思博,《修真图:道教与人体》(Catherine Despeux, Taoisme et le corps humain: Le Xiuzhen tu);施舟人,《道体论》(Kristofer Schipper, The Taoist Body)。
㊲ 海约翰,《中国艺术中不可见的身体?》,第61页。
㊳ 合信,《全体新论》,"脏腑功用论"一章中的一节。
㊴ 海约翰,《中国艺术中不可见的身体?》,第66页。
㊵ "早期儒家著作……似乎就纯粹的装饰和衣装有一个基本的区分,认为穿衣,而非皮肤的文身,是中国人的文明与异邦人的野蛮之间的相异之处。文明的本质内涵,是中国自我身份的内核所在,它被认为从符号学的角度出发某种程度上也是装饰的发展历程,是对人性本质的图案表达。"同上,第63页。
㊶ 关于持支持态度的例子,参见江绍原,《中国人对于西洋医药和医药学的反应》,《贡献》杂志,北京,1928—1929年。在这一系列20世纪20年代末期的出版物中,江绍原收集列述了相关的"项目",并讲述了何以支持运用西式解剖学和解剖实践

的是那些相信西方医学可以让人们对身体的内部结构有更深理解的人。在面对指责西方医学将人体视作机器来对待的批评时,可以如此回应:"王一仁反对西医,责备他们不该把人当作机器看。这句话我不懂,我所知道者,人的肚子里有些什么'脏腑',人体有多少根和什么形状的骨头,以及人身各部分的性质功能,等等,西洋人似乎比我们明白的多。"江绍原,《中国人》,第1期,"小言论"第254,第9页。与江绍原一脉相承,另外一位作者认为,没有西式的解剖学著作,中国人对器官的"真形"就永远只知皮毛;没有实形解剖,中国人永远都不会知道内部疾病的病变等。余云岫说:"若非泰西之书入中国,则脏腑真形,虽饮上池水者亦未会洞见……内病之变化,非实形解剖,能洞见症结乎。彼外科之病,全身症候之外。"同上,"小言论"第278,第20—21页。还有一位作者认为,为了探索肉体与精神的"真实关系",中国医生必须扔掉《灵枢》和《素问》,从西方的"近代"科学中学习生理学和心理学。江绍原,《中国人》,第3期,"小言论"第298,第28页。另有一种支持的说法较为温和,提倡融合中西医学,取其精华。一位医生认为,两种医学的内核从本质上来说是相同的,唯一的区别在于西方医学重"用"也重"形":"是内经只言其用,而西医兼论其形。名虽异而实则同也。"江绍原,《中国人》,第9期,"小言论"第306,第23页。

㊷ 冯客,《近代中国之种族观念》(Frank Dikötter, *The Discourse of Race in Modern China*),第43页。

㊸ 郭适,《传统医学在现代中国:科学、民族主义和文化变革的张力》,第41页。

㊹ 中国人何以要抵制合信的解剖学,吴一立的《上帝的子宫:合信与19世纪中国的传教士"助产师"》一文对其中的缘由有很好的探讨。另参见吴章,《中国现代医学的诞生(1895—1937)》。吴章此文的写作基于柯文的《在中国发现历史:中国中心观在美国的兴起》(*Discovering History in China: American Historical Writing on the Recent Chinese Past*)一书。举例来说,为了将西方医学整体引介至中国这一事件重新历史化,吴章指出:"显然,因为前人'未能'认识到西方科学的优越性,很多(中国历史学家)都为此感到羞愧与内疚。因此,本文试图说明,何以很多中国人更倾向于中医而非西医,这是一种非常合理的选择;同样地,本文也试图探讨,当人们的确决定认可西方科学和医学的权威性时,又带来了怎样的社会影响。"(第3—4页)

江绍原列出了很多中国医生反对西式解剖学的言论,见《中国人》,第5期,"小言论"第279,第21—22页。比如,传说古代圣人有洞视的能力,可以看到器官,因此就不需要解剖术:"有人以为中国古圣能够洞视脏腑,所以无须乎剖割。"这种观点值得注意的地方在于,它并没有说解剖术本身一无是处,而只是说解剖术并没有什么耳目一新之处。江绍原,《中国人》,第4期,"小言论"第273,第4—15页。另有一种观点认为,对尸体的解剖对医学毫无帮助,因为死尸与活人大相径庭:"不信西洋解剖学者所持理由之一,是说生死之体既殊,则专在尸体上作剖视工夫者,不见得就能够明白活人的生理。"江绍原,《中国人》,第15期,"小言论"第338,第28—29页。还有另外一种反对解剖术的不迷信、有理论依据的观点认为,合信著作中所呈现的身体毕竟都不是中国人的身体——因此对中国的医师并无帮助,他们需要采用不同的解剖学。参见江绍原,《中国人》,第5期,"小言论"第280,第22—23页。当然,迷信有时候也是反对西式解剖学实践的根本所在。有时候,这体现出某种文化误读,就比如认为基督徒祭拜保存起来的心脏和眼睛,这或许源于新教徒把遗骸保存起来的谣言。还有小说甚至直言不讳地指出,西方人用腐烂的尸体制作鸦片。关于中国人担心新教传教士拿眼睛和心脏去献祭,参见江绍原,《中国人》,第1期,"小言论"第255,第8页。关于鸦片和尸体,参见同上,第6页。

鲁迅在他的杂文《论照相之类》中批判了这种迷信,他写道"在S城,常常旁听大大小小男男女女谈论洋鬼子挖眼睛……S城有一种习惯,就是凡是小康之家,到冬天一定用盐来腌一缸白菜,以供一年之需,其用意是否和四川的榨菜相同,我不知道。但洋鬼子之腌眼睛,则用意当然别有所在,惟独方法却大受了S城腌白菜法的影响,相传中国对外富于同化力,这也就是一个证据罢"。鲁迅,《论照相之类》,第200页。

㊺ 参见王吉民、伍连德,《中国医史:自古至今的中国医学发展编年史》,第598—599页:"1913年11月,临时大总统令宣布**死尸解剖**合法,并进行管控。同月22日,管控条例公布如下:内务部第51号令……(接下来是四条规则,其中一条规定:'凡刑死体及监狱中病死体无亲属故旧收其遗骸者,该管官厅得将该尸体付医士执行解剖,以供医学实验之用,但解剖后须将原体缝合并掩埋之。')当国立北京医学专门学校收到这份1913年的条例之后,校长J. G. 柯马克(J. G. Cormack)给内务部递上了一份请愿书,希望学校能得到一具监狱的尸体……后来又要了两具——此前,从不会为此而保留尸体——监狱管理人员的其他请求都被拒绝了。"(着重为本书所加)王吉民和伍连德进一步指出,在早期一例合法解剖进行时(1913年),参加的人员包括"(江苏)政府代表、法官,很多其他官员,中国人、外国从医人士……

认为这一事件值得铭记,来宾们"——与尸体——"一起拍了张合照,还出版了一本小册子,说明这是中国四千年来的首例解剖!"(第 599 页)。我们不能忘了,即便是 50 年前,合信自己就指出,他著书立文是"为了给本土的从业者提供指导,也宣传这些问题的基本信息,希望在不久的将来,中国政府能够有所作为,促进对医学艺术的研究"。他还补充说:"法律和民意全面封锁了解剖学。"摘自雒魏林,《在华行医传教二十年》,第 154 页。关于首例公开解剖,参见王杨宗,《民国初年一次"破天荒"的公开尸体解剖》。

㊻ 关于革新运动与医学之间的关系,参见郭适,《传统医学在现代中国:科学、民族主义和文化变革的张力》,第 230—231 页:"起初,出于担忧民族力量是否能在社会达尔文主义的世界中生存,促使第一批革新者指出,传统医学是不足以保证公共健康的。之后,在五四时期,新式的激进主义者尖锐地批判了传统医学的方方面面,这是全面批判传统文化,支持科学和现代性的有机组成部分。同样地,'国粹'的拥护者们对中医的支持也可以看作对西方文化大洪流全面侵入的抵抗。他们试图将现代科学融入到一种被改造的医学当中,但这种医学却仍然被认为是中国的——这是现代化与文化传承所面临的典型的现代困境。"

㊼ 江绍原,《中国人》,第 1 期,"小言论"第 251—260,第 1—2 页;同上,"小言论"第 298,第 32 页。

㊽ 江绍原,《中国人》,第 3 期,"小言论"第 268,第 29 页。

㊾ 江绍原,《中国人》,第 8 期,"小言论"第 300,第 31—33 页。

㊿ 同上。

㊛ 参见许寿裳,《亡友鲁迅印象记》,第 9 页。也见第 16 页:"(鲁迅)在医学校,曾经解剖过许多男女老幼的尸体。他告诉我:最初动手时,颇有不安之感,尤其对于年轻女子和婴孩幼孩的尸体,常起一种不忍破坏的情绪,非特别鼓起勇气,不敢下刀。他又告诉我:胎儿在母体中的如何巧妙,矿工的炭肺如何墨黑,两亲花柳病的贻害于小儿如何残酷。"李欧梵,《铁屋中的呐喊:鲁迅研究》(*Voices from the Iron House: A Study of Lu Xun*),第 178 页;山田野理夫,《鲁迅传:他的思想和阅历》(*Biography of Lu Xun: His Thought and Experience*),第 17 页。

㊜ 鲁迅,《鲁迅全集》,第 1 卷,第 34 页。鲁迅还提到了另外一本名为《化学卫生论》的书。这本书自 1878 年开始分 88 期出版,由傅兰雅(1839—1928)和《格致汇编》杂志的中国合作者合译。这本杂志也是由傅兰雅出版的。更多关于《化学卫生论》的详情,参见罗芙芸,《卫生的现代性:中国通商口岸卫生与疾病的含义》,"中国

通商口岸的卫生翻译"一章，特别是第 109—118 页。关于江南制造局使用的教学课本，也参见"中国通商口岸的卫生翻译"一章；本雅明·艾尔曼，《海战以及中国自强运动在科技失败中的体现（1865—1895）》；孟悦，《混杂的科学与现代性：江南制造局的实践》。

㊴ 通过对"土"进行社会词源学的追溯，鲁迅就中国自我认知中对种族等级越来越强的认同感发表了评述："听得朋友说，杭州英国教会里的一个医生，在一本医书上做一篇序，称中国人为土人；我当初颇不舒服，子细再想，现在也只好忍受了。土人一字，本来只说生在本地的人，没有什么恶意。后来因其所指，多系野蛮民族，所以加添了一种新意义，仿佛成了野蛮人的代名词。他们以此称中国人，原不免有侮辱的意思；但我们现在，却除承受这个名号以外，实是别无方法。"鲁迅，《热风》，第 33 页。他接下来又讽刺了中国"国民性"的一些方面，以及他极力批判的文化，如吃人、一夫多妻等等。特别要注意的是，江绍原和鲁迅（以及其他很多作家）就野蛮与西方的思想进行对比，隐含其中的重要潜文本是进化决定论。在这样一个历史的特殊时刻——20 世纪的开端，随着优生学开始得到一些中国民族主义者的追捧——种族的问题对中国的自我定义来说变得更为重要。浦嘉珉的《中国与达尔文》（James Reeve Pusey, *China and Charles Darwin*）探讨了进化论在中国的发展及鲁迅对进化论的挪用。江绍原的观点意图说明（在另外一个层面上，这也是鲁迅暗含的意味），运用西方医学本身就是向种族等级的上部势力递投名状；所有的话语都在种族与进化论的术语框架当中，"野蛮"代表的就是最下等（最不想要的），相对应地，白种人代表的是目标。

㊵ 刘禾，《跨语际实践：文学、民族文化与被译介的现代性（中国，1900—1937）》，第 128 页。

㊶ 鲁迅，《鲁迅全集》，第 1 卷，第 283 页。

㊷ 参见高旭东，《鲁迅：在医生与患者之间》，第 159—169 页。关于《复仇》这首散文诗，发表于鲁迅的散文诗集《野草》当中。高旭东指出："从这段文字中也可以看到一种医生解剖式的冷静。因此，医生式的冷峻是贯穿于鲁迅所有文体之中的。"（第 163 页）

㊸ 刘禾，《跨语际实践：文学、民族文化与被译介的现代性（中国，1900—1937）》，第 50 页。

㊹ 胡志德，《近代中国现实主义意识形态：引进理论的迫切需求》（*Ideologies of Realism in Modern China: The Hard Imperatives of Imported Theory*），第 160 页："虚

构性在 20 世纪传入中国，易上手且具可塑性。随之而来的也在中国种下了一颗极度焦虑的种子，即便是妖魔化的传统文学也无法完全抵御……如果说焦虑于写作是否能忠于现实，这是所有再现观念的一个特征，那五四时期的焦虑则表现为一种特殊的形式……它是一种持存的忧虑，不知道一种文学理念是否可以移植到中国坚硬如石的土壤当中去。同样地，它也无法指向对再现方式本身的质疑，而是变成了不休的思考，思考个体作家是否可以完全超越自身的传统，投身于这一新制度的法则。"

⑤⑨ 孔慧怡,《还以背景还以公道：论清末民初英语侦探小说中译（1896-1916）》( Eva Hung, Giving Texts a Context: Chinese Translations of Classical English Detective Stories, 1896-1916 )，第 165 页。

⑥⓪ 参见韩南,《中国白话小说史》( Patrick Hanan, *The Chinese Vernacular Story* )，第 20—21 页。"穿插在叙述中间与叙述并列的描写，经常是借小说中人物之所见，呈现给读者一幅戏剧画面。但这种描写并非从见到这幅画面的人物的心理出发，只由叙述者从一般角度描写。或用诗，或用四六骈文，充满陈腐的意象和典故。这是白话小说中一种通行的老套子，有的是从别的小说中借用来的，中世纪欧洲也有这种描写，叫作 descriptio。"

⑥① 鲁迅,《野草》,第 15 页。另参见叶威廉,《两间余一卒,荷载独彷徨：论鲁迅兼谈〈野草〉的语言艺术》。

⑥② 胡志德,《近代中国现实主义意识形态：引进理论的迫切需求》,第 147—173 页。关于鲁迅的《伤逝》,参见刘禾,《现代自我的叙事：五四文学中的第一人称小说》( Narratives of Modern Selfhood: First-Person Fiction in May Fourth Literature )。

⑥③ 因此,沈从文的短篇小说《新与旧》写的就不仅仅是新旧政权交替下的一位刽子手,而是一则有关身为作者,如何使用新的再现手法的故事。与此相似,在茅盾的《追求》中,唯一一个似乎获得爱情的人物抱着美丽新娘的照片，从身旁的电报上得知她刚刚毁容了。这或许可以看作一种评判，评判现实主义所面临的作者困境,即现实主义作为一种再现手法是否适用, 是否成功。

⑥④ 碑文原文。

⑥⑤ 孙隆基,《五四时期：世纪末的颓废》( The Presence of the Fin-de-Siècle in the May Fourth Era )，第 205 页。"鲁迅的著作间接地提到了梅毒。《墓碣文》这首散文诗中写到了腐臭的尸体，这极有可能受到了波德莱尔《腐尸》( Une charogne ) 一诗的启发。《腐尸》这首诗写的是一个人因患梅毒亡故,尸体在腐烂,双腿高翘着,

图像的来世

亵渎神明。"对整本散文诗集的细读，参见李欧梵，《铁屋中的呐喊：鲁迅研究》；梅布尔·李，《死不瞑目者的慰藉：鲁迅对诗歌体的运用》（Mabel Lee, Solace for the Corpse with Its Eyes Gouged Out: Lu Xun's Use of the Poetic Form）；王斑，《历史的崇高形象：20世纪中国的美学与政治》（The Sublime Figure of History: Aesthetics and Politics in Twentieth-Century China）。

⑥⑥ 吴章，《中国现代医学的诞生（1895—1937）》，第38—39页。

⑥⑦ 文树德，《中国医学观念史》，第212—215页。在考察感染了瘟疫而死亡的儿童时，王清任发现，"横隔膜大多数都是破裂的。因此，王清任无法确认心脏到底是在横隔膜之上还是之下。尽管处于这样一种不利的境况，王清任还是觉得自己在亲眼所见的事实情况与医学古籍中所说的内容间发现了相当大的不同。王清任燃起了好奇，毕其一生都在研究这个问题"（第212—213页）。王清任的另外一种考察方式是询问刽子手。举例来说，有一次，"一个女人被处以凌迟之刑，他恰好在场。但因为他是男性，所以只可远观。因此，他只能在行刑之后，让刽子手给他看看心脏、肝和肺。20年之后的1820年，一个男人因弑母而被处死，王清任终于可以看到行刑了。但是，还未及他仔细查看，横膈膜就已经破掉了。直到40年之后，他才遇到了一位行刑无数的官员，终于从这位官员口中得知了横膈膜的结构"（第213—215页）。

⑥⑧ 摘自王吉民、伍连德《中国医史：自古至今的中国医学发展编年史》中的引文，第199—200页。

⑥⑨ 鲁迅，《论照相之类》，第201页。另参见鲁迅，《病后杂谈》，收于《鲁迅全集》，第6卷，第182—185页；《病后杂谈之余》，收于《鲁迅全集》，第6卷，第187—188页。在两篇文章中，鲁迅都讨论了传统刽子手的杀人技艺，并就此和中国传统人体绘画中解剖学知识的匮乏做了对比。

⑦⓪ 鲁迅，《朝花夕拾》，第123页。另见杨宪益和戴乃迭的英译本，《鲁迅选集》，第1卷，第104页。

⑦① 胡志德，《近代中国现实主义意识形态：引进理论的迫切需求》，第160页（见第58条注释的引文）。"曲笔"的字面意思是"弯曲的笔"。基于安敏成对"曲笔"一词词源学的考察，本书采用了他的译法，将"曲笔"译为"distortions"。鲁迅在《呐喊》一书的序言部分提到了"曲笔"。参见安敏成，《现实主义的限制：革命时代的中国小说》（Marston Anderson, *The Limits of Realism: Chinese Fiction in the Revolutionary Period*），第86—87页。有意思的是，在《藤野先生》一文的结尾

处，鲁迅回忆说自己很早以前就把藤野先生的讲义弄丢了。"他所改正的讲义，我曾经订成三厚本，收藏着的，将作为永久的纪念。"但是，"不幸七年前迁居的时候，中途毁坏了一口书箱，失去半箱书，恰巧这讲义也遗失在内了"（参见《藤野先生》一文，收于鲁迅，《鲁迅全集》，第410页）。但事实上，这些讲义并未遗失，现在保存在北京的鲁迅纪念馆中，多达九百多页。更多关于讲义的详情，参见《鲁迅与仙台：东北大学留学百年》。感谢刘禾与寇志明（Jon Kowallis）为我提供了这一信息。

㊂ 感谢吴一立的帮助，我才提出了这样一个观点，并指出这一观点类似于"主题阐释与标准化之间的区别"，标志着"传统中国医学的知识主张与生物医学"之间的不同。吴一立指出："中式诊断和治疗的基础假设是，身体因人而异；而生物医学的根本主张是，身体是可替换，可规范的。"因此，我们可以说，鲁迅抵制这一霸权式观念的行为呼应了中国医学批判西方/生物医学实践的一些观点——其中也包括解剖学。与吴一立的私人通信，2004年9月。

㊃ 乔纳森·克拉里在讨论"文艺复兴或'古典'的视觉与观察者模式出现断裂"的背景时写道："吾人如何以及从何处确定，这样的断裂对19世纪与20世纪现代性中的视觉可知性产生了巨大影响？针对此一问题，多数已知的答案全都先入为主地陷于视觉再现的问题上；视觉的古典模式在19世纪初期产生断裂，改变的并不单单是影像与艺术作品的外观，或是再现的常规体系，相反地，此一断裂与知识的大规模重组不可分割，也不可忽略那些以各种方式改变人类主体的创造、认知与欲望能力的社会实践。"乔纳森·克拉里，《观察者的技术：论十九世纪的视觉与现代性》（Jonathan Crary, *Techniques of the Observer: On Vision and Modernity in the Nineteenth Century*），第3页。

结语

# 见微知著

即便环境不再被认为是致病的主要原因,一种相关看法仍然延续到了 20 世纪,即"本地人"自身会因为身体及行为的先天不足而制造疾病。细菌说的兴起则加重了这一倾向,发展出了疾病与本土人口天生的"种族"习惯有关的观点。

——罗芙芸,《卫生的现代性:中国通商口岸卫生与疾病的含义》
（Ruth Rogaski, *Hygienic Modernity: Meanings of Health and Disease in Treaty-Port China*）

## 结语
### 见微知著

鉴于民族主义神话以追根溯源的方式就一个民族的自我认知（以及他者对这个民族的认知）做出了解释，甚至分析了对一个群体的想象何以能够**规定**一个特定的"民族"，本书也贡献出一己之力——至少在某种程度上——追溯长久以来认为中国人从本质上和深层结构上来说是病态的这样一种对现代中国身份的认知，最初是如何生根发芽的。在隐喻的层面上，对这一根本上的病态身份最广为人知的表达就是"东亚病夫"这个对中国人的刻板印象，使得中国继奥斯曼帝国之后填补了这一话语空白。一如"中国是天花的摇篮"这一观念，"东亚病夫"这一称谓，尽管流行于19世纪，但很大程度上也藏身于当代西方话语的历史无意识当中。重回历史的舞台，它的意味并无多少改变，只是用以表达中国封建王朝晚期毫无阳刚之气可言的特质，或是鼓吹"非典"是文化的副产品这一流行说法。然而悖谬的是，中国人是东亚病夫这一观念也仍然持续存在于20世纪的中国民族主义话语当中。我们会不无惊讶地发现，这一表述的幽灵飘荡在清朝末期和现代早期曾朴、梁启超、

150

胡适、鲁迅等人的文学创作当中；飘荡在20世纪中叶中国共产党的宣传当中（谢晋20世纪50年代的电影《女篮五号》中有一段鼓舞人心的演讲，就使用了这一表述）；飘荡在20世纪70年代以李小龙为代表的怪异的肌肉民族主义当中；也飘荡在2008年奥林匹克运动会关于当代中国特色的公共话语当中。❶正如罗芙芸所说的："20世纪的最初几十年，中国的精英分子接受了有关国家问题的医学化观点，并转而试图以医学化方案解决中国国家及身体的不足。"❷这种观点被沿袭了下来。

如果说我希冀通过本书的写作说明什么问题的话，那就是，当中国现代早期的知识分子借用这些关于缺陷的寓意来构造他们新的民族身份，发明一种语言和哲学以与之匹配时，他们有许多在意识形态上极具说服力的文献可资借鉴。这些文献不仅包括文字和图像详尽且出色的针对中国人的病态身体所进行的临床治疗记录，还有被大量传播的医学传教士的著作，讨论在他们看来，存在于各个领域——从卫生学到外科手术，再到解剖学怪象——的中国文化缺陷。随着19世纪走向尾声，行为举止及文化上的特性被越来越多地归因于种族差异，缺陷和无能成了与生俱来的。如此一来，伯驾和林华那个时代尚存的文化治疗的可能性也被排除在外。正是这种被认定的先天不足所造成的困境让梁启超和鲁迅这样的知识分子感到极大的不安。如果中国的软弱从最根本的层面上来讲是天生的——用最新的后拉马克主义（post-Lamarckian）的话来说，是种族固有的——那该如何拯救之？❸

如果不仅仅是概述五四时期及之后的中国文学是如何借用缺陷

的隐喻及疾病的意象,而是去探索科学的意识形态和完全独立的思考——这二者独特的结合如何影响了中国现代性萌芽之初的自我认知及自我身份的产生,就必然需要我们不仅仅把视野局限于现有的研究范围。尽管如此,本书在最后就鲁迅著作中的一个段落再做简单的思考,仍然可以帮助我们一窥缺陷和疾病的寓言是如何穿过错综复杂的曲径,最终进入到了中国现代早期文学和文化的观念表达当中,同时又成为后来分析这一时期及之后的科学意识形态与文学创作二者之间关系的判断依据的。当然了,我要谈的是人们多有讨论的文段。鲁迅在这些文段里详细描述了自己在日本学医期间,在观看一组幻灯片的时候,如何产生了影响深远的觉醒,使自己投身于文学事业。这个故事在他的著作当中出现了两次,一次出现在1922年的文集《呐喊》的序言当中,一次出现在1926年的自传体小说《藤野先生》当中。❹尽管很多学者此前已多次分析过这个故事(或者,也的确正因如此),我希望在此提供另外一种解读方式。我的解读将这一故事非常重要的发生场所纳入考量——一间世纪之交的日本微生物学教室,并强调幻灯片这一媒介及其所传递的信息在意识形态层面的内在呼应。正如周蕾(Rey Chow)所指出的:"鲁迅的故事不单纯是一个著名作家对自己创作生涯的自述,亦是一个关于在后殖民的'第三世界'中某种新的话语生成的故事,也就是技术化视觉性话语。"❺这一观点是如何将我们对这则故事的理解复杂化了的,让我们认为"技术化视觉性话语"本身就是通过科学、种族及主权的话语表达出来的?

正如一些读者所知的,这个故事发生在一间微生物学的教室里。在世纪之交的仙台，鲁迅发现自己是那里唯一的中国人，周围是一群日本学生。在结束当天的课程讲授之后，教授利用剩下的一点时间给大家放幻灯片。幻灯片放的都是新近时事，其中一张幻灯片放的是在1904—1905年的日俄战争中，一位中国的侦探即将遭到日本士兵的处决。看到这位即将被斩首的中国人，鲁迅班上的日本学生都拍手喝彩了起来。但是，鲁迅并没有这样做，而是顿然醒悟了过来。鲁迅回忆说，正是在那一刻，他决定弃医从文。（在《藤野先生》一文中）他写道："这种欢呼，是每看一片都有的，但在我，这一声却特别听得刺耳……在那时那地，我的意见却变化了。"在《呐喊》中，他还写下了这样一段文字："从那一回〔幻灯片放映〕以后，我便觉得医学并非一件紧要事。"❻他要投身去关注的是中国人的"精神"。

大多数对这则故事的解读认为这是一段坦率的自传式讲述，讲述了作者创作生涯中所遭遇的一次影响深远的事件，这一事件预示并推动鲁迅做出最终的"转变"：弃医从文。❼正如刘禾所说的："向来，批评家们引用和分析这段文字（《呐喊》中的段落），总想在鲁迅的生平和小说之间建立起直接联系。"刘禾举例说："多年来，学者们努力地寻找那张关键的幻灯片，可是徒劳无获。"刘禾还提出极为重要的一点，即便确认了是哪张幻灯片，"找到了该幻灯片，确定了此事的真实性，也不见得就能说明鲁迅这段文字描述的震撼力"。❽另一方面，刘禾对"再现修辞"（rhetoric of representation）的分析也强调了暴力与公开展示之间的动态关系，这一动态关系就内在于鲁迅对自己智识和创作发展中这一影响深

远的经历的再现当中。❾

在我看来,这则著名的故事所隐藏的知识暴力还有另外一个重要的潜在文本,即它的发生是建立在科学及科学视觉文化领域所兴起的修辞、价值及技术之上的。举例来说,鲁迅闻名于世的幡悟毫不意外就发生在一间微生物学的教室里。和西式的解剖学一样,微生物学和细菌学也是医学的分支领域,发源于西方,并被迅速引介至日本,但起初都被世纪之交的中国拒之门外。或者如罗芙芸在论述"卫生"这一概念时所说的:"到19世纪末,卫生的新内涵在中日两国分别被精英们建构、接受并投入实践,但却产生了截然不同的差别。"❿但是,正如托马斯·拉马雷(Thomas Lamarre)所写的:

> 在19世纪后半期,在细菌学和病因学的研究领域出现了两个方向。在法国,路易斯·巴斯德(Louis Pasteur)转向了实验分析,以查明传染性疾病是如何在体内产生的,康复与免疫又是如何发生的。在德国,罗伯特·科赫(Robert Koch)探索细菌检查和培育的技术方法,并形成了一套卫生及疾病预防的理论原理……事实上,这两个方向提供了两种难分彼此的策略,以消除传染性的疾病:接种法和公共卫生。在世纪之交,日本政府遣往德国的科学家所做的研究使得日本的卫生学研究如日中天。其中最为著名的科学家之一北里柴三郎就和森鸥外一样,在柏林的卫生研究所就学于罗伯特·科赫门下……因此,日本跟随科赫走上了一条卫生学、疾病预防,以及公共卫生实践的道路。⓫

结语 见微知著

但是，在医学传教士学校中，由在华的英裔美国医生所教授的细菌学则基本上走上了另外一条道路：这些课程不大可能包括同期在日本的课堂上所教授的科赫的"微生物病因新论"（图34）。⑫因此，和学习西式解剖学研究时的情况一样，鲁迅又一次发现自己成了中国医学生中的少数幸运儿，在20世纪之交就能够相对而言便利地接触西方的新科学。

然而，这同时也意味着，鲁迅也前所未有地很早就了解并接触了与新科学同时引介而来的种族学及卫生学的意识形态。举例来说，新细菌学的修辞表达中就尤其充斥着对军事的隐喻、观念化及想象。在《法国的巴斯德化》一书中，布鲁诺·拉图尔就针对欧洲的情况探讨了这一现象，强调了巴斯德作为"发现"微生物的唯一英雄人物，在他传奇故事诞生的背后是怎样的政治影响和意识形态境况。细菌学的语汇——讲述异质的细菌侵蚀健康的

图34：摄影师不详《实验室方法课》（上海圣约翰医学院的学生，透过显微镜观看），大约摄于1903年。图片来自威廉姆·汉密尔顿·杰弗瑞、詹姆斯·L.麦克斯韦，《中国的疾病》，1910年版，第11页。图片由密歇根大学安娜堡分校哈兰·哈彻研究生图书馆提供

细胞,引发疾病,并在20世纪的前十年日益严重;以及新发现的防御性噬细胞,或者说白血球的预防作用——与战争的语汇并无二致,都运用了带有军事隐喻的描绘性术语。同样地,在日本,细菌学的引入与卫生学观念的引入紧密相关。举例来说,迈克尔·鲍尔达修(Michael Bourdaghs)指出,就在鲁迅于日本求学期间,"1906年……(细菌学和卫生学)仍然被视作同一个学科"。同时,用以说明这一学科的语汇也大量地借用了军事和民族主义的隐喻。正如鲍尔达修所写的:

> 很多用语都是新发明的,或是从其他领域转化而来的,都用以把病体说成是受到了陌生物质,即细菌的侵袭,并将其界定为疾病的起因。近年来,柄谷行人批判了细菌理论,将细菌理论的观点称作旨在消除"恶"的"神学"。但是,正如柄谷行人所论述的,健康/不健康、纯洁/不纯洁、(微生物的)在场/缺席,这条二元对立链被广泛接受,并成为一些人所秉持的基本信条——在他们看来,自身与社会整体的健康是紧密相关的。❸

更为重要的是,鲍尔达修还指出,"这一时期卫生学著作中比比皆是的军国主义意象更加强化了一种民族主义构想下的卫生学。此外,特别是在日本,卫生学主要成了一种军用医学,用以强化日本在其帝国主义扩张战中的战斗准备"。❹甚至是在中国,由于中国的医学从业者对细菌理论的讨论,他们在细菌学中对军事隐喻的使用并不亚于一些民族主义者。正如吴章所说:"20世纪早期,很多出版物都显而易见地拿身体对病菌的抵抗与中国为抵抗外来的侵略与压迫而进行的民族及种族斗争做比较。在这一国家-身体的类比中,帝国主义力量(病菌)出现在中国的土地上,这本身就有力地证明了中华民族是罹病并无力抵抗的。"❶鲁迅本人就在他《热风》文集的题记中借用了这一隐喻。他写道,他始终认为文学就和白血球一样,须与其所针砭的时弊一同灭亡,因为白血球如若还在,就证明疾病也尚在。❶在鲁迅所在的微生物学课堂上,甚至连传达隐喻的媒介在本质上都裹挟着输入进来的帝国主义政治宣传所宣扬的价值观念及当务之急:到1902年的时候,在欧洲、在英国的殖民地进行幻灯片放映,就不只是为了宣扬科学,更是为了以娱乐和教导的方式投射"一种强大且统一的帝国图景到大众的想象当中去"。❶如此一来,在观念化的过程中,鲁迅求学期间在日本所学习的新的微生物学就在语言、观念及科技的层面上,与战争及殖民主义的现象学价值深深地缠卷在了一起(如果本质上不是从中发端的话)。

因此,就鲁迅和他的日本同学那天在微生物学课堂上所看到的幻灯片而言,这一媒介与其所传达的信息之间就毋庸置疑地存在着某种一致性。首先,微生物的幻灯片与战争的幻灯片可以说在隐喻的层面上是一致的,因为这二者都采用了战争的语汇和意象。正如拉图尔的讽刺:"在介绍杆菌培养液时,一则新近的广告便取名为:'法国殖民新聚(菌)落'。这广告不过想开个玩笑;但它所说又是真的。"有关视觉的意象,拉图尔在谈及1894年一篇有关香港黑死病的文章所配的插图时，也就微生物学与意识形态传达的合流做出了评论：

> 一切都在那里。我们可以在中国地图上看到病灶；可以看到陋室里的贫民；可以看到患鼠疫的人胳肢窝上的肿瘤；可以看到白人家里的死老鼠；但更可以清楚看到沿着管壁出现的凝块……文中的五幅插图，**没有一幅和那些中国人有关，没有伤口，没有死者，没有老鼠，只有显微镜下的菌落。**❽

在这些图像的组合，以及图像旁边以新的科学体例写就的解说性文字中，菌群甚至肆虐于再现中，象征着细菌理论在此时此地的信条，即每一个细菌都携带着疾病——细菌在本质上是疾病唯一的病因。❾此外，鲍尔达修还就1906年的日本小说《破戒》(*Broken Commandment*)做出了重要的分析。他提出："正如疾病被看作外来元素对身体的入侵，这些外来元素的携带者——小说中的部落民角色（一个少数阶层，外来者）——最终就被塑造成将不健康的异质物带到族群中的人物。染病之人必须被隔离，被孤立。"❿因此，就鲁迅所看到的这种时事幻灯片而言——正如这个幻灯片恰好是在看完细菌幻灯片之后播放的，细菌幻灯片的残像或许还萦绕在他的脑海当中——很容易就会把幻灯片中的图像看作科学课程的继续，一个像部落民一样的"外来元素"的图像，遮蔽了其他所有的内容：在课堂上建立起细菌与中国战犯间的对等。在微生物学课堂上，我们可以推断，在对于分析这则故事而言非常重

结语 见微知著

要的那个身份觉醒的时刻,因为是教室中唯一的中国人,鲁迅的身份与研究的物体——微生物、"外国人"——一同崩塌了;幻灯片投影仪这一强大的视觉文化媒介携带着帝国和殖民的意涵,让鲁迅看到了这一身份。㉑正如李欧梵所写的:"在观察这个映像(新闻幻灯)时,他(鲁迅)与他的同胞这个无法回避的集体身份融为一体了",换句话来说,鲁迅与细菌形成了身份认同。㉒

因此,这则故事所描述的这一影响深远的事件并不仅仅指的是鲁迅的弃医从文,而更是形而上的身体被始料未及地叠置在科学的身体之上,有史以来第一次,被再现的科学的身体与一种确定的中国人的自我或身体在认知的层面上合二为一。再加上鲁迅其他著作字里行间都对人体解剖和解剖学的种族化理论做出了各种潜在且直白的反思,这个著名的幻灯片放映故事所描述的视觉上的幡悟就象征着中国身体在隐喻的层面上、在现代的语境中诞生了——这是文学现代主义的先决条件,不应当与中国现代文学本身的诞生混为一谈。换句话来说,如果我们执意于要找到那张让鲁迅觉醒的"真正的"图像,我们就不应当在那些世所周知的更为真实的战争图像当中去找,而是应该去查看教授那天在课堂上给学生们看的微生物幻灯片——因为正是这些幻灯片让年轻的鲁迅具备了自觉,而且这些幻灯片最深层的结构不仅仅预示了科学层面的病态身体,还预示了文化及隐喻层面的病态身体,这个身体既是现代的,又毋庸置疑是中国的,将会如幽灵般出没于接下来几十年的文学作品当中。

# 注 释

❶ 关于李小龙的阳刚之气，参见如克里斯·贝里，《星际传播：李小龙的身体／国际框架中的中国阳刚之气》( Chris Berry, Stellar Transit: Bruce Lee's Body; or, Chinese Masculinity in a Transnational Frame )；关于中国媒体对"非典"的表述，参见汪民安，《SARS 危机中的身体政治》。

❷ 罗芙芸，《卫生的现代性：中国通商口岸卫生与疾病的含义》，第 2—3 页。

❸ 关于鲁迅那个时代对进化论的接受概况，参见浦嘉珉，《鲁迅与进化论》( Lu Xun and Evolution )。

❹ 参见刘禾，《跨语际实践：文学、民族文化与被译介的现代性（中国，1900—1937）》，第 45—76 页对这两个版本的讨论。

❺ 周蕾，《原初的激情：视觉、性欲、民族志与中国当代电影》( Rey Chow, Primitive Passions: Visuality, Sexuality, Ethnography, and Contemporary Chinese Cinema )，第 5 页。

❻ 英译文来自刘禾，《跨语际实践：文学、民族文化与被译介的现代性（中国，1900—1937）》，第 61—63 页。

❼ 李欧梵在《一个作家的诞生：关于鲁迅求学经历的笔记》一文中写到鲁迅的求学故事时，单独讨论了这一重要的时事幻灯片事件，并认为这一事件"截然改变了鲁迅的生活道路"。李欧梵认为，从心理分析的层面上来说，这一场景"刻画一场冲突，冲突的一方是他本人，一个'旁观者'，坐在异国的课堂里；另一方是'身临其境'的自我，一个更大的象征性的形象"。李欧梵认为，从心理学的角度可以给出的解释是，这或许表明，鲁迅需要"超越他的父亲，要在行医以外的一个足够广阔的领域内找到另一个'适当的媒介'"（第 178 页）。

❽ 刘禾，《跨语际实践：文学、民族文化与被译介的现代性（中国，1900—1937）》，第 62—63 页。

❾ 我们或许还应该考虑到，在清朝末期惩处罪犯的一些律例规定中，砍头是各种酷刑中的一种，被认为过于残暴，不久之后就在中国被正式取缔了。举例来说，在 1905 年的一份重要的陈情书《删除律例内重法折》中，起草者们在说明"化民之道，固在政教，不在刑威"时，就列举了古代各朝各代的律法。参见巩涛，《废除"酷

结语 见微知著

刑"：重估新政法制改革的中国传统及其长期有效性》(Jérôme Bourgon, Abolishing "Cruel Punishments"：A Reappraisal of the Chinese Roots and Long-Term Efficiency of the *Xinzheng* Legal Reforms )，第 858 页。此外，巩涛认为，"因为 1905 年 4 月 24 日的陈情书，国家从为酷刑立法并公开施行，到官方禁止酷刑并对酷刑绝不姑息，这是划时代的转变"（第 851 页）。巩涛还指出，迫切地想要修订清朝律例中的重法，这远非只是少数人的愿望或仅仅是受到了西方法律体系的影响，也并非得到了"异见人士或佚名文人"的拥护，而是得到了"地位显赫的朝廷官员，影响深广的文人"的支持（第 861 页）。鲁迅在看到幻灯片里的砍头场景时做出的反应与这一趋势是相一致的。

⑩ 罗芙芸，《卫生的现代性：中国通商口岸卫生与疾病的含义》，第 62—63 页（有误，应为 161 页——译者注）。

⑪ 托马斯·拉马雷，《细菌文化与语言殖民：森鸥外的历史、科学及语言实验》( Thomas Lamarre, Bacterial Cultures and Linguistic Colonies: Mori Rintaro's Experiments with History, Science, and Language )，第 619 页。

⑫ 参见吴章，《肺结核与细菌学说在中国的在地化（1895—1937）》。也参见吴章，《中国现代医学的诞生（1895—1937）》，第 238—240 页："1868 年，自进入明治时期始，日本人就致力于学习现代科学和医学。最开始，日本送学生留洋海外，通常是去德国或荷兰学习。随着归国的学生不断增多，发展现代科学的体制架构就逐渐地建立了起来……因此，和在中国的领土上师从传教士医生学医的同胞们比起来，在日本学医的中国人更可能被教授的是微生物病因新论。"

⑬ 迈克尔·鲍尔达修，《民族主义的疾病，卫生的帝国》( Michael Bourdaghs, The Disease of Nationalism, the Empire of Hygiene )，第 644 页。

⑭ 同上，第 646 页。

⑮ 吴章，《中国现代医学的诞生（1895—1937）》，第 225 页。吴章引用了一个中国人的一段话，这段话最初于 1911 年发表在《中西医学报》上。我们通过这段话可以清楚地看到，人们认识到，细菌学的隐喻尤其能够用以呈现中国在全球化和后达尔文的世界中所面临的困境：20 世纪，种族间的生存斗争甚嚣尘上，人与微生物间的残酷战争也剧烈异常。如果一个人在战争中取得了胜利，那就意味着他的种族是强壮孔武的，民族是繁荣昌盛的；如果一个人在战争中落败，那就意味着他的种族是羸弱无力的，民族会注定灭亡。

⑯ 鲁迅，1925 年，《热风》的序言。另，胡适早年的评论（1918 年）："社会、国家

的健康也全靠社会中有许多永不知足、永不满意、时刻与罪恶分子、醒醍分子宣战的白血轮，方才有改良进步的希望。"胡适，《易卜生主义》，第188—189页。

⑰ 詹姆斯·瑞恩，《帝国图像：大英帝国的摄影与视觉化》，第190—193页："至少自19世纪60年代中期起，幻灯片就和图示、地图及现场的实验一起被用于给大众宣传科学。"瑞恩还写道："到1902年的时候，幻灯片演示大量用于英国各地，以进行教导和娱乐……遥远殖民地及殖民地居民的幻灯片被用于各种各样的目的，在各种各样的场馆进行展示，如学校、教堂、议会厅、大众剧院及科学协会……在这样一个普遍迫切想要宣扬英国帝国主义精神的时代，很多帝国主义政治宣传的协会都发现幻灯片和其他视觉技术是极为有效的手段，可以投射一种强大且统一的帝国图景到大众的想象当中去……殖民地政府也采用相似的视觉手段，他们很多在英国的代表都出借自己的幻灯片放映设备，以达成宣扬和教化的目的。"（第193页）

⑱ 布鲁诺·拉图尔，《法国的巴斯德化》，第98页。着重为本书所加。

⑲ 参见吴章，《中国现代医学的诞生（1895—1937）》，特别是"中国医学中的细菌理论"一章。

⑳ 迈克尔·鲍尔达修，《民族主义的疾病，卫生的帝国》，第656页。

㉑ 下文是刘禾的译文（引自《跨语际实践》）："I do not know what advanced methods are now used to teach microbiology, but at that time lantern slides were used to show the microbes"（《呐喊》，第61页）；"During my second year, bacteriology was added to the curriculum and the configuration of bacteria was taught exclusively through film slides"（《藤野先生》，第63页）。

㉒ 李欧梵，《一个作家的诞生：关于鲁迅求学经历的笔记》，第178页。此外，安敏成认为："除了幻灯片的内容，观看幻灯片的独特环境——在一个微生物学的课堂上，在结束了当天的教学之后——也让鲁迅心生不安。教室的场景，以及这一摄影媒介机械复制的本质，似乎促使着鲁迅以科学观察那种远距离、客体化的视角来观看幻灯里的场景，将这一场景看作一个自我界定的事实，观看者无法左右的事实。但是，不同于课堂上极为常见，且观看者们的确也不以为意的观察物——微生物，处决的场景意味着观看者的在场，并且就是做给观看者看的。"安敏成，《现实主义的限制：革命时代的中国小说》，第78页。

# 参考文献

Anagnost, Ann. *National Past-Times: Narrative, Representation, and Power in Modern China*. Durham, N.C.: Duke University Press, 1997.

Anderson, Marston. *The Limits of Realism: Chinese Fiction in the Revolutionary Period*. Berkeley: University of California Press, 1990.

Andrews, Bridie Jane. "The Making of Modern Chinese Medicine, 1895–1937." PhD diss., University of Cambridge, 1996.

——. "Tuberculosis and the Assimilation of Germ Theory in China, 1895–1937." *Journal of the History of Medicine and Allied Sciences* 52, no. 1 (1997): 114–57.

——. "Wang Qingren and the History of Chinese Anatomy." *Journal of Chinese Medicine*, no. 36 (1991): 30–36.

Armstrong, Nancy. *Fiction in the Age of Photography: The Legacy of British Realism*. Cambridge: Harvard University Press, 1999.

Arnold, David. *Colonizing the Body: State Medicine and Epidemic Disease in Nineteenth-Century India*. Berkeley: University of California Press, 1993.

——, ed. *Imperial Medicine and Indigenous Societies*. Manchester: Manchester University Press, 1988.

Baigrie, Brian S., ed. *Picturing Knowledge: Historical and Philosophical Problems Concerning the Use of Art in Science*. Toronto: University of Toronto Press, 1996.

Bartholomew, Terese Tse. "One Hundred Children: From Boys at Play to Icons of Good

Fortune." In *Children in Chinese Art*, ed. Ann Barrott Wicks, 57–83. Honolulu: University of Hawai'i Press, 2002.

Bartlett, C. J. "Peter Parker, the Founder of the Modern Medical Missions: A Unique Collection of Paintings." *Journal of the American Medical Association*, no. 67 (1916): 407–11.

Benedict, Carol. *Bubonic Plague in Nineteenth-Century China*. Stanford, Calif.: Stanford University Press, 1996.

Benjamin, Walter. *Illuminations: Essays and Reflections*. Ed. Hannah Arendt. Trans. Harry Zohn. New York: Schocken, 1968.

Benoist, Michel. Letters. In "Les correspondants de Bertin: Secretaire d'etat au XVIII siecle," by Henri Cordier. *T'oung Pao*, no. 18 (1917–1919): 295–379.

Bernheimer, Charles. *Figures of Ill Repute: Representing Prostitution in Nineteenth-Century France*. Cambridge: Harvard University Press, 1989.

Berry, Chris. "Stellar Transit: Bruce Lee's Body; or, Chinese Masculinity in a Transnational Frame." In *Embodied Modernities: Corporeality, Representation, and Chinese Cultures*, ed. Fran Martin and Larissa Heinrich, 327–52. Honolulu: University of Hawai'i Press, 2006.

Berry-Hill, Henry, and Sidney Berry-Hill. *George Chinnery, 1774–1852: An Artist of the China Coast*. Leigh-on-Sea, UK: F. Lewis, 1963.

Beurdeley, Michel. *Peintres jésuites en Chine au XVIIIe siècle*. Arcueil, France: Anthese, 1997.

Bourdaghs, Michael. "The Disease of Nationalism, the Empire of Hygiene." *positions: east asia cultures critique* 6, no. 3 (1998): 637–73.

Bourgon, Jerome. "Abolishing 'Cruel Punishments': A Reappraisal of the Chinese Roots and Long-Term Efficiency of the *Xinzheng* Legal Reforms." *Modern Asian Studies* 37, no. 4 (2003): 851–62.

Brieger, Gert. "Sense and Sensibility in Late Nineteenth-Century Surgery in America." In *Medicine and the Five Senses*, ed. W. F. Bynum and Roy Porter, 225–43. Cambridge: Cambridge University Press, 1993.

Bynum, W. F., and Roy Porter, eds. *Medicine and the Five Senses*. Cambridge:

Cambridge University Press, 1993.

Cadbury, William Warder, and Mary Hoxie Jones. *At the Point of a Lancet: One Hundred Years of the Canton Hospital, 1835–1935*. Shanghai: Kelly and Walsh, 1935.

Chang Chia-feng. "Aspects of Smallpox and Its Significance in Chinese History." PhD diss., London University, 1996.

——. 清代的察痘与避痘制度 "Qing Dai De Cha Dou Yu Bi Dou Zhi Du" ["The Quarantine and Investigation Systems for Smallpox in the Early Qing Dynasty"]. 汉学研究 *Han Xue Yan Jiu* [*Chinese Studies*] 14, no. 1 (1996): 135–56.

——. 清康熙皇帝采用人痘法的时间与原因试探 "Qing kangxi huangdi caiyong rendoufa de shijian yu yuanyin shitan" ["On the Time Frame and Reasons for the Kangxi Emperor's Adoption of Variolation"]. 中华医史杂志 *Zhonghua yi shi za zhi* [*Chinese Journal of Medical History*] 26, no. 1 (1996): 30–32.

——. "Strategies of Dealing with Smallpox in the Early Qing Imperial Family (1633–1799)." In *East Asian Science: Tradition and Beyond*, ed. Keizo Hashimoto, Catherine Jami, and Lowell Skar, 199–205. Osaka: Kansai University Press, 1995.

Chang, James. "Short Subjects: A Reconstructive Surgeon's Taste in Art; Dr. Peter Parker and the Lam Qua Oil Paintings." *Annals of Plastic Surgery* 30, no. 5 (1993): 468–74. Charcot, Jean-Martin, and Paul Richer. *Difformes et les malades dans l'art*. Amsterdam: B. M. Israel, 1972.

Chen Shen, Hu Zhichan, and Ma Yunzeng, eds. 中国摄影史 *Zhongguo sheying shi, 1840–1937* [*History of Photography in China, 1840–1937*]. Rev. ed. Taipei: Sheyingjia chubanshe, 1990.

Choa, G. H. *"Heal the Sick" Was Their Motto: The Protestant Medical Missionaries in China*. Hong Kong: Hong Kong University Press, 1990.

Chow, Rey. *Primitive Passions: Visuality, Sexuality, Ethnography, and Contemporary Chinese Cinema*. New York: Columbia University Press, 1995.

Chu P'ing-yi. 身体，灵魂与天主：明末清初西学中的人体生理知识 "Shenti, linghun yu tianzhu: Mingmo qingchu xixuezhong de renti shengli zhishi" ["The Flesh, the Soul, and the Lord: Jesuit Discourse of the Body in Seventeenth-Century

China"]. 新史学 *Xinshixue* [*New History*] 7, no. 2 (1996): 47–98.

Cibot, Martial. "De la petite verole." In *Mémoires concernant l'histoire, les sciences, les arts, les moeurs, les usages, etc. des Chinois, par les missionnaires de Pékin*, by Joseph Marie Amiot et al., 4: 392–420. Paris: Chez Nyon Libraire, 1779.

Clarke, J. J. *Oriental Enlightenment: The Encounter between Asian and Western Thought*. New York: Routledge, 1997.

Clunas, Craig. *Chinese Export Watercolours*. London: Victoria and Albert Museum, 1984.

———.*Pictures and Visuality in Early Modern China*. Princeton: Princeton University Press, 1997.

Cohen, Paul. *China and Christianity: The Missionary Movement and the Growth of Chinese Antiforeignism, 1839–1939*. Cambridge: Harvard University Press, 1963.

———. "Christian Missions and Their Impact to 1900." In *The Cambridge History of China*, ed. John K. Fairbank and Denis Twitchett, 10:543–72. Cambridge: Cambridge University Press, 1978.

———.*Discovering History in China: American Historical Writing on the Recent Chinese Past*. New York: Columbia University Press, 1984.

Comaroff, John, and Jean Comaroff. *Ethnography and the Historical Imagination*. Boulder, Colo.: Westview, 1992.

Conner, Patrick. "Lam Qua: Western and Chinese Painter." *Arts of Asia* 29, no. 2 (1999): 46–64.

Connor, J. T. H., and Michael G. Rhode. "Shooting Soldiers: Civil War Medical Images, Memory, and Identity in America." *Invisible Culture: An Electronic Journal for Visual Culture*, no. 5 (2003): n.p., www.rochester.edu/in_visible_culture/Issue_5/ConnorRhode/ConnorRhode.html.

Cordier, Henri. "Les Chinois de Turgot." In *Mélanges d'histoire et de géographie orientales*. Vol. 1. Paris: J. Maisonneuve, 1914.

Crary, Jonathan. *Techniques of the Observer: On Vision and Modernity in the Nineteenth Century*. Cambridge: MIT Press, 1990.

Croizier, Ralph. *Traditional Medicine in Modern China: Science, Nationalism, and the*

*Tensions of Cultural Change*. Cambridge: Harvard University Press, 1968.

Crossman, Carl L. *The Decorative Arts of the China Trade: Paintings, Furnishings, and Exotic Curiosities*. Woodbridge, UK: Antique Collectors' Club, 1991.

DeFrancis, John. *The Chinese Language: Fact and Fantasy*. Honolulu: University of Hawai'i Press, 1984.

Dehergne, Joseph. "Les deux Chinois et Bertin: L'enquete industrielle de 1764 et les debuts de la collaboration technique franco-chinoise." PhD diss., Sorbonne, 1965.

———. "Une grande collection: Memoires concernant les Chinois (1776–1814)." *Bulletin de l'école Française d'Extrême-Orient*, no. 70 (1983): 267–98.

———. "Voyageurs chinois venus a Paris au temps de la marine a voiles et l'influence de la Chine sur la litterature francaise du XVIIIe siecle." *Monumenta Serica*, no. 23 (1964): 372–97.

Delaporte, Francois. *Disease and Civilization: The Cholera in Paris, 1832*. Trans. Arthur Goldhammer. Cambridge: MIT Press, 1986.

Denton, Kirk A., ed. *Modern Chinese Literary Thought: Writings on Literature, 1893–1945*. Stanford, Calif.: Stanford University Press, 1996.

Despeux, Catherine. *Taoisme et le corps humain: Le Xiuzhen tu*. Paris: Guy Tredaniel Editeur, 1994.

Didi-Huberman, Georges. *The Invention of Hysteria: Charcot and the Photographic Iconography of Salpêtrière*. Trans. Alisa Hartz. Cambridge: MIT Press, 2003.

Dikotter, Frank. *The Discourse of Race in Modern China*. Stanford, Calif.: Stanford University Press, 1994.

———.*Sex, Culture and Modernity in China: Medical Science and the Construction of Sexual Identities in the Early Republican Period*. London: Hurst, 1995.

Downing, C. Toogood. *The Fan-qui in China, in 1836–37*. 3 vols. London: H. Colburn, 1838.

Dudgeon, John. *Diseases of China: Their Causes, Conditions, and Prevalence, Contrasted with Those of Europe*. Glasgow: Dunn and Wright, 1877.

Elisseeff-Poisle, Danielle. "Chinese Influence in France, Sixteenth to Eighteenth Centuries." In *China and Europe: Images and Influences in Sixteenth to Eighteenth*

*Centuries*, ed. Thomas H. C. Lee, 151–65. Hong Kong: Chinese University Press, 1991.

Elman, Benjamin. "Naval Warfare and the Refraction of China's Self-Strengthening Reforms into Scientific and Technological Failure, 1865–1895." *Modern Asian Studies* 38, no. 2 (2004): 283–326.

———.*On Their Own Terms: Science in China, 1550–1900*. Cambridge: Harvard University Press, 2005.

Elvin, Mark. "Tales of *Shen* and *Xin*: Body-Person and Heart-Mind in China during the Last 150 Years." In *Self as Body in Asian Theory and Practice*, ed. Thomas P. Kasulis, with Roger Ames and Wimal Dissanayake, 213–94. Albany: State University of New York Press, 1993.

Fahmy, Khaled. "Islam and Dissection in Nineteenth-Century Egypt." Paper presented at the conference "Science and Religion in the Age of Capital and Empire," University of Michigan, Ann Arbor, November 2–3, 2001.

Fairbank, John K., and Denis Twitchett, eds. *The Cambridge History of China*. Vol. 10. Cambridge: Cambridge University Press, 1978.

Fan, Fa-ti. *British Naturalists in Qing China: Science, Empire, and Cultural Encounter*. Cambridge: Harvard University Press, 2004.

Farquhar, Judith. *Appetites: Food and Sex in Postsocialist China*. Durham, N.C.: Duke University Press, 2002.

Fitzgerald, John. *Awakening China: Politics, Culture, and Class in the Nationalist Revolution*. Stanford, Calif.: Stanford University Press, 1996.

Floyd, Phylis A. "The Puzzle of *Olympia*." *Nineteenth-Century Art Worldwide: A Journal of Nineteenth-Century Visual Culture* 3, no. 1 (2004): n.p., 19thc-artworldwide.org/spring_04/articles/floy.html.

Foucault, Michel. *The Birth of the Clinic: An Archeology of Medical Perception*. Trans. A. M. Sheridan Smith. New York: Pantheon, 1973.

Fox, Daniel M., and Christopher Lawrence. *Photographing Medicine: Images and Power in Britain and America since 1840*. New York: Greenwood, 1988.

Gao, Mingming. "医宗金鉴" 的编纂及其成就 "*Yizong jinjian* de bianzuan ji qi chengjiu" ["*Golden Mirror of Orthodoxy of Medicine*: Its Compilation and Achievements"]. 中华医史杂志 *Zhonghua yi shi za zhi* [*Chinese Journal of Medical History*] 22, no. 32 (1992): 80–83.

Gao Xudong. 鲁迅：在医生与患者之间 "Lu Xun: Zai yisheng yu huanzhe zhijian" ["Lu Xun: Between Doctor and Patient"]. In 文学与治疗 *Wenxue yu zhiliao* [*Literature and Healing*], ed. Ye Shuxian, 159–69. Beijing: Shehui kexue wenxian chubanshe, 1999.

Gilman, Sander L. *Disease and Representation: Images of Illness from Madness to AIDS*. Ithaca: Cornell University Press, 1988.

——. "How and Why Do Historians of Medicine Use or Ignore Images in Writing Their Histories?" In *Picturing Health and Illness: Images of Identity and Difference*, 9–32. Baltimore: Johns Hopkins University Press, 1995.

——. "Lam Qua and the Development of a Westernized Medical Iconography in China." *Medical History* 30, no. 1 (1986): 50–69.

——. *Picturing Health and Illness: Images of Identity and Difference*. Baltimore: Johns Hopkins University Press, 1995.

Goldman, Merle, ed. *Modern Chinese Literature in the May Fourth Era*. Cambridge: Harvard University Press, 1977.

Gombrich, E. H. *The Uses of Images: Studies in the Social Function of Art and Visual Communication*. London: Phaidon, 1999.

Goodrich, L. Carrington, and Nigel Cameron. *The Face of China as Seen by Photographers and Travelers, 1860–1912*. New York: Aperture, 1978.

Grimm, Friedrich Melchior. *Correspondance littéraire, philosophique et critique de Grimm et de Diderot, 1753–1790*. Vol. 12. Paris: Furne, 1830.

Gulick, Edward V. *Peter Parker and the Opening of China*. Cambridge: Harvard University Press, 1973.

Guo Moruo. 郭沫若文集 *Guo Moruo wenji* [*The Collected Works of Guo Moruo*]. Beijing: Renmin wenxue chubanshe, 1959.

Han Qi. 中国科学技术的西传及其影响 *Zhongguo kexuejishu de xichuan ji qi yingxiang* [*The Transmission Westward and Influence of Chinese Scientific Skills*].

Shi Jiazhuang: Hebei renmin chubanshe, 1999.

Hanan, Patrick. *The Chinese Vernacular Story*. Cambridge: Harvard University Press, 1981.

Hart, Roger. "Translating the Untranslatable: From Copula to Incommensurable Worlds." In *Tokens of Exchange: The Problem of Translation in Global Circulations*, ed. Lydia H. Liu, 45–73. Durham, N.C.: Duke University Press, 1999.

Hashimoto, Keizo, Catherine Jami, and Lowell Skar, eds. *East Asian Science: Tradition and Beyond*, Osaka: Kansai University Press, 1995.

Hay, John. "The Body Invisible in Chinese Art?" In *Body, Subject, and Power in China*, ed. Angela Zito and Tani E. Barlow, 42–77. Chicago: University of Chicago Press, 1994.

Hay, Jonathan. "Culture, Ethnicity, and Empire in the Work of Two Eighteenth-Century 'Eccentric' Artists." *Res*, no. 35 (1999): 201–24.

Heinrich, Larissa. "Handmaids to the Gospel: Lam Qua's Medical Portraiture." In *Tokens of Exchange: The Problem of Translation in Global Circulations*, ed. Lydia H. Liu, 239–75. Durham, N.C.: Duke University Press, 1999.

———. "How China Became the 'Cradle of Smallpox': Transformations in Discourse, 1726–2002," in *positions: east asia cultures critique* 15, no. 1 (2007): 7–37.

———. "The Pathological Empire." In *History of Photography* 30, no. 1 (2006): 25–37.

Hershatter, Gail, ed. *Remapping China: Fissures in Historical Terrain*. Stanford, Calif.: Stanford University Press, 1996.

Hess, Thomas B., and Linda Nochlin. *Woman as Sex Object: Studies in Erotic Art, 1730–1970*. New York: Art News Annual, 1972.

Hevia, James Louis. *Cherishing Men from Afar: Qing Guest Ritual and the Macartney Embassy of 1793*. Durham, N.C.: Duke University Press, 1995.

Hobson, Benjamin. 全体新论 *Quanti xinlun* [*A New Treatise on Anatomy*, also translated as *Outline of Anatomy and Physiology*]. Shanghai: Mohai Books, 1851.

Hopkins, Donald. *The Greatest Killer: Smallpox in History*. Chicago: University of Chicago Press, 2002.

———. *Princes and Peasants: Smallpox in History*. Chicago: University of Chicago Press,

1983.

Hu Shi. 易卜生主义 "Yibusheng zhuyi" ["Ibsenism"]. In 中国新文学大系 *Zhongguo xinwenxue daxi* [*New Compendium of Chinese Literature*], ed. Zhao Jiabi, 179–92. Shanghai: Liangyou Tushu, 1935.

Huard, Pierre, and Ming Wong. *Chinese Medicine*. Trans. Bernard Fielding. New York: McGraw-Hill, 1968.

——. "Les enquetes francaises sur la science et la technologie chinoises au XVIIIe siecle." *Bulletin de l'école Française d'Extrême-Orient*, no. 53 (1967): 137–213.

Hung, Eva. "Giving Texts a Context: Chinese Translations of Classical English Detective Stories, 1896–1916." In *Translation and Creation: Readings of Western Literature in Early Modern China, 1840–1918*, ed. David Pollard, 151–76. Amsterdam: J. Benjamins, 1988.

Hutcheon, Robin. *Chinnery: The Man and the Legend, with a Chapter on Chinnery's Shorthand by Geoffrey W. Bonsall*. Hong Kong: South China Morning Post, 1975.

Huters, Theodore. "Ideologies of Realism in Modern China: The Hard Imperatives of Imported Theory." In *Politics, Ideology, and Literary Discourse in Modern China: Theoretical Interventions and Cultural Critique*, ed. Liu Kang and Xiaobing Tang, 147–73. Durham, N.C.: Duke University Press, 1993.

Jefferys, W. Hamilton. "Kodaking for Small Game." *China Medical Missionary Journal* 21, no. 5 (1907): 96.

Jefferys, W. Hamilton, and James L. Maxwell. *The Diseases of China, Including Formosa and Korea*. Philadelphia: P. Blakiston's Son and Company, 1910.

——. *The Diseases of China, Including Formosa and Korea*. 2nd ed. Shanghai: A.B.C. Press, 1929.

Josyph, Peter. *From Yale to Canton: The Transcultural Challenge of Lam Qua and Peter Parker*. Exhibition brochure. Smithtown, N.Y.: Smithtown Township Arts Council, 1992.

——. "The Missionary Doctor and the Chinese Painter." *MD* 36, no. 8 (1992): 45–48, 51–52, 55–58.

Jullien, Francois. *Le nu impossible*. Paris: Seuil, 2005.

Kaldis, Nicholas. "The Prose Poem as Aesthetic Cognition: Lu Xun's *Yecao*." *Journal of Modern Literature in Chinese* 3, no. 2 (2000): 43–82.

Kasulis, Thomas P., with Roger Ames and Wimal Dissanayake, eds. *Self as Body in Asian Theory and Practice*. Albany: State University of New York Press, 1993.

Kerr, John G. *Report of the Medical Missionary Society in China for the Year 1859*. Macao: Medical Missionary Society, 1860.

———. *Report of the Medical Missionary Society in China for the Year 1861*. Canton: Medical Missionary Society, 1862.

———. *Report of the Medical Missionary Society in China for the Year 1863*. Hong Kong: A. Shortreve and Co., 1864.

———. *Report of the Medical Missionary Society in China for the Year 1865*. Canton: Medical Missionary Society, 1866.

———. *Report of the Medical Missionary Society in China for the Year 1866*. Canton: Medical Missionary Society, 1867.

———. *Report of the Medical Missionary Society's Hospital in Canton for the Year 1863*. Hong Kong: A. Shortreve and Co., 1864.

———. *Report of the Medical Missionary Society's Hospital in Canton for the Year 1865*. Hong Kong: A. Shortreve and Co., 1866.

Kleinman, Arthur, and Tsung-yi Lin, eds. *Normal and Abnormal Behavior in Chinese Culture*. Boston: D. Reidel, 1980.

Knight, David. "Scientific Theory and Visual Language." In *The Natural Sciences and the Arts: Aspects of Interaction from the Renaissance to the Twentieth Century; An International Symposium, Uppsala 1985*. Stockholm: Almqvist and Wiksell International, 1985.

Ko, Dorothy. *Cinderella's Sisters: A Revisionist History of Footbinding*. Los Angeles: University of California Press, 2005.

Kowallis, Jon. *The Lyrical Lu Xun: A Study of His Classical-Style Verse*. Honolulu: University of Hawai'i Press, 1996.

Kudlick, Catherine Jean. *Cholera in Post-revolutionary Paris: A Cultural History*. Berkeley: University of California Press, 1996.

Kuriyama, Shigehisa. *The Expressiveness of the Body and the Divergence of Greek and Chinese Medicine*. New York: Zone, 1999.

Lackner, Michael. "Jesuit Figurism." In *China and Europe: Images and Influences in Sixteenth to Eighteenth Centuries*, ed. Thomas H. C. Lee, 129–49. Hong Kong: Chinese University Press, 1991.

Lackner, Michael, Iwo Amelung, and Joachim Kurtz, eds. *New Terms for New Ideas: Western Knowledge and Lexical Change in Late Imperial China*. Leiden, Netherlands: Brill, 2001.

Laignel-Lavastine, Maxime, ed. *Histoire de la médecine, de la pharmacie, de l'art dentaire, et de l'art vétérinaire*. 3 vols. Paris: Albin Michel, 1936–1949.

Lamarre, Thomas. "Bacterial Cultures and Linguistic Colonies: Mori Rintaro's Experiments with History, Science, and Language." *positions: east asia cultures critique* 6, no. 3 (1998): 597–635.

Latour, Bruno. *The Pasteurization of France*. Trans. Alan Sheridan and John Law. Cambridge: Harvard University Press, 1988.

Lee, Leo Ou-fan. "Genesis of a Writer: Notes on Lu Xun's Educational Experience, 1881–1909." In *Modern Chinese Literature in the May Fourth Era*, ed. Merle Goldman, 161–88. Cambridge: Harvard University Press, 1977.

———. *Voices from the Iron House: A Study of Lu Xun*. Bloomington: Indiana University Press, 1987.

Lee, Mabel. "Solace for the Corpse with Its Eyes Gouged Out: Lu Xun's Use of the Poetic Form." *Papers on Far Eastern History*, no. 26 (1982): 145–73.

Lee, Thomas H. C., ed. *China and Europe: Images and Influences in Sixteenth to Eighteenth Centuries*. Hong Kong: Chinese University Press, 1991.

Le Gobien, Charles, and Yves Mathurin Marie Treaudet de Querbeuf, eds. *Lettres édifiantes et curieuses écrits des missions étrangères par quelques missionaires de la Compagnie de Jésus*. Vol. 27. Paris: N. Le Clerc, 1726.

Leung, Angela Ki-che. "Organized Medicine in Ming-Qing China: State and Private Medical Institutions in the Lower Yangtze Region." *Late Imperial China* 8, no. 1 (1987): 134–66.

Lin, Keh-ming. "Traditional Chinese Medical Beliefs and Their Relevance for Mental Illness and Psychiatry." In *Normal and Abnormal Behavior in Chinese Culture*, ed. Arthur Kleinman and Tsung-yi Lin, 95–111. Boston: D. Reidel, 1980.

Liu, Kang and Xiaobing Tang, eds. *Politics, Ideology, and Literary Discourse in Modern China: Theoretical Interventions and Cultural Critique*. Durham, N.C.: Duke University Press, 1993.

Liu, Lydia H. *The Clash of Empires: The Invention of China in Modern World Making*. Cambridge: Harvard University Press, 2004.

——. "Narratives of Modern Selfhood: First-Person Fiction in May Fourth Literature." In *Politics, Ideology, and Literary Discourse in Modern China: Theoretical Interventions and Cultural Critique*, ed. Kang Liu and Xiaobing Tang, 12–23. Durham, N.C.: Duke University Press, 1993.

——. "Robinson Crusoe's Earthenware Pot." *Critical Inquiry* 25, no. 4 (1999): 728–45.

——. *Translingual Practice: Literature, National Culture, and Translated Modernity in China, 1900–1937*. Stanford, Calif.: Stanford University Press, 1995.

——, ed. *Tokens of Exchange: The Problem of Translation in Global Circulations*. Durham, N.C.: Duke University Press, 1999.

Lockhart, William. *The Medical Missionary in China: A Narrative of Twenty Years' Experience*. London: Hearst and Blackett, 1861.

Low, Morris. "The Japanese Colonial Eye: Science, Exploration, and Empire." In *Photography's Other Histories*, ed. Christopher Pinney and Nicolas Peterson. Durham, N.C.: Duke University Press, 2003.

Lundbaek, Knud. "Translations of Chinese Historical and Philosophical Works." In *China and Europe: Images and Influences in Sixteenth to Eighteenth Centuries*, ed. Thomas H. C. Lee, 151–65. Hong Kong: Chinese University Press, 1991.

Lu Xun. *Lu Xun: Selected Works*. Trans. Xianyi Yang and Gladys Yang. 4 vols. Beijing: Foreign Languages Press, 1985.

——. 鲁迅全集 *Lu Xun quanji* [*The Complete Works of Lu Xun*]. Beijing: Renmin wenxue chubanshe, 1981.

———. 呐喊 *Nahan* [*Call to Arms*]. Shanghai: Shanghai wenyi chubanshe, 1999.

———. "On Photography." Trans. Kirk A. Denton. In *Modern Chinese Literary Thought: Writings on Literature, 1893–1945*, ed. Denton, 196–203. Stanford, Calif.: Stanford University Press, 1996.

———. 热风 *Re feng* [*Heat Gusts*]. Beijing: Renmin Wenxue Chubanshe, 1995.

———. *Wild Grass*. Trans. Xianyi Yang and Gladys Yang. Beijing: Foreign Languages Press, 1974.

———. 野草 *Ye cao* [*Wild Grass*]. Shanghai: Shanghai wenyi chubanshe, 1999.

———. 朝花夕拾 *Zhaohua xishi* [*Dawn Blossoms Plucked at Dusk*]. Shanghai: Shanghai wenyi chubanshe, 1999.

鲁迅与仙台：东北大学留学百年 *Lu Xun yu Xiantai: Dongbei daxue liuxue bainian* [*Lu Xun and Sendai: A Hundred Years of Overseas Study at Tohoku University*]. Trans. Jie Zechun. Beijing: Zhongguo dabaike quanshu chubanshe, 2005.

Macartney, George. *An Embassy to China: Being the Journal Kept by Lord Macartney during His Embassy to the Emperor Ch'ien-lung, 1793–1794*. Ed. J. L. Cranmer-Byng. Hamden, Conn.: Archon Books, 1963.

Mackerras, Colin. *Western Images of China*. Oxford: Oxford University Press, 1989.

MacLeod, Roy, and Milton Lewis, eds. *Disease, Medicine, and Empire: Perspectives on Western Medicine and the Experience of European Expansion*. London: Routledge, 1988.

Malcolm, Elizabeth L. "The *Chinese Repository* and Western Literature on China, 1800–1850." *Modern Asian Studies* 7, no. 2 (1973): 165–78.

Martin, Fran, and Larissa Heinrich, eds. *Embodied Modernities: Corporeality, Representation, and Chinese Cultures*. Honolulu: University of Hawai'i Press, 2006.

Mason, Mary Gertrude. *Western Concepts of China and the Chinese, 1840–1876*. New York: Seeman Printery, 1939.

Maulitz, Russell Charles. *Morbid Appearances: The Anatomy of Pathology in the Early Nineteenth Century*. Cambridge: Cambridge University Press, 1987.

Maxwell, Anne. *Colonial Photography and Exhibitions: Representations of the "Native"* and the Making of European Identities. London: Leicester University Press, 1999.

McCartney, James H. "James H. McCartney's Report on the Health of Chungking." In *China Imperial Maritime Customs Medical Reports* (October–March 1893–94): 3–6.

Meng, Yue. "Hybrid Science versus Modernity: The Practice of the Jiangnan Arsenal." *East Asian Science, Technology, and Medicine*, no. 16 (1999): 13–52.

Moore, James. *The History of the Small Pox*. London: Longman, Hurst, Rees, Orme, and Brown, 1815.

Mungello, D. E. "Confucianism in the Enlightenment: Antagonism and Collaboration between the Jesuits and the Philosophes." In *China and Europe: Images and Influences in Sixteenth to Eighteenth Centuries*, ed. Thomas H. C. Lee, 99–127. Hong Kong: Chinese University Press, 1991.

Needham, Gerald. "Manet, *Olympia*, and Pornographic Photography." In *Woman as Sex Object: Studies in Erotic Art, 1730–1970*, ed. Thomas B. Hess and Linda Nochlin, 81– 89. New York: Newsweek, 1972.

Needham, Joseph. *China and the Origins of Immunology*. Hong Kong: Centre of Asian Studies, University of Hong Kong, 1980.

——.*Science and Civilisation in China*. Vol. 6, *Biology and Biological Technology, Part VI: Medicine*. Ed. Nathan Sivin. Cambridge: Cambridge University Press, 2000.

Newman, Kathy. "Wounds and Wounding in the American Civil War: A (Visual) History." *Yale Journal of Criticism* 6 (1993): 63–86.

Ng, Vivienne. *Madness in Late Imperial China: From Illness to Deviance*. Norman: University of Oklahoma Press, 1990.

Panofsky, Erwin. "Artist, Scientist, Genius: Notes on the 'Renaissance Dammerung.'" In *The Renaissance: Six Essays*, by Wallace K. Ferguson et al., 121–82. New York: Harper and Row, 1962.

Parker, Peter. "Opthalmic Hospital in Canton: Seventh Report, Being That for the Term Ending on the 31st of December, 1837." *Chinese Repository* 6 (1837–1838): 433–45.

——. "Report of the Medical Missionary Society, Containing an Abstract of Its History and Prospects, and the Report of the Hospital at Macao, for 1841–2; Together with Dr. Parker's Statement of His Proceedings in England and the United States in Behalf of the Society." *Chinese Repository* 12 (1843): 189–211.

———. "Tenth Report of the Ophthalmic Hospital, Canton, Being for the Year 1839." *Chinese Repository* 8 (1839–1840): 631.

———. "Thirteenth Report of the Ophthalmic Hospital, Canton, Including the Period from the 1st January, 1844, to the 1st July, 1845." *Chinese Repository* 14 (1845): 460–61.

Petherbridge, Deanna, and L. J. Jordanova. *The Quick and the Dead: Artists and Anatomy*. Berkeley: University of California Press, 1997.

Picquier, Phillippe, ed. *Rêves de printemps: L'art érotique en Chine*. Paris: Collections Bartholet, 1998.

Pinney, Christopher. *Camera Indica: The Social Life of Indian Photographs*. London: Reaktion, 1997.

Pinney, Christopher, and Nicolas Peterson, eds. *Photography's Other Histories*. Durham, N.C.: Duke University Press, 2003.

Pollard, David, ed. *Translation and Creation: Readings of Western Literature in Early Modern China, 1840–1918*. Amsterdam: J. Benjamins, 1998.

Pomeranz, Kenneth. *The Great Divergence: China, Europe, and the Making of the Modern World Economy*. Princeton: Princeton University Press, 2000.

Porkert, Manfred. *The Theoretical Foundations of Chinese Medicine: Systems of Correspondence*. Cambridge: MIT Press, 1974.

Purcell, Rosamond Wolff. *Special Cases: Natural Anomalies and Historical Monsters*. San Francisco: Chronicle, 1988.

Pusey, James Reeve. *China and Charles Darwin*. Cambridge: Council on East Asian Studies, Harvard University, 1983.

———. *Lu Xun and Evolution*. Albany: State University Press of New York, 1998.

Rachman, Stephen. "Curiosity and Cure: Peter Parker's Patients, Lam Qua's Portraits." In *Common-Place* 4, no. 2 (2004): n.p. www.common-place.org/vol-04/no-02/rachman/.

———. "*Memento Morbi*: Lam Qua's Paintings, Peter Parker's Patients." In "Difference and Identity," ed. Jonathan M. Metzl and Suzanne Poirier, special issue, *Literature and Medicine* 23, no. 1 (2004): 134–59.

Rawski, Evelyn Sakakida. *The Last Emperors: A Social History of Qing Imperial Institutions*. Berkeley: University of California Press, 1998.

人痘接种法 "Rendoujiezhongfa" ["Methods for Treating Smallpox"]. In 中国全集 *Zhongguo quanji* [*China Anthology*]. Vol. 4, 科技中国 *Keji zhongguo* [*Technological China*]. Taipei: Jinmao Press, 1983.

*Report of the Medical Missionary Society in China for the Year 1868*. Hong Kong: DeSouza and Co., 1869. *See also* Kerr, John G.

Richardson, Ruth. *Death, Dissection, and the Destitute*. 2nd ed. Chicago: University of Chicago Press, 2000.

Rogaski, Ruth. *Hygienic Modernity: Meanings of Health and Disease in Treaty-Port China*. Berkeley: University of California Press, 2004.

Rowbotham, Arnold H. "The 'Philosophes' and the Propaganda for Inoculation of Smallpox in Eighteenth-Century France." *University of California Publications in Modern Philology* 18, no. 4 (1935): 268–87.

Rubinstein, Murray A. "The Wars They Wanted: American Missionaries' Use of *The Chinese Repository* before the Opium War." *American Neptune* 48, no. 4 (1988): 271–82.

Ryan, James R. *Picturing Empire: Photography and the Visualization of the British Empire*. London: Reaktion, 1997.

Sakamoto, Hiroko. 中國民族主義の神話：人種．身体．ジェンダー *Chugoku minzoku shugi no shinwa: jinshu, shintai, jenda* [*The Myth of Nationalism in Modern China: Race, Body, Gender*]. Tokyo: Iwanami Shoten, 2004.

Saunders, John B. de C. M., and Francis R. Lee. *The Manchu Anatomy and Its Historical Origin, with Annotations and Translations*. Taipei: Li Ming Cultural Enterprise, 1981.

Schipper, Kristofer. *The Taoist Body*. Berkeley: University of California Press, 1993.

Shih, Shu-mei. *The Lure of the Modern: Writing Modernism in Semicolonial China,*

*1917–1937*. Berkeley: University of California Press, 2001.

Silvestre de Sacy, Jacques. *Henri Bertin, dans le sillage de la Chine (1720–1792)*. Paris: Editions Cathasia, Les Belles Lettres, 1970.

Sirr, Henry Charles. *China and the Chinese: Their Religion, Character, Customs, and Manufactures; The Evils Arising from the Opium Trade; With a Glance at Our Religious, Moral, Political, and Commercial Intercourse with the Country*. 2 vols. London: Orr, 1849.

Sivin, Nathan. "Science and Medicine in Imperial China: The State of the Field." *Journal of Asian Studies* 47, no. 1 (1988): 41–90.

———. "Translating Chinese Medicine: Not Just Philology." Paper presented at the conference "New Directions in the History of Chinese Science," University of California, Los Angeles, May 24, 1997.

Soulie de Morant, Georges. "Chine et Japon." In *Histoire de la médecine, de la pharmacie, de l'art dentaire, et de l'art vétérinaire*, ed. Maxime Laignel-Lavastine. Vol. 1. Paris: Albin Michel, 1936.

Spence, Jonathan D. *The China Helpers: Western Advisors in China, 1620–1960*. London: Bodley Head, 1999.

———. *God's Chinese Son: The Taiping Heavenly Kingdom of Hong Xiuquan*. New York: Norton, 1996.

———. *The Search for Modern China*. New York: Norton, 1990.

———. *To Change China: Western Advisors in China, 1620–1960*. Harmondsworth, UK: Penguin, 1980.

Stafford, Barbara. *Body Criticism: Imaging the Unseen in Enlightenment Art and Medicine*. Cambridge: MIT Press, 1993.

Standaert, Nicolas. "A Chinese Translation of Ambroise Pare's *Anatomy*." *Sino-Western Cultural Relations Journal* 21 (1999): 9–33.

Stewart, Susan. *On Longing: Narratives of the Miniature, the Gigantic, the Souvenir, the Collection*. Baltimore: Johns Hopkins University Press, 1984.

Sun, Lung-kee. "The Presence of the Fin-de-Siecle in the May Fourth Era." In *Remapping China: Fissures in Historical Terrain*, ed. Gail Hershatter, 194–209.

Stanford, Calif.: Stanford University Press, 1996.

Tagg, John. "Evidence, Truth, and Order: Photographic Records and the Growth of the State." In *The Photography Reader*, ed. Liz Wells, 257–60. London: Routledge, 2003.

Thiriez, Regine. *Barbarian Lens: Western Photographers of the Qianlong Emperor's European Palaces*. Amsterdam: Gordon and Breach, 1998.

Thomson, John. *China and Its People in Early Photographs: An Unabridged Reprint of the Classic 1873/4 Work*. New York: Dover, 1982.

———.*Illustrations of China and Its People: A Series of Two Hundred Photographs with Letterpress Descriptive of the Places and People Represented*. London: Samson, Low, Marston, Low, and Searle, 1874.

———.*Thomson's China: Travels and Adventures of a Nineteenth-Century Photographer*. Hong Kong: Oxford University Press, 1993.

Thomson, John D. "Dr. John D. Thomson's Report on the Health of Hankow." *China Imperial Maritime Customs Medical Reports*, no. 52 (April–September 1896): 25–34.

Tiffany, Osmond, Jr. *The Canton Chinese; or The American's Sojourn in the Celestial Empire*. Boston: J. Munroe, 1849.

Ting, Joseph S. P., ed. *Gateways to China: Trading Ports of the Eighteenth and Nineteenth Centuries*. Hong Kong: Hong Kong Museum of Art, 1987.

———.*Late Qing China Trade Paintings*. Hong Kong: Urban Council, 1982.

Topper, David. "Towards an Epistemology of Scientific Illustration." In *Picturing Knowledge: Historical and Philosophical Problems Concerning the Use of Art in Science*, ed. Brian S. Baigrie, 215–49. Toronto: University of Toronto Press.

Unschuld, Paul. *Medicine in China: A History of Ideas*. Berkeley: University of California Press, 1985.

———.*The Yellow Emperor's Classic of Internal Medicine: Chapters 1–34*. Trans. Ilza Veith. New ed. Berkeley: University of California Press, 1966.

Vinograd, Richard. *Boundaries of the Self: Chinese Portraits, 1600–1900*. Cambridge: Cambridge University Press, 1992.

Voltaire, *OEuvre complètes*. Vol. 24. Paris: A. A. Renouard, 1819–25.

Wagner, Rudolf G. *Reenacting the Heavenly Vision: The Role of Religion in the Taiping Rebellion*. Berkeley: Institute of East Asian Studies, University of California, 1982.

Wakeman, Frederic. "The Canton Trade and the Opium War." In *The Cambridge History of China*, ed. John K. Fairbank and Denis Twitchett, 10:163–212. Cambridge: Cambridge University Press, 1978.

Waley-Cohen, Joanna. *The Sextants of Beijing: Global Currents in Chinese History*. New York: Norton, 1999.

Wang, Ban. *The Sublime Figure of History: Aesthetics and Politics in Twentieth-Century China*. Stanford, Calif.: Stanford University Press, 1997.

Wang Daohuan (Wang Daw-hwan). "医林改错" 的解剖学 "'Yilin gaicuo' de jiepouxue" ["Wang Ch'ing-jen on Human Anatomy"]. 新史学 *Xinshixue* [*New History*] 4, no. 1 (1995): 95–112.

Wang, David Der-wei. "Crime or Punishment? On the Forensic Discourse of Modern Chinese Literature." In *Becoming Chinese: Passages to Modernity and Beyond*, ed. Wen-hsin Yeh, 260–97. Berkeley: University of California Press, 2000.

———. "Lu Xun, Shen Congwen, and Decapitation." In *Politics, Ideology, and Literary Discourse in Modern China*, ed. Kang Liu and Xiaobing Tang, 174–87. Durham, N.C.: Duke University Press, 1993.

Wang, David Der-wei, and Jeanne Tai, eds. *Running Wild: New Chinese Writers*. New York: Columbia University Press, 1994.

Wang, Min'an. "Body Politics in the SARS Crisis." Trans. Judith Farquhar and Lili Lai. *positions: east asia cultures critique* 12, no. 2 (2004): 587–96.

Wang Qingren. 医林改错 *Yilin gaicuo* [*Correcting the Errors of Physicians*]. Taipei: Newton, 1990.

Wang Yangzong. 民国初年一次"破天荒"的公开尸体解剖 "Minguo chunian yici 'potianhuang' de gongkai shiti jiepou" ["A 'groundbreaking' demonstration of dissection in early Republican China"]. 中国科技史料 *Zhongguo keji shi liao* [*China Historical Materials of Science and Technology*] 22, no. 2 (2001): 109–12.

Wells, Liz, ed. *The Photography Reader*. London: Routledge, 2003.

Wicks, Ann Barrott, ed. *Children in Chinese Art*. Honolulu: University of Hawai 'i Press, 2002.

Wong, K. Chimin, and Wu Lien-teh. *History of Chinese Medicine: Being a Chronicle of Medical Happenings in China from Ancient Times to the Present Period.* 2nd. ed. Shanghai: National Quarantine Service, 1936.

Wood, William Maxwell. *Fankwei; or, The San Jacinto in the Seas of India, China, and Japan*. New York: Harper, 1859.

Wu, Hung. "Emperor's Masquerade—'Costume Portraits' of Yongzheng and Qianlong." *Orientations* 26, no. 7 (1995): 25–41.

——. "Photographing Deformity: Liu Zheng and His Photo Series 'My Countrymen.'" *Public Culture* 13, no. 3 (2001): 399–427.

——.*Transience: Chinese Experimental Art at the End of the Twentieth Century*. Chicago: David and Alfred Smart Museum of Art, University of Chicago, 1999.

Wu, Hung, and Katherine R. Tsiang, eds. *Body and Face in Chinese Visual Culture*. Cambridge: Harvard University Asia Center, 2005.

Wu Qian, ed. 医宗金鉴 *Yizong jinjian* [*The Golden Mirror of Medical Orthodoxy*]. 1742. Taipei: Xin Wen Feng Chu Ban Gongsi, 1985.

Wu, Yi-Li. "God's Uterus: Benjamin Hobson and Missionary 'Midwifery' in Nineteenth-Century China." Paper presented at the conference "The Disunity of Chinese Science," University of Chicago, May 10–11, 2002.

Wue, Roberta. "Essentially Chinese: The Chinese Portrait Subject in Nineteenth-Century Photography." In *Body and Face in Chinese Visual Culture*, ed. Hung Wu and Katherine R. Tsiang, 257–82. Cambridge: Harvard University Asia Center, 2005.

——.*Picturing Hong Kong: Photography, 1855–1910*. New York: Asia Society Galleries, 1997.

——. "Picturing Hong Kong: Photography through Practice and Function." In *Picturing Hong Kong: Photography 1855–1910*. New York: Asia Society Galleries, 1997.

Xiong Yuezhi. 西学东渐与晚清社会 *Xixue dongjian yu wanqing shehui* [*The Eastward Transmission of Western Learning and Late Qing Society*]. Shanghai: Shanghai renmin chubanshe, 1994.

Xu Shoushang. 亡友鲁迅印象记 *Wangyou Lu Xun yinxiang ji* [*Impressions of My Late Friend Lu Xun*]. Beijing: Renminwenxue chubanshe, 1977.

Yang, Nianqun. "The Establishment of 'Urban Health Demonstration Districts' and the Supervision of Life and Death in Early Republican Beijing." *East Asian Science, Technology, and Medicine* 22 (2004): 68–95.

Ye, Xiaoqing. *The Dianshizhai Pictorial: Shanghai Urban Life, 1884–1898*. Ann Arbor, Mich.: Center for Chinese Studies Press, 2003.

Yeh, Wen-hsin, ed. *Becoming Chinese: Passages to Modernity and Beyond*. Berkeley: University of California Press, 2000.

Yip, Wai-Lim. 两间余一卒、荷戟独彷徨：论鲁迅兼谈《野草》的语言艺术 "Liang jian yu yi zu, he ji du pang huang: lun Lu Xun jian tan 'Yecao' de yuyan yishu" ["Hesitation Between: Lu Xun and the Art of Language in *Wild Grass*"]. 当代 *Dangdai* [*Contemporary Monthly*] 18, no. 69 (1992): 1–36.

Zhang, Qiong. "Demystifying Qi: The Politics of Cultural Translation and Interpretation in the Early Jesuit Mission to China." In *Tokens of Exchange: The Problem of Translation in Global Circulations*, ed. Lydia H. Liu, 74–106. Durham, N.C.: Duke University Press, 1999.

Zhang, Zhen. "Phantom Theater, Disfigurement, and History in *Song at Midnight*." In *Body and Face in Chinese Visual Culture*, ed. Hung Wu and Katherine R. Tsiang, 335–62. Cambridge: Harvard University Asia Center, 2005.

Zito, Angela. "Bound to Be Represented: Theorizing/Fetishizing Footbinding." In *Embodied Modernities: Corporeality, Representation, and Chinese Cultures*, ed. Fran Martin and Larissa Heinrich, 21–41. Honolulu: University of Hawai'i Press, 2006.

Zito, Angela, and Tani E. Barlow, eds. *Body, Subject, and Power in China*. Chicago: University of Chicago Press, 1994.

# 索　引

（页码为本书边码）

Alibert, Jean-Louis，让 - 路易斯·阿利波特，59
anatomical aesthetics，解剖美学
　　comparative concepts of，观念对比，113–147
　　in Hobson's *New Treatise*，合信《全体新论》中的讨论，13–14, 117–134
　　in Lu Xun's work，鲁迅著作中的描述，134–147
　　in Western medicine/s，西方医学，117–134
　　translation of terms into Chinese and，术语中译，121–134
anatomical texts，解剖学文本，13–14
　　*Anatomie universelle du corps humain* (Paré)，《人体之一般解剖学》（帕雷），118
　　*Anatomy* (Dudgeon)，《全体通考》（德贞），118
Anderson, Marston，安敏成，141

Andrews, Bridie，吴章，43, 123–124, 154
Apollo Club，阿波罗剧院，47
archival sources, of medical photography，医学摄影文献来源，77–84
Armstrong, Nancy，南希·阿姆斯特朗，75, 108–109
art history，艺术史，9–10
autopsy，验尸
　　Chinese cultural proscription against，中国文化中的验尸禁忌，67
　　legalization in China of，验尸在中国的合法化，134–136
　　Western medicine's promotion of，西方医学对验尸的推广，118–119
　　*See also* dissection-based anatomy，另参见基于解剖术的解剖学

bacteriology, emergence in China of，细菌学在中国的兴起，152–156
*Baizi tu* ("Hundred children pic-

tures"),《百子图》, 3
Barrow, John, 约翰·巴罗, 35
Baudelaire, Charles, 夏尔·波德莱尔, 142
Baudrillard, Jean, 让·鲍德里亚, 124
Beato, Felice (Felix), 费利斯·比图, 99–100
Benedict, Carol, 班凯乐, 16
Benjamin, Walter, 瓦尔特·本雅明, 80
Bertin, Henri, 亨利·伯丁, 2–3, 22–25, 29–32, 33–34
Bibliothèque Nationale de Paris, 法国国家图书馆, 2
Bibliothèque Royale, 皇家图书馆, 2
bidousuo (smallpox avoidance centers), 避痘所, 23–25
bioterrorism, smallpox and, 天花与生物恐怖主义, 15
Blake, John, 约翰·布莱克, 51
body, 身体
    Chinese literary representations of, 中国文学中对身体的再现, 7–8, 137–147
    European reordering of models of, 欧洲的重组范式, 147
    Hobson's treatise on anatomy and images of, 合信关于身体解剖及身体图像的论述, 13–14, 117–134
    Western vs. Chinese concepts of, 中西身体观念, 113–147
Boone, H. W., 文恒理, 82, 90–91, 95
Boston Athenaeum, 波士顿图书馆, 47
botanical paintings, by Chinese export painters, 博物学绘画, 由中国外销画师所作, 51
Bourdaghs, Michael, 迈克尔·鲍尔达修, 154
Bourdieu, Pierre, 皮埃尔·布尔迪厄, 95–96
Bourgeois (Jesuit father), 神父布儒瓦, 114
breast cancer, 乳痈, 56–57
*Broken Commandment*,《破戒》, 155–156

*Call to Arms, A* (Lu Xun),《呐喊》(鲁迅), 136, 151–156
Catholic Church, 天主教堂, 21–22
Chen Xiutang, 陈修堂, 121–134, 138
China, 中国
    as "cradle of smallpox", 作为"天花的摇篮", 11–12, 16, 25–37, 149–150
    export art of, 外销艺术, 11
    inoculation practices in, 种痘法, 2, 27–37
    medical photography in, 医学摄影, 12–13, 73–111
    medical texts in, 医学文本, 3–4
    national identity in, 民族身份, 11–12, 149–156
    "pathological" image of, "病态"的图像, 11–12, 42, 68–71, 78, 149–156
    technological and scientific advancements in, 技术及科学进步,

1–2, 151–156

Western notions of medical practices in, 西方医学实践的概念, 2–7, 18–25

Western-style medicine in, 西式医学, 13–14, 152–156

*China and the Origins of Immunology* (Needham),《中国和免疫学的起源》(李约瑟), 25

*China Imperial Maritime Customs Medical Reports*,《中国海关总税务司医学报告》, 74, 90, 96–97

*China Medical Journal*. 见 *China Medical Missionary Journal*,《中华医报》

China Medical Missionary Association, 中国博医会, 81–82, 90–91

*China Medical Missionary Journal*,《博医会报》, 74

 Jeffereys and Maxwell as editors of, 杰弗瑞和麦克斯韦任编辑期间, 106–108

 medical photography in, 医学摄影, 76–77, 82, 90–91, 93–95, 97–99

 title change of, 期刊名更易, 95

 war wounds photography in, 战伤摄影, 99–104

China Medical Missionary Society, 中华医药传道会, 44–46, 50–53

 museums established by, 筹建的博物馆, 77–84

Chinese culture, 中国文化

 anatomical aesthetics in, 解剖美学, 144–147

 Lam Qua's paintings as representation of, 林华绘画中所再现的中国文化, 42–46

 modernity and interpretations of, 现代性及阐释, 5–6

 pathologization of, 病态化, 68–70, 149–156

 visual orientation in, 视觉源起, 41–46, 77–78

 Western consumption of items from, 西方对相关说法的接受, 87–90

 Western stereotype of pain insensibility in, 西方形成的中国人神经麻木的刻板印象, 59–65

Chinese identity, 中国身份

 body aesthetic and, 身体美学, 116–147

 in Lam Qua's paintings, 林华画作, 43–46, 58–70

 in medical photography, 医学摄影, 75–76, 104–105

 Lu Xun's discussion of, 鲁迅的讨论, 135–136

 modern Chinese intellectual discussion of, 现代中国知识分子的讨论, 150–156

 nationalist politics and, 民族主义政治, 134–147, 149–156

 origins of smallpox and concepts of, 天花的起源与有关中国身份的观念, 16

pathologization of, 病态化, 68–70, 149–156
smallpox images and, 天花图像, 39
*Chinese Medical Journal.*, 见 *China Medical Missionary Journal*《中华医学杂志》
Chinese medicine, 中国医学
  anatomical aesthetics in, 解剖美学, 118–147
  contemporary commentary on, 当代讨论
  reform of, 改革, 135, 150–156
  translation issues in discussion of, 讨论中的翻译问题, 121–134
  Western stereotypes of, 西方的刻板印象, 40–41, 65–71
*Chinese Repository*,《中国丛报》, 43
Chinnery, George, 乔治·钱纳利, 48
Chi Ying, 耆英, 48
cholera, 霍乱, 16
Chong Jingzhou, 仲景舟, 135–136
Chow, Rey, 周蕾, 151
Christianity, 基督教
  Chinese resistance to, 中国的抵制, 65–70
  mythology of Chinese receptiveness to, 中国人乐于接受的臆想, 60–65
  origins of smallpox and theories of, 天花的起源与基督教理论, 27–28
  *See also* medical missionaries, 另参见医学传教士
Christie, Dugald, 司督阁, 100

Chu P'ing-yi, 祝平一, 43
Cibot, Martial, 韩国英, 2, 11, 17–29
  Bertin's critique of, 伯丁的评论, 29–32
  Figurism and, 索隐派, 27–28
  on evolution of smallpox in China, 关于天花在中国的历史, 25–29, 32–37
  source texts for, 参照文献, 33–34
"circuit community," of Western medical practitioners in China, 在华西方医学从业者的行业联盟, 74
Civil War (U.S.), war wound photography in, 美国内战中的战伤摄影, 99–100
class structure, 阶级结构, 75
clothing, Chinese and Western concepts of, 中西服饰着装观念, 133–134
colonial ideology, origins of smallpox and, 天花的起源与殖民意识形态, 16–37
commercial transactions, 贸易往来, 40
Communist Party of China, nationalist discourse and, 民族主义话语与中国共产党, 150
"Comparison of Chinese and World Cultures" (exhibit), "华夏文化与世界文化之关系"（展览）, 1
Conner, Patrick, 帕特里克·康纳尔, 48, 56
contextuality, in medical photography, 医学摄影中的语境化, 104–111
*Correcting the Errors of Physicians*

(Wang Qingren),《医林改错》(王清任), 142–143
Crary, Jonathan, 乔纳森·克拉里, 147
Crossman, Carl, 卡尔·克罗斯曼, 46
cross-section, in anatomical illustration, 解剖学绘图中的剖面, 130
cultural practices, 文化实践
    history of medicine and, 医学史, 8–9
    medical photography and, 医学摄影, 109–111
    Western stereotypes of Chinese practices, 西方有关中国实践的刻板印象, 40–71
Cumming, William Henry, 威廉姆·亨利·卡明, 66

Day, E-li, 谭以礼, 119
deficiency metaphor, Chinese national identity and, 中国民族身份与缺陷的隐喻, 150–156
degeneration, origins of smallpox linked to, 天花的起源与腐化堕落之间的关系, 26–29
Dehergne, Joseph, 荣振华, 22
De humani corporis (Vesalius),《人体构造》(安德雷亚斯·维萨里), 118
"De la petite vérole" (Cibot),《论天花》(韩国英)
    critical reception of, 批判性接受, 29–37
    origins of, 缘起, 17–37
    source texts for, 参照文献, 33–34

D'Entrecolles, François Xavier, 殷弘绪, 19–20, 24–25
Dianshizhai Pictorial,《点石斋画报》, 83–84
Dickens, Charles, 查尔斯·狄更斯, 6
Dickson, W. G., W. G. 迪克森, 121
Diderot, Denis, 狄德罗, 34
Didi-Huberman, Georges, 乔治·迪迪-于贝尔曼, 77
diet, 清淡饮食, 27
Ding Ling, 丁玲, 6
disease, 疾病
    anatomical aesthetic in, 解剖美学, 119
    Chinese ideologies of, 中国的意识形态, 11
    cultural representations of, 文化再现, 6–7
    Diseases of China, The (Jefferys and Maxwell),《中国的疾病》(威廉姆·汉密尔顿·杰弗瑞和詹姆斯·L. 麦克斯韦), 13, 77, 85–87, 98–99, 104
    medical photography in, 医学摄影, 106–111
dissection-based anatomy, 基于解剖术的解剖学
    as literary metaphor, 文学隐喻, 135–147
    legalization in China of, 在中国的合法化, 13–14, 134–136
"distortions" (qubi), "曲笔", 145–147

Douthwaite, A. W., A. W. 杜斯维特, 97
Downing, Charles Toogood, 查尔斯·杜哥德·唐宁, 18
Doyle, Arthur Conan, 亚瑟·柯南·道尔, 138
Dudgeon, John, 德贞, 33, 118

École Turgot, 杜尔哥学院, 47
*Edifying and Curious Letters of Some Missionaries*,《启发与探究：外务省耶稣会传教士书信集》, 19–20
elephantiasis, 象皮病, 78–79
Elisseeff-Poisle, Danielle, 叶利世夫, 27
Elvin, Mark, 伊懋可, 115
Enlightenment, French inoculation debate and, 法国的种痘法论争与启蒙运动, 20–25
"Epitaph" (Lu Xun),《墓碣文》(鲁迅), 141–144
eroticism, 色情
　　in Chinese medical photography, 中国医学摄影, 102–104
　　in Lam Qua's medical portraits, 林华的医学画作, 56–58
export art, 外销画
　　botanical paintings as, 博物学绘画, 51
　　photography as, 摄影, 75
　　trade relations and, 贸易关系, 11
　　Western images in, 西方图像, 48–49
*Expressiveness of the Body, The* (Kuriyama),《身体的语言：古希腊医学和中医之比较》(栗山茂久), 115

eyes, anatomical aesthetics concerning, 关于眼睛的解剖美学, 144–147

Faculté de Théologie, 巴黎新教神学院, 22
Fan, Fa-ti, 范发迪, 40, 43, 47–49, 89–90
Figurists (Jesuit minority), 索隐派（耶稣会少数派）, 27–28
foot binding, 缠足
　　gangrene resulting from, 引发的坏疽, 68–69
　　in Lam Qua's medical portraits, 林华的医学肖像画, 64–65
　　medical photography of, 医学摄影, 84–90
Foucault, Michel, on history of medicine, 米歇尔·福柯有关医学史的讨论, 8, 73, 117
Fox, Daniel, 丹尼尔·福克斯, 96
France, Jesuit missionaries in China from, 法国在华耶稣会传教士, 113–114
　　smallpox inoculation controversy in, 关于种痘术的争论, 17–25
"freak" photography, early medical and clinical photography as, 早期拍摄"怪人"的医学和临床摄影, 74, 84–90
"Fujino sensei" (Lu Xun),《藤野先生》(鲁迅), 136, 144–147, 151

Galvanic theory, nerve research and, 神经研究与伽尔瓦尼理论, 123–124
Gao Xudong, 高旭东, 137

germ theory, 细菌理论, 154–156
Gilman, Sander, 桑德·吉尔曼, 9, 56–59
Girl Basketball Player No. 5 (Jin),《女篮五号》(谢晋), 150
Gogol, Nikolai, 尼古拉·果戈里, 6
*Golden Lotus*,《金瓶梅》, 133
*Golden Mirror of Medical Orthodoxy*,《医宗金鉴》, 3, 24–33, 56–57
*Greatest Killer, The* (Hopkins),《可怕杀手》(唐纳德·霍普金斯), 19, 32–33
Greek heroes, 希腊英雄人物, 124–134
Guan Qiaochang (a.k.a. Lam Qua), 关乔昌（林华）, 42
Guy's Hospital, 居伊医院
 Lam Qua's paintings at, 林华画作, 45

Han Qi, 韩琦, 20
Hart, Roger, 罗杰·哈特, 43
Hay, John, 海约翰, 126, 133
historiography, 历史编纂学
 Chinese medical history and, 中国医学史, 11
 on smallpox, 天花, 15–37
*History of Chinese Medicine* (Wong and Wu),《中国医史》(王吉民和伍连德), 33
Hogarth, William, 威廉·贺加斯, 47
Hopkins, Donald, 唐纳德·霍普金斯, 19, 32–33, 36
Howqua, 伍秉谦, 50

*Huangdi neijing*,《黄帝内经》, 125
Hung, Eva, 孔慧怡, 138
Hu Shi, 胡适, 150
Huters, Theodore, 胡志德, 138, 140–141
hygiene, 卫生学, 152–156

Ideologues' philosophy, 理论哲学, 59
ideology, photography and, 摄影与意识形态, 74–75
Illness, 疾病
 Chinese illustrations of, 中国插图, 6–7, 11–12
 literary depictions of, 文学书写, 7–8
*Illustrations of China and Its People* (Thomson),《中国和中国人的影像》(约翰·汤姆逊), 106
India, 印度
 smallpox vaccination in, 天花防疫, 35
Ingres, Jean-Auguste-Dominique, 让-奥古斯特-多米尼克·安格尔, 56
inoculation, 预防接种
 Chinese practice of, 中国的实践, 2, 25–37
 Cibot's dismissal of Chinese methods of, 韩国英对中国方法的无视, 17–25, 28
 Enlightenment arguments concerning, 启蒙运动中的相关争论, 20–25
 French controversy concerning,

法国的争论，17–25
legends concerning origins of, 起源的传说，30–32
Western development of, 西方的发展，34–37
interiority, anatomical aesthetics and concepts of, 解剖美学与对内里的认识，130–134

Jamieson, R. A., R. A. 贾米森，35
Japan, 日本
    intermediary role of, 中介国的角色，43，118
    war wounds photography in, 战伤摄影，99，101
    Western science and medicine in, 西方科学与医学，118，152
Jefferson, Thomas, 托马斯·杰弗逊，34
Jefferys, W. Hamilton, 威廉姆·汉密尔顿·杰弗瑞，13，85–87，93–94，106–111，119
Jenner, Edward, 爱德华·琴纳，34–37
Jesuit missionaries in China, 在华耶稣会传教士，113–114
    anatomical aesthetic of, 解剖美学，117–118
    theories of smallpox origins and, 天花起源论，27
Jiangnan Arsenal, 江南制造局，119–120
Jiang Shaoyuan, 江绍原，135–136
Josyph, Peter, 彼得·乔瑟夫，58–59

Kafka, Franz, 弗兰兹·卡夫卡，80
Kerr, John, 嘉约翰，96–97
    medical photography and, 医学摄影，78–81，90–92
Kerr, William, 威廉姆·克尔，51
Koch, Robert, 罗伯特·科赫，152–153
Kuhne, John, 约翰·库恩，94
Kuriyama, Shigehisa, 栗山茂久，113–115，121–123，133
Kwan A-to, 关亚杜，49–53，80

laboratory science, 实验室科学，104–105
Lackner, Michael, 朗宓榭，27
*La Grande Odalisque* (Ingres), 《大宫女》（安格尔），56
Lamarre, Thomas, 托马斯·拉马雷，152–153
Lam Qua, 林华，11–13
    Chinese identity in paintings of, 画作中的中国身份，65–70，150
    facial expressions in portraits by, 肖像画中的面部表情，58–65
    influence of Western art on, 西方艺术的影响，47–49，56–58
    landscape images in paintings of, 画作中的风景，62–65
    medical photography influenced by, 对医学摄影的影响，95–104
    medical portraiture of, 医学肖像画，39–40，53–71
    Parker's collaboration with, 与伯驾的合作，42–46，48–53，59–65，110

queue as symbol in portraiture of, 肖像画中作为象征的辫子, 63, 66–69

representation theory and work of, 再现理论与画作, 47, 77–78

studio and productivity of, 画室及创作, 46–49

Western exhibitions of paintings by, 画作在西方的展览, 44–49

lantern-slides, medical presentations using, 幻灯片在医学讲演中的使用, 155

Latour, Bruno, 布鲁诺·拉图尔, 16–17, 37, 153–155

Lee, Bruce, 李小龙, 150

Lee, Leo Ou-fan, 李欧梵, 156

Leroux, Gaston, 加斯东·勒鲁, 6

Leung Kin Choh, 梁乾初, 81

Liang Fa, 梁发, 45

Liang Qichao, 梁启超, 150

Lin Zexu, 林则徐, 48

literature in China, 中国文学

    deficiency and pathology metaphors in, 缺陷及病态的隐喻, 150–156

    dissection-based metaphor in, 基于解剖术的隐喻, 135–147

Liu, Lydia, 刘禾, 43, 124, 137, 152

Lockhart, William, 雒魏林, 36, 45

Longobardo, Niccolò, 龙华民, 117

Luo Pin, 罗聘, 118

Lu Xun, 鲁迅, 6, 14

    anatomical aesthetics of, 解剖美学, 134–147

    conversion from medicine to literature by, 弃医从文, 152

    deficiency and pathology metaphors in work of, 作品中关于缺陷和疾病的隐喻, 151–156

    fictional narratives of, 虚构叙事, 137–147

    microbiology and work of, 微生物学与其作品, 154–155

    nationalist discourse in work of, 作品中的民族主义话语, 150

    race and hygiene theories and work of, 种族、卫生学理论与其作品, 153–156

    realism in work of, 作品中的现实主义, 144–47

Lu Xun, works of, 鲁迅作品

    *A Call to Arms*,《呐喊》, 136, 151–156

    "Epitaph,"《墓碣文》, 141–144

    "Fujino sensei,"《藤野先生》, 136, 144–146, 151

    "Medicine,"《药》, 6

    "My Father's Illness,"《父亲的病》, 6

    "My Old Home,"《故乡》, 140–141

    "On Photography,"《论照相之类》, 144

    *Re feng* collection,《热风》, 154–155

    "Revenge,"《复仇》, 139–141

    *Wild Grass*,《野草》, 139

Manet, Éduard, 爱德华·马奈, 56
Mao Dun, 茅盾, 6
Martin, Paul, 保罗·马丁, 108
masculinity, 男子气概, 149–150
Maxwell, Anne, 安妮·麦克斯韦尔, 74–75, 87, 102
Maxwell, James L., 詹姆斯·L.麦克斯韦, 13, 87, 93, 106–111, 119
May Fourth period, 五四时期, 137–138, 150–151
*Medical and Surgical History of the War of Rebellion*,《美国内战医疗手术史》, 100
medical anthologies, 医学文集, 77, 90–95
medical history, 医学史
 in China, 中国, 8–9, 73–111
  visual culture studies and, 视觉文化研究, 9–10
medical illustrations, 医学绘图
 facial expressions in, 面部表情, 58–65
  medical missionaries' promotion of, 医学传教士的推广, 41–42
medical missionaries, 医学传教士
 anatomical aesthetic among, 解剖美学, 118–134, 146–147
 Chinese collaboration with, 与中国人的合作, 42–46, 121
 communication problems of, 交流问题, 4–5
 frustration with Chinese resistance to, 对中国抵制态度的失望, 65–70
 funding difficulties of, 筹资困难, 41
 medical photography by, 医学摄影, 12–13
 origins of smallpox and views of, 天花的起源与医学传教士的看法, 16–17
 preoccupation with visual of, 对视觉的关注, 4–5
 stereotypes of Chinese medicine by, 对中国医学的刻板印象, 40–71
 treatment of external ailments in China by, 在华期间对外科小病的治疗, 41
medical museums, 医学博物馆, 77–84
medical photography, 医学摄影
 archival sources of, 文献材料, 77–84
 before-and-after pictures, 前后对比照, 95–104
 Chinese identity and, 中国身份, 75–76, 104–105
 circulation in China of, 在中国的流通, 76–95
 contextuality in, 语境化, 104–111
 early technological requirements for, 早期技术要求, 80
 establishment of laboratory science and, 实验室科学的创立, 104–105
 history of, 历史, 12–13
 in *Diseases of China*,《中国医史》,

106–111
in Europe and United States, 在欧美, 104–105
in publications, 出版物, 90–95
print reproductions of, 印刷品, 93
private collections of, 私人收藏, 84–90
stylistics of, 风格, 95–104
theatrical aspects of, 戏剧化, 80–81
war wounds depicted in, 战伤的呈现, 99–104
"Medicine" (Lu Xun), 《药》(鲁迅), 6
*Memoirs on the History...of the Chinese*, 《北京传教士回忆录：中国的历史、科学、艺术、习惯、风俗等》, 19, 22
Miller, Milton M., 弥尔顿·M. 米勒, 79–80
missionary doctors. *See* medical missionaries, 传教士医生, 参见医学传教士
Moore, James Carrick, 詹姆斯·卡里克·穆尔, 17–18
moral philosophy, origins of smallpox linked to, 与天花起源相关的道德论, 26–29
"My Father's Illness" (Lu Xun), 《父亲的病》(鲁迅), 6
"My Old Home" (Lu Xun), 《故乡》(鲁迅), 140–141

nationalism, 民族主义
    Chinese identity and, 中国身份,
134–147, 150
Chinese pathology and, 中国疾病, 11–12, 68–70, 149–156
scientific and hygienic development linked to, 科学与卫生学的发展与其的关系, 154–156
self-perception and, 自我认知, 149
National Palace Museum, 台北故宫博物院, 1–2, 4
"Naval Treaty, The" (Doyle), 《海军密约》(亚瑟·柯南·道尔), 138
Needham, Joseph, 李约瑟, 25
nerves, 脑气筋, 123–124
neurofibromatosis, 多发性神经纤维瘤, 78
Newman, Kathy, 凯西·纽曼, 99–100
*New Treatise on Anatomy* (Hobson), 《全体新论》(合信), 13–14, 117–134, 136, 140, 142

*Olympia* (Manet), 《奥林匹亚》(马奈), 56
Olympic Games of 2008, 2008年奥运会, 150
"On Photography" (Lu Xun), 《论照相之类》(鲁迅), 144–147
Opium Wars, 鸦片战争
    medical missionaries and, 医学传教士, 46
    pathology and identity in, 病态与身份, 11–12, 42, 71
pain, myth of Chinese insensibility to,

关于中国人神经麻木的臆想，59–65
Panofsky, Erwin，欧文·潘诺夫斯基，117
Paré, Ambrose，昂布鲁瓦兹·帕雷，118
parents, Parker's stereotypes of，伯驾对父母的刻板印象，68–70
Parker, Peter，伯驾，11–12
    autopsies performed by，执刀的验尸，118–119
    belief in visual demonstration of，视觉展示的观念，77–78
    frustration with Chinese resistance by，对中国抵制态度的失望，65–70
    Lam Qua's collaboration with，与林华的合作，42–46, 48–53, 59–65, 110
    medical missionary activities of，医学传教活动，41
    models for Lam Qua supplied by，为林华提供的模特，53
    stereotypes of Chinese identity in work of，作品中关于中国身份的刻板印象，60–65, 150
*Pasteurization of France, The* (Latour)，《法国的巴斯德化》（布鲁诺·拉图尔），153–154
pathology，病态
    body aesthetic and，身体美学，116–117
    Chinese artistic representations of，中国的艺术再现，11–12
    Chinese identity and，中国身份，11–12, 42, 68–71, 78, 149–156
    in medical photography，医学摄影，75–76, 104–111
Pearce, T. W.，T. W. 皮尔斯，5, 78
Pennsylvania Academy of Fine Arts，宾夕法尼亚艺术学院，47
*Phantom of the Opera*，《歌剧魅影》，6
Pinney, Christopher，克里斯托弗·平尼，1
*Pleasures of Ghosts* painting series (Luo Pin)，《鬼趣图》系列（罗聘），118
Porkert, Manfred，满晰博，115
postcards, medical photography on，明信片上的医学摄影，86–90
Pottinger, Henry，璞鼎查，48
"primitive thinking," Republican-era Chinese appraisals of，民国时期中国对"野蛮思想"的评价，135–136
*Princes and Peasants* (Hopkins)，《国王与农民》（唐纳德·霍普金斯），19, 32–33
private medical photography collections，医学摄影私人收藏，84–90
protolinguistic theory，原语言学理论，5

Qianlong，乾隆皇帝，113
    imperial archive of，皇家典籍，3–4
    rejection of British trade by，拒绝与英国通商，35
Qing dynasty，清朝
    literature from，文学作品，150
    medical research under，医学研究，

119–120

relaxation of proscriptions against Christianity by, 放松对基督教的禁令, 45

restrictions on foreign commercial activity by, 对与国外贸易往来的限制, 40

quarantine, 隔离, 23–25

queue, 辫子

as cultural symbol, 作为文化象征, 98

in Lam Qua's portraiture, 在林华的肖像画中, 63, 66–69

race, 种族

Chinese and hierarchy of, 中国人与种族的等级, 136

in medical photography, 医学摄影, 75–76, 109–111

origins of smallpox and concepts of, 天花的起源与种族的观念, 16

realism, in Chinese literature, 中国文学中的现实主义, 145–147

Reeves, John, 约翰·里夫斯, 51

*Re feng* collection (Lu Xun), 《热风》(鲁迅), 154–155

Reifsnyder, Elizabeth, 伊丽莎白·罗夫施耐德, 84

*Reports of the Medical Missionary Society*, 《中华医药传道会报告》, 91–93

representation, 再现

Lam Qua's illustrations and, 林华的画作, 47

in Lu Xun's work, 鲁迅的作品, 152–156

representation theory, 再现论, 125–134

"Revenge" (Lu Xun),《复仇》(鲁迅), 139–141

Rho, Giacomo, 罗雅谷, 117

Rogaski, Ruth, 罗芙芸, 43, 121, 149–150, 152

Rowbotham, Arnold, 阿诺德·罗博瑟姆, 21

Royal Academy, 伦敦皇家艺术学院, 47

Russo-Japanese War, 日俄战争

Lu Xun's references to, 鲁迅作品中提及, 151–152

war wounds photography and, 战伤摄影, 99, 101

Ryan, James, 詹姆斯·瑞恩, 75–76, 102–103

safari metaphor for medical photography, 医学摄影中的航海隐喻, 94–95

Saint Luke's Hospital, 圣路加医院, 82–84, 98

Schreck, Johann Terrenz, 邓玉函, 117–118

science, 科学

history of, 历史, 10

impact on Chinese culture of, 对中国文化的影响, 152–156

role of photography in, 摄影的角色, 74–75

sedan chair, as symbol of Western

superiority, 象征西方优越性的轿子, 88–90
Septaguint chronology, origins of smallpox and, 天花的起源与《旧约》编年, 27–28
Seymour, Charles, 查尔斯·西摩尔, 81
Shi Zhecun, 施蛰存, 6
"Sick Man of Asia" imagery, "东亚病夫"的意象, 4
    in medical photography, 医学摄影, 76
    origins of smallpox and, 天花的起源, 16–37
    stereotypes of Chinese identity and, 对中国身份的刻板印象, 70, 145–156
Sino-Japanese conflict, 中日海战, 100–101
Sirr, Henry Charles, 亨利·查尔斯·瑟尔, 18
skin imagery, 关于皮肤的意象
    in Chinese literature, 中国文学, 138–147
smallpox, 天花
    China as "cradle" of, 中国作为"天花的摇篮", 11, 25–37, 149
    Chinese illustrations depicting, 中国绘图中的呈现, 1–4
    Chinese inoculation practices for, 中国的种痘法, 23–25
social Darwinism, 社会达尔文主义, 135
Speer, Robert E., 罗伯特·E. 斯皮尔, 80–81
Stafford, Barbara, 芭芭拉·斯塔夫, 59, 116
stereotypes of Chinese culture, 关于中国文化的刻板印象
    in medical photography, 医学摄影, 86–90
    in Parker's journal, 伯驾的日志, 59–65
    nationalist discourse and, 民族主义话语, 149–156
Stewart, Susan, 苏珊·斯图尔特, 117
Sully, Thomas, 托马斯·苏利, 47
Swan, John, 关约翰, 88–89

taidu (fetal toxin), 胎毒, 28–29
"Tales of *Shen* and *Xin*" (Elvin),《身心的传说：中国过去150年里的身体与心智》(伊懋可), 115
*Theoretical Foundations of Chinese Medicine* (Porkert),《中医基础理论》(满晰博), 115
Thomson, John, 约翰·汤姆逊, 73, 76, 106
Thomson, Joseph C., 约瑟夫·C. 汤姆逊, 119
translation issues in medical terminology, 医学术语的翻译问题, 122–134
Treaty of Nanking,《南京条约》, 48, 70
treaty ports, 通商口岸, 11
tumors, 肿瘤
    Lam Qua's portraits of, 林华的肖像画, 50–70

medical photographs of, 医学摄影, 91–95

Western physicians' removal of, 西方外科医生摘除肿瘤, 83–84

Turgot, Anne-Robert-Jacques, 安-罗伯特-雅克·杜尔哥, 22–23

Tyau, E. S., 刁信德, 95–96

"Une charogne" (Baudelaire),《腐尸》（波德莱尔）, 142

vaccination, 接种
history in China of, 在中国的历史, 18–19, 34–37
Jenner's development of, 琴纳的贡献, 34–37

Vesalius, Andreas, 安德雷亚斯·维萨里, 118

visual culture studies, 视觉文化研究
history of medicine and, 医学史, 9–10
impact of science on, 科学对其的影响, 152–156

visual images, 视觉图像
in medical museums, 医学博物馆, 77–78
medical missionaries' pre-occupation with, 医学传教士的关注, 4–5, 41–46, 52–70
Western anatomical aesthetics and, 西方解剖美学, 126–134

Voltaire, 伏尔泰, 21–22

Von Recklinghausen's disease, 冯·雷克林豪森病, 78

Wang Daw-hwan, 王道还, 43

Wang Ke-king, 王克金
Lam Qua's portrait of, 林华的肖像画, 54, 66–71, 98
resistance to Western medicine by, 拒绝接受西方医学救治, 66–67

Wang Qingren, 王清任, 125–126, 142–143

war wounds, medical photographs of, 拍摄战伤的医学摄影, 99–104

Western art, influence on Lam Qua's work of, 西方艺术对林华作品的影响, 47–49, 56–58

Western medicine, 西方医学
anatomical aesthetics in, 解剖美学, 114–147
archival practices in, 文献实践, 83
Chinese images of, 中国的图像, 6, 11–12
Chinese resistance to, 中国人的抵制, 65–70, 146–147
cultural impact in China of, 中国文化的影响力, 13–14, 41–46, 52–70, 152–156
eroticism in Chinese medical photography and, 中国医学摄影中的色情, 102–104
fraternity in China of practitioners of, 在华从业者同盟, 73–74
history of smallpox in, 天花的历史, 15–37

impact of photography on, 摄影的影响, 74–75
medical photography as promotion of, 医学摄影对其的推进, 12–13, 95–104
technological developments in, 技术的进步, 70–71
translation issues in China with, 在华的译介问题, 121–122
vaccination as symbol of, 天花疫苗作为其的象征, 35–37
visual evidence of superiority of, 优越性的视觉实证, 4–5, 87–90
*Wild Grass* (Lu Xun),《野草》(鲁迅), 139
Wong, K. Chimin, 王吉民, 19, 33–35, 78, 120–121

World Health Assembly, on smallpox, 世界卫生大会, 15
Wue, Roberta, 伍美华, 75, 85–87
Wu Lien-teh, 伍连德, 19, 33–35, 78, 120–121
Wu Qian, 吴谦, 24
Wu, Yi-Li, 吴一立, 43, 121

Xie Jin, 谢晋, 150
Xiong Yuezhi, 熊月之, 42–43

*Yilin gaicuo* (Wang Qingren),《医林改错》(王清任), 142–143
Young, Charles W., 查尔斯·W. 杨, 94
Yu Dafu, 郁达夫, 6

Zeng Pu, 曾朴, 150